JN439830

# 행복의 복지철학으로 역사의 획을 긋다

사단법인 한국사회복지사협회

도서출판 청원

**사단법인 한국사회복지사협회**

1판 1쇄 발행 2014년 1월 23일

지 은 이 사단법인 한국사회복지사협회

펴 낸 곳 도서출판 청원
등록번호 제2010-000175호
등록일자 2010년 12월 9일
주 소 서울시 영등포구 국회대로 800 진미파라곤 931호
전 화 02-6672-3030
팩 스 02-6008-6688
이 메 일 ggcs@ggcskorea.com

ISBN 978-89-967083-2-2

도서출판 청원은 (주)GGCS의 출판브랜드입니다.

# 행복의 복지철학으로 역사의 획을 긋다

Contents


제17~18대 한국사회복지사협회 조성철 회장 인사말

1장 한국사회복지사협회 운영 철학 및 조직 현황

2장 사회복지계 최초 성과

38 국가가 책임지는 처우개선 및 신분보장 시대 구현
47 한국사회복지공제회 설립 · 운영
58 사회복지시설 녹색복지 증진
67 사회복지원로회 창립과 원로 컨설팅
74 정보 허브 시스템 사회복지역사박물관, 사회복지사중부정보넷
77 선거제도 직선제로 변경해 회원중심 협회 만들기
80 부패 없는 사회 만들기 운동
85 사회복지사 자살방지 및 인권보장을 위한 비상대책
94 사회복지 정치참여 네트워크
97 사회복지현장실습 등록시스템 도입
104 법정 보수교육 실시
110 사회복지인적자원연구소 설립
114 NASW(전미사회복지사협회)와 국제협약 체결

3장 테마별 성과

# 행복한 사회복지사

## _ 사회복지사 전문성 향상 및 권익증진 위한 활동


120 사회복지사 자격제도 개선 추진

124 사회복지사 교육과정 개선 추진

127 사회복지사 기초통계연감 발간

129 사회복지시설 종사자 보수 실태조사 기준마련 연구

132 클라이언트 폭력실태 조사 및 안전매뉴얼 제작

137 사회복지사 국가직무능력표준 개발사업 진행

139 훈 · 포상제도 도입

141 사회복지사 해외연수

144 사회복지사 전문교육

145 온라인 권익지원센터 운영

Contents

# 소통하는 사회복지사

## _ 현장 사회복지사 간 소통 및 화합 위한 활동


148 사회복지사 재충전을 위한 쉼 프로그램 '비타민'

151 신년인사회

154 사회복지사 체육대회

162 사회복지사의 날 기념식

164 한맥사회복지사대상

168 월간 소셜 워커 발간 및 증면, 시각장애인 위한 바코드 시스템 도입

173 NGO Cloud Day

176 사회복지홍보담당자 세미나 '소셜프리즘'

178 사회복지사 전산관리


# 행동하는 사회복지사

## _ 새로운 영역 및 사회복지사 진출 위한 활동


182 학교사회복지사 활동 법적 근거 마련

192 성년후견제도 추진

197 북한이탈주민 전문가 양성사업

199 소규모 사회복지기관 희망디딤돌 사업

201 사회복지기관 윤리경영 사업

203 시각장애인 바다낚시 대회

205 서울국제사회복지영화제

208 협회 발간도서번호 색인 마련

210 사회복지사 전문영역 확대

## 4장 주요인사 인터뷰

214 한국사회복지사협회 이영분 수석부회장
217 한국사회복지사협회 선수경 부회장
219 한국사회복지사협회 유명재 부회장
221 한국사회복지사협회 장창수 부회장
224 한국사회복지사협회 조남범 부회장
227 한국사회복지사협회 한형범 부회장

## 부록

231 사회복지사 자격증 및 회원증 발급 현황
238 사회복지사 보수교육 실적 현황
252 제17~18대 임원 및 외곽조직

# 단결의 역사 승리의 역사

제17~18대 한국사회복지사협회
조성철 회장

6년. 72개월. 2000일, 50000시간이 넘는 기간.

2008년 3월 1일부터 현재까지 달려온 6년여의 기간은 사회복지사 행복을 위한 과정이었습니다. 정말이지 말로는 표현하기 힘든, 짧고도 긴 시간이었습니다.

'사회복지사의 날'로 기념하고 있는 2011년 3월 30일에는 「사회복지사 등의 처우 및 지위 향상을 위한 법률」을 제정해 그 어느 때보다 사회적 반향을 일으키며, 사회복지사의 처우개선과 권익증진의 굳건한 발판을 마련하였습니다. 국제적으로는 전미사회복지사협회(NASW)를 비롯해 유라시아 여러 나라들과 협정을 맺고 국제학술제와 국제문화제를 개최했습니다. 이렇게 지난 6년은 대외 이미지를 크게 강화한 시기였습니다.

안으로도 여러 제도를 정비했습니다. 대표자를 선출할 때의 대의원 선거 제도를 회원 선거 제도로 변경했습니다. 처음으로 예산결산특별위원회도 설치해 재정 상황도 꼼꼼히 살폈습니다. 참 당연한 이치임에도 3년제 회장직을 한 번 더 연임하며 겨우 얻어낸 결과였습니다.

산림청 녹색사업단 예산을 2009년부터 2014년까지 513억원을 확보하여 '사회복지시설 녹색공간조성사업'을 추진하고 있는 것이나, 우리가 사회변화를 주도하자며 '부패없는 사회만들기 국민운동'을 시작한 것도 역사가 증명할 큰 성과들입니다.

힘들게 얻은 결실이기에, 서로 본인이 해낸 것이라고 떠들어대기도 합니다. 그럴 때면 저는 박수를 칩니다. 어차피 회원들과 대의원들의 힘이었고 임 · 직원들의 의지였기 때문입니다. 단결의 가치가 빛난 결과요, 모두의 승리입니다.

앞으로도 한국사회복지사협회가 여러 이해관계들을 슬기롭게 헤쳐 나아가길 기대합니다.

## 분열 조장은 분열주의 그 자체에서 나옵니다

그런 맥락에서 상상해 봅니다.

그 기간 동안, 만약 차이를 부각했다면 어땠을까요.

남녀노소, 지역과 계층, 이념과 사상, 그 무엇이든 작은 온도 차이 하나하나를 부각하며 함께 하지 않았다면 어땠을까요.

그랬다면, 「사회복지사 등의 처우 및 지위 향상을 위한 법률」은 제정할 수 없었을 겁니다.

그 법률을 근거로 한 한국사회복지공제회 역시 설립할 수 없었을 겁니다.

사회복지사가 주도하여 사회복지종사자 전체의 생활안정과 복지증진을 도모하기 위한 작업들, 처우를 개선하고 신분보장을 강화하여 지위를 향상함으로써 사회복지 증진에 이바지하기 위한 그 모든 작업들이 수포로 돌아갔을 겁니다.

하지만, 이제 국가 법률이 선언하고 있습니다. 범정부적 차원으로 대처할 것을 주문하고 있습니다. 이 법률을 근거로 각 시 · 도가 조례를 제정할 것을 권고하고 있습니다. 사회복지 법인 및 시설에 종사하는 사회복지사들이 국가 법률로 보호받도록 기초를 제공하고 있습니다.

이제 개별적 문제가 생기더라도 합법적으로 국가에 탄원할 수 있습니다. 지자체에 법령대로 시행하라고 요구할 수 있습니다. 국가 법률의 선언으로 정부가 제도와 프로그램을 만들고 우리는 벌써 그 수혜를 하나둘 받아가는 시기에 이르렀습니다.

이 모든 것은 사회복지사로서의 윤리와 철학이 있었기에 이룰 수 있었습니다. 사람중심 원리와 강점관점 등의 원칙을 바보처럼 고수해 왔기 때문에 가능했던 역사였습니다.

원로들의 경륜과 청년들의 뜻을 모두 존중하며 치우침 없이 고루 어루만진 노력 끝에 얻은 역사였습니다.

차이보다는 공통분모를 찾으려 하는 사람들이 모였기 때문에 새 세대에게 물려줄 수 있었던 건강한 패러다임입니다.

## 단결의 역사 승리의 역사

맞습니다.

차이를 부각하며 분열을 조장하는 이들로 인해 대한민국 사회복지전문가 그룹의 대표 자리는 그리 녹녹치 않았습니다. 외부와의 싸움은 당당히 맞서 나갔지만, 내부에서 발생하는 갈등 고리는 혜량으로 다독여 나갔습니다. 오직 '사회복지사'만 보고 가야 한다는 원칙 때문이었습니다.

권익단체이기에, 우리 사회복지사들의 급부상을 막으려는 다른 이익단체들이 많았지만, 그들이 가장 두려워하는 건 우리의 단결이었습니다. 대외적으로 눈에 보이지 않는 싸움들이 지리멸렬하게 이어질 때 희망을 가질 수 있었던 건, '행복한 사회복지사가 행복한 사회를 만든다'는 뜻에 동의하는 대내외의 여러 세력들이었습니다.

법률 제정은 물론 사회복지사 영역을 제도적으로 정립해 나아가며 확신은 커졌습니다. 이보다 더 큰 발걸음을 위해서는 시야의 폭과 깊이가 달라야 한다는 확신이었습니다.

권세가들이 사회복지사 영역 확대를 직 · 간접적으로 막으려 할 정도로 한국사회복지사협회 위상이 높아지자, 무작정 아첨하는 이들과 무작정 끌어내리려는 이들이 눈에 띄게 늘어났습니다. 이유를 불문하고 차이를 부각하는 그들의 모습 속에는, 둘 다 사회복지사 내부 분열을 조장하는 이들이라는 공통점이 있었습니다. 분열이 분열주의 그 자체에서 발생했다는 건, 훗날 역사가 증명할 것입니다.

나아가, 사회복지사가 아니라는 이유로 보육교직원, 요양보호사 등 사회복지 종사자 간의 단결을 막으려는 이들은 생각보다 다종다양합니다. 보건 · 의료계와 교육계, 문화 · 예술계, 건축계, 정치계 등 모두를 다독여 가며 달려온 과정 속엔 발목 잡는 이들도 손 잡아가며 오직 '사회복지사의 행복'이라는 유사점을 공유하려 한 마음가짐이 있었습니다.

'행복한 사회복지사가 행복한 사회를 만든다'는 신념으로 달려온 '한국사회복지사협회장'으로서의 6년입니다.

## 진실 왜곡하는 이해관계들

많은 제도가 그렇듯 이해관계로 인해 진실과 거짓이 거꾸로 알려질 때가 있습니다. 사회복지사협회는 회원 조직으로서 그런 영향을 더욱 많이 받습니다.

그래서 중요한 것이 사회복지사 전체의 목소리를 보편적으로 담기 위한 포용력입니다. 다양한 회원들이 저마다의 개성에 따라 목소리를 높이는 등 민원이 많은 회원 조직의 업무특성상, 특정 이해관계를 들이대는 집단 이기주의자들의 대변자가 되어서는 안 된다는 신념에 철저해야 하는 것이 지난 6년이었습니다.

그렇게, 개개인이 아닌 전체적 의미의 정치사회적 권익을 지난 6년 간 제도화했다면, 앞으로는 부족한 내부의 체계들을 더욱 굳건히 만들어 나아가는 노력들이 절실합니다.

회비 납부율을 높이고 모두 함께 누릴 수 있는 기본적인 회원 서비스를 공동으로 제공하는 일이라든지, 현재 지역마다 천차만별인 재정상황을 개선해 지자체마다 다른 처우 여건들을 정책적으로 다잡아 나아가는 일 등이 바로 극복할 과제입니다.

지역이 저마다 개성 있는 목소리를 내는 것은 중요합니다. 여기에 더불어 '중앙으로의 회비납부 일원화와 지방협회의 균형발전' 등을 통해 사회복지사 전체가 자기 권익을 위해 한 목소리를 낼 수 있는 환경을 조성하는 것은 앞으로 절실한 과제가 될 것입니다. 서로 다른 이해관계가 있다 하더라도 사회복지사 권익을 위한 공통 과제에 대해서는 변호사협회, 의사협회, 간호협회 등 다른 직능단체들 처럼 하나로 힘을 모아야 합니다.

민들레 홀씨처럼

대내외의 수많은 동지들을 얻고 또 제 스스로 동지가 되려 한 6년, 여러분은 무엇을 얻고 무엇이 되려 하셨습니까. 사회복지사를 중심으로 사회복지종사자 전체의 행복을 만들어 가고 있는 저는, 지난 6년의 경험을 자산으로 앞으로도 국민복지 향상에 밑거름이 되려 합니다.

그 과정과 결과물이 소박하나마 이 책에 담겨 있습니다.

행복 여정 속에 1개의 민들레가 6개로, 72개로, 2000개로, 50000개로.

6년여의 시간동안 그렇게 많은 민들레 홀씨들이 탄생했습니다.

사람이 있는 곳이라면 어디든 포진해 있는 사회복지사들이 민들레 홀씨처럼 퍼져 나아가 건강한 사회를 구축하는 내일을 그려 봅니다.

모두가 국민 행복을 기반으로 한반도 평화와 지구촌 발전을 염원하는 희망의 새 시대에 전국 사회복지사 여러분의 건승을 기원합니다.

감사합니다.

2014년 1월 23일

제17~18대 한국사회복지사협회 회장 **조 성 철**

한국사회복지사협회는 2008년 6월 24일까지 서울 여의도 소재 월드비전 빌딩 내에 있었다. 신임 한국사회복지사협회 조성철 회장은, 법정 보수교육 준비를 위한 교육장 마련과 함께 그간 늘어난 사업 대비 협소한 사무국 환경을 개선하기 위해 원효대교 건너편 용산 소재 오피스텔에 넓은 공간을 얻어 사무국을 이전했다. 사진은 여의도 협회 마지막 날 이사 준비에 바쁜 모습(왼쪽). 떠나기 전 월드비전 박종삼 회장에게 감사패도 전달했다(오른쪽).

한국사회복지사협회 직원. 2013년(왼쪽)과 2011년(오른쪽) 중앙회 및 지회 전체 워크숍 때 찍은 사진이다.

2008년 7월 17일 한국사회복지사협회 이전 기념식.

# 1
# 한국사회복지사협회 운영 철학 및 조직 현황

# 한국사회복지사협회 조직 현황

## 1 일반 현황

| | |
|---|---|
| 법 인 명 | 사단법인 한국사회복지사협회 |
| 소 재 지 | 서울특별시 용산구 이촌로1(한강로3가 16-88) GS한강에클라트 202호 |
| 전화번호 | TEL: (02)786-0845~7 / FAX: (02) 786-0191 |
| 대 표 | 조성철 |
| 설립허가일 | 1977. 9. 26. (10. 27. 등기) |

**영문표기** Korea Association of Social Workers

**약 칭** 한사협(KASW)

**설립근거** 사회복지사업법 제 46조

**설립목적** 국민 복지향상을 위해 사회복지에 대한 전문지식과 기술을 개발 · 보급(정관 제1조)
사회복지에 관한 전문지식과 기술을 개발 · 보급하고 사회복지사의 자질향상을 위한 교육훈련 및 사회복지사의 복지증진을 도모(사회복지사업법 제46조)

**회원현황** 585,120명('13.12.31 현재)
사회복지사 자격증을 교부받은 자를 협회 회원으로 함(사회복지사업법 시행령 제23조)

### 역대 회장 현황

| 구 분 | 성 명 | 직 책 | 활동기간 | 비고 |
|---|---|---|---|---|
| 제 1대~제2대 | 하상락 | 前서울대학교 교수 | 1967.03.08 ~ 1971.03.19 | 작고 |
| 제3대 | 조기동 | 한국노인복지회 명예회장 | 1971.03.19 ~ 1973.02.23 | |
| 제4대~제7대 | 부청하 | 상록보육원 원장 | 1973.02.28 ~ 1981.01.18 | |
| 제8대~제9대 | 민은식 | 前삼육복지재단 이사장 | 1981.01.19 ~ 1987.03.20 | 작고 |
| 제10대 | 김석산 | 어린이재단 회장 | 1987.03.21 ~ 1988.04.14 | 작고 |
| 제10대~제11대 | 윤 기 | 일본 마음의가족 이사장 | 1988.05. ~ 1992.02.20 | |
| 제11대~제12대 | 이윤구 | 前대한적십자사 총재 | 1992.02.20 ~ 1996.03.22 | 작고 |
| 제13대~제14대 | 김융일 | 前가톨릭대학교 교수 | 1996.03.22 ~ 2002.04.23 | 작고 |
| 제15대 | 최성균 | 한국미래경영협회 회장 | 2002.04.23 ~ 2005.04.22 | |
| 제16대 | 김성이 | 前보건복지가족부장관 | 2005.04.23 ~ 2007.10.06 | |
| 제17대~제18대 | 조성철 | 인애복지재단 이사장 | 2008.03.01 ~ 현 재 | |

## 주요연혁

- ○ 1967. 3. 한국사회사업가협회 창립총회 (사회단체)
- ○ 1972. 9. 국제사회복지사연맹(IFSW) 가입
- ○ 1977. 9. 보건복지부 소관 법인 설립 허가 (민법 제32조)
- ○ 1978. 3. 계간 사회사업가회보 창간
- ○ 1982. 1. 사회복지사 윤리강령 제정(*윤리강령은 전문과 46개항의 윤리기준으로 구성돼 있음)

> 사회복지사 선서
>
> 나는 모든 사람들이 인간다운 삶을 누릴 수 있도록, 인간존엄성과 사회정의의 신념을 바탕으로, 개인 · 가족 · 집단 · 조직 · 지역사회 · 전체사회와 함께 한다.
>
> 나는 언제나 소외되고 고통받는 사람들의 편에 서서 저들의 인권과 권익을 지키며 사회의 불의와 부정을 거부하고 개인이익보다 공공이익을 앞세운다.
>
> 나는 사회복지사 윤리강령을 준수함으로써 도덕성 과 책임성을 갖춘 사회복지사로 헌신한다.
>
> 나는 나의 자유의지에 따라 명예를 걸고 이를 엄숙하게 선서합니다.

- ○ 1985. 7. 사단법인 한국사회복지사협회로 개칭
- ○ 1996. 3. 1회 임상(전문)사회복지사 자격시험 시행
- ○ 1996. 6. 정신보건사회복지사 자격시험 시행 (보건복지부위탁)
- ○ 1997. 5. 한국사회복지사협회 30년사 발간
- ○ 1997. 5. 월간 사회사업가회보 창간
- ○ 1999. 1. 사회복지사 자격증 교부업무 시행 (보건복지부위탁)
- ○ 1999. 2. 공공근로 재가복지사업 운영 (보건복지부위탁)
- ○ 2000. 1. 사회복지포털 사이트 welfare.net 운영
- ○ 2000. 2. 사회복지전문지 계간 '복지사회2000' 창간(기타간행물)
- ○ 2000. 2. 전국사회복지사 실태조사 사업실시
- ○ 2000. 9. 제1회 사회복지사 국제포럼 개최
- ○ 2001. 9. 사회복지사 사이버연수원 개원(edu.welfare.net)
- ○ 2001.12. 사회복지사 자격통합관리시스템 구축
- ○ 2002. 1. 1차 사회복지사 해외연수 실시 (2011년까지 11차)
- ○ 2002. 2. 산하단체 인준 (한국학교사회사업실천가협회)

- ○ 2002. 9. 사회복지전담공무원 임용 15주년 기념행사 개최
- ○ 2002.11. 한국사회복지사협회 CI 개정 및 캐릭터 보듬이 공포
- ○ 2003. 9. 사회복지사 1급 국가시험 실시
- ○ 2003. 4. 사회복지전문지 월간 '소셜 워커'로 변경 발행(기타간행물)
- ○ 2003.12. 사회복지사 직무만족도 조사 실시
- ○ 2004. 4. 한국사회복지사협회 홈페이지 개설(www.kasw.or.kr)
- ○ 2004.12. 사회복지사 업무 매뉴얼 제작/ 사회복지 현장실습관리 지침 개발
- ○ 2005. 9. 18회 아시아태평양 사회복지사 교육자대회 개최
- ○ 2005.12. 사회복지사 통합시스템 구축 및 복지 정보화 추진
- ○ 2006. 2. 파키스탄 지진피해 지역 돕기 '희망의 워크캠프'
- ○ 2006. 9. 사회복지사 기초실태조사 실시
- ○ 2006.10. 사회복지윤리상담소, 사회복지인권상담소 개소
- ○ 2006.10. 아태지역 국제 심포지엄 개최 및 참가국간 협정서 체결
- ○ 2006.11. 시각장애인 희망 바다낚시대회 개최
- ○ 2006.12. 한국사회복지사협회 출판부 출범식 개최
- ○ 2007. 4. 한국사회복지사협회 40년사 발간/ 창립 40주년 기념 대회 개최
- ○ 2007. 4. '1회 사회복지사의 날'(매년 4월 22일) 기념식 개최
- ○ 2007. 4. 1회 보건복지부장관기 전국 사회복지사 축구대회 개최
- ○ 2007. 6. 사회복지전문지 월간 '소셜 워커' 종별 변경(잡지)
- ○ 2007.11. 제2회 서울 APPLE 심포지엄
- ○ 2007.12. 복지몰 오픈(사회복지사 전용 인터넷 쇼핑몰)
- ○ 2008. 3. 조성철 제17대 협회장 취임

- ○ 2008. 4. 류시문 회장, 한맥사회복지사대상 약정

  사회복지사만을 대상으로 하는 상

○ 2008. 6. 협회 사무실 이전(용산구 한강로동, 현 사무실)

○ 2008. 7. 아동청소년 관련 사회복지특별위원회 구성

○ 2008. 8. NASW(전미사회복지사협회)와 국제협약 체결

미국에 한국 사회복지사 파견 계기 마련

▶ 2009년 말부터 실제 NASW 파견 근무

○ 2008.10. 한-일 아동학대 예방 국제 세미나 개최

○ 2008.10. 녹색복지 증진을 위한 협약 체결 (녹색사업단)

사회복지시설 내 복권기금(산림청 녹색자금) 투입을 통한 녹색복지 실현

▶ 5개년간 총 392억여원 투입

(`09. 40억, `10. 55억, `11. 77억, `12. 100억, `13. 120억)

※ 숲, 옥상녹화, 실내정원 등 조성

→ 시설 이용자 · 생활자 · 종사자 심신 안정

○ 2009. 1. 사회복지사 보수교육 관리 (보건복지부위탁)

○ 2009. 4. 서울국제사회복지대회 개최

○ 2009. 9. 서울국제사회복지영화제 개최

서울국제사회복지영화제 개막

▶ 노인복지관에 '사랑의 밥차' 지원 등 다종다양한 부대행사 진행

○ 2009.11. 사회복지정치참여네트워크 추진단 출범

사회복지정치참여네트워크 추진단 출범(공동대표 조성철, 유재건, 김성이)

○ 2010. 1. 사회복지사공제회 추진위원회 출범

○ 2010. 1. 지역사회 분쟁조정위원회 출범(시 · 군 · 구)

○ 2010. 6. 5회 지방선거 사회복지사 당선자 대회 개최(528명)

6.2지방선거 사회복지사 당선자 대회

○ 2010. 7. 사회복지사공제회 법제화를 위한 지지서명 운동 진행

○ 2010. 8. 사회복지전문잡지 '월간 소셜 워커'에 시각장애인용 바코드 탑재

○ 2011. 3. 조성철 18대 협회장 취임 (재선출 연임)

○ 2011. 3. 「사회복지사 등의 처우 및 지위 향상을 위한 법률」 제정, 공포

「사회복지사 등의 처우 및 지위 향상을 위한 법률」 통과(`11.3.30.) 축하연

○ 2011. 3. 사회복지공제회 설립지원사무국 운영 (보건복지부위탁)

○ 2011.12. 한국사회복지공제회 법인 등록

○ 2011.12. UN Global Compact 본부 및 한국협회 가입

○ 2012. 2. 사회복지정보도서관(중부복지정보넷) 협약체결 (중부재단)

○ 2012. 3. 한국사회복지공제회 출범

한국사회복지공제회 출범('12.3.20)

○ 2012. 3. '사회복지사 등의 처우 및 지위 향상' 관련 조례 제정 운동(1차)
(성명 발표, 단체장 및 의회 의장 접견)

○ 2012. 5. '부패없는 사회만들기 국민서약운동' 선포

○ 2012. 9. 카자흐스탄사회복지사협회(ASWDV) 국제협력 관한 양해각서 체결

○ 2012.11. 한 · 일국제세미나 개최

한 · 일국제세미나 개최('12.11.22)

○ 2012.12. 제6회 유라시아 사회복지 포럼

○ 2013. 2. 23개단체연대 주도 '사회복지사 자살방지 및 인권보장을 위한 비대위' 구성(3월 30일 서울 광화문 1천명 규모 추모집회 개최)

○ 2013. 3. '사회복지사등의 처우 및 지위 향상을 위한 법률' 시행1년 성과와 과제 정책토론회

○ 2013. 3. 제7회 사회복지사의 날 기념식

○ 2013. 4. 제7회 사회복지사 체육대회

○ 2013. 5. 제2회 '부패없는 사회만들기 국민운동' 기념식 및 토론회

부패없는 사회만들기 국민운동(5.24 운동)

○ 2013. 6. '사회복지사 등의 처우 및 지위 향상' 관련 조례 제정 운동(2차) (17개 시 · 도 및 의회, 개 시 · 군 · 구 및 의회 처우조례 제 · 개정 공식 요청)

○ 2013. 6. 한 · 미 · 일 국제사회복지 포럼 개최

○ 2013. 8. 사회복지현장실습 등록시스템 구축

## 조직 현황 2

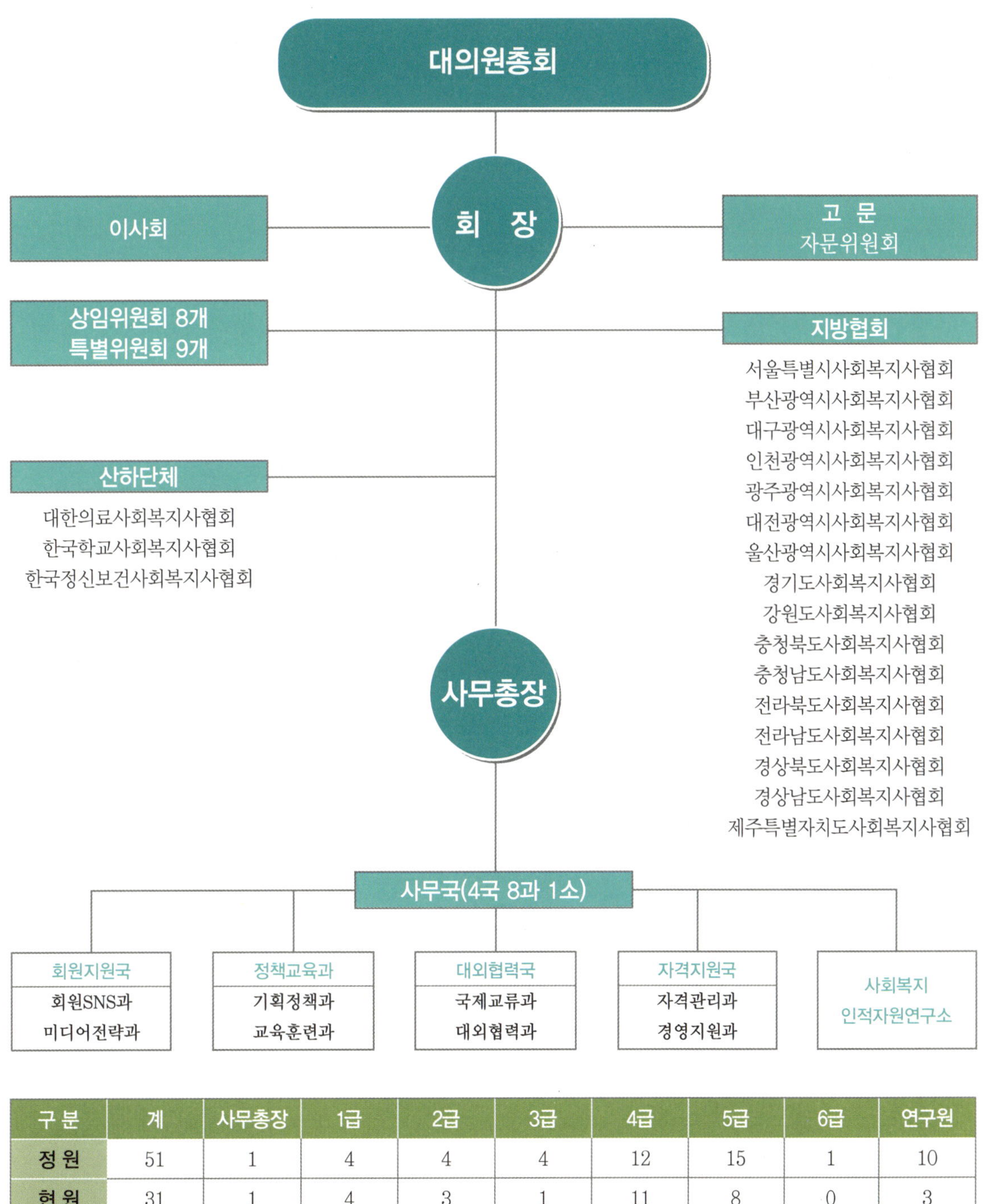


| 구 분 | 계 | 사무총장 | 1급 | 2급 | 3급 | 4급 | 5급 | 6급 | 연구원 |
|---|---|---|---|---|---|---|---|---|---|
| 정 원 | 51 | 1 | 4 | 4 | 4 | 12 | 15 | 1 | 10 |
| 현 원 | 31 | 1 | 4 | 3 | 1 | 11 | 8 | 0 | 3 |

※ 연구원의 경우, 비상근 소장 1인 포함

# 3 임원 현황

| 계 | 회장 〈선출직〉 | 수석부회장 | 부회장 | 이사 | 감사 |
|---|---|---|---|---|---|
| 32인 | 1인 | 1인 | 6인 | 17인 | 2인 |

| 직책 | 성명 | 소속 |
|---|---|---|
| 회장 | 조성철 | 경남종합사회복지관 관장 |
| 수석부회장 | 이영분 | 건국대학교 명예교수 |
| 부회장 | 유명재 | 전라남도사회복지협의회 사무처장 |
| 부회장 | 선수경 | 한국사회복지행정연구회 회장 |
| 부회장 | 장창수 | 대전광역시사회복지사협회 회장 |
| 부회장 | 정병주 | 대구자유재활원 원장 |
| 부회장 | 조남범 | 경기도사회복지공제회 대표이사 |
| 부회장 | 한형범 | 제주특별자치도사회복지사협회 회장 |
| 이사 | 구혜영 | 한양사이버대학교 교수 |
| 이사 | 권경동 | 부산광역시사회복지사협회 회장 |
| 이사 | 김궁자 | 수원가족지원센터 센터장 |
| 이사 | 김상근 | 대구광역시사회복지사협회 회장 |
| 이사 | 박성욱 | 경상남도사회복지사협회 회장 |
| 이사 | 배기효 | 대구보건대학 교수 |
| 이사 | 오세걸 | 울산광역시사회복지사협회 회장 |
| 이사 | 오형만 | 충청남도사회복지사협회 회장 |
| 이사 | 유명화 | 한국장애인재활협회 사무총장 |
| 이사 | 유춘원 | 충청북도사회복지사협회 회장 |
| 이사 | 이용교 | 광주광역시사회복지사협회 회장 |
| 이사 | 이용권 | 서호노인복지관 관장 |
| 이사 | 이주재 | 전라남도사회복지사협회 회장 |
| 이사 | 이준상 | 경상북도사회복지사협회 회장 |
| 이사 | 이춘섭 | 전라북도사회복지사협회 회장 |
| 이사 | 장재구 | 서울특별시사회복지사협회 회장 |
| 이사 | 조승철 | 경기도사회복지사협회 회장 |
| 이사 | 최소연 | 남서울대학교 사회복지학과 교수 |
| 이사 | 홍기종 | 강원도사회복지사협회 회장 |
| 이사 | 홍인식 | 인천광역시사회복지사협회 회장 |
| 이사 | 황종성 | 사당종합사회복지관 관장 |
| 감사 | 이현선 | 음봉산동종합사회복지관 관장 |
| 감사 | 유경호 | 김포수산나의집 원장 |

※ 16개 시 · 도사회복지사협회장은 당연직 임원임

# 협회 사업 소개 4

## 주요사업

1 사회복지사에 대한 전문지식과 기술의 개발 · 보급

2 사회복지사의 전문성 향상을 위한 교육훈련

3 사회복지사와 관련된 조사연구 및 홍보 · 출판

4 국 · 내외 사회복지관련 전문가 단체와의 교류 · 협력 등

〈 사회복지사업법 시행령 제22조 및 협회 정관 제4조〉

## 사업내용

- 국민의 사회복지 향상을 위한 활동
- 사회복지에 관한 전문지식과 기술의 개발 및 보급
- 사회복지사의 전문성 향상을 위한 교육훈련 및 보수교육
- 사회복지사 국가시험 운영 및 자격증 교부 등의 수탁업무
- 사회복지사의 권익옹호와 복지증진
- 사회복지사에 관한 조사 · 연구 및 홍보 · 출판
- 국내외 사회복지관련 전문가 단체와의 교류 · 협력
- 사회복지사의 취업정보 제공
- 사회복지사 대회 등 행사 운영
- 사회복지사를 위한 공제회 사업
- 정부 또는 지방자치단체의 사회복지사업 수탁업무
- 원격교육 시설 운영
- 기타 목적달성에 필요한 사업
- 목적사업을 지원하기 위한 수익사업

# 5 CI 및 캐릭터 소개

## 한국사회복지사협회 CI

**Key Word** _ 인간과 사랑을 중심으로 사회복지사의 전문직을 강조

**Concept** _ 양쪽 팔을 위로 향하고 있는 사람의 상반신을 나타냄
_ 미래 사회에 대한 희망을 시각적으로 표현하였으며, 생명력과 젊음을 상징하는 청색계열의 색상을 주조색으로 점증시킴으로서 시각적 효과를 극대화 함
_ 사회의 기본 구성원인 '나'와 '내가 아닌 사람'을 지칭하는 2인칭 대명사인 U(you)자의 형태에서 모티브를 얻어 사회를 이루는 근간인 개인의 중요성과 희망찬 미래를 표현함

**Color** _ 녹색(Green)으로 생명력, 젊은, 편안 등 생명력을 상징, 인간의 존엄성에 기반한 사회복지사의 사명을 강조

## 사회복지사 캐릭터 (Character)

- 상상의 캐릭터로 사회복지사의 소명과 일치하는 넉넉하고 따뜻한 마음을 구현하였음. 이름에서 느껴지는 듯이 모든 것을 보듬어 안을 수 있는 여유와 친근함을 표현
- 밝은 황갈색은 가볍고 즐거운 이미지를 나타내며, 풍성함과 안정감을 상징하여, 미래를 향한 밝은 희망과 따뜻하고 친근한 사회복지사의 이미지를 표현함

보듬이
BODUMI

# 한국사회복지사협회 사업 추진현황

## 미션과 비전 1

**비전 VISION**

국민의 복지향상을 위해 사회복지에 관한 전문지식과 기술을 개발 · 보급하고 사회복지사의 권익옹호와 복지증진을 도모한다.
〈정관 제1조〉

**미션 MISSION**

행복한 사회복지사가 행복한 사회를 만든다

**3대 과제 및 5대 의제**

과제 1 _ 사회복지사 일자리 창출

의제 1 | 전문복지서비스 영역 확대 및 제도화(군 · 학교 · 교정 · 산업복지 등)
의제 2 | 사회복지사 법정인력기준 준수

과제 2 _ 사회복지사 전문성 향상

의제 3 | 자격급수 일원화 및 전문사회복지사 자격제도 도입
의제 4 | 보수교육 내실화 및 실습등록제 도입

과제 3 _ 국민복지 향상과 사회복지사 권익실현

의제 5 | 국민복지 향상을 위한 사회적 책임 강화와 사회복지사의 권익실현

## 사업 체계도 2

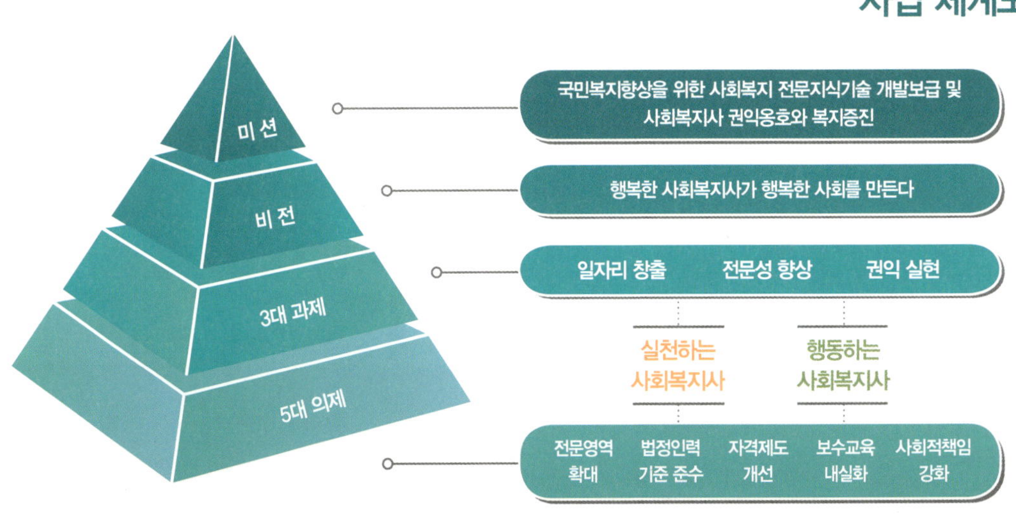

# 사회복지사 자격제도 현황

## 1 정의

### ■ 관련규정

_ 보건복지부장관이 사회복지에 관한 전문지식과 기술을 가진 자에게 사회복지사업법 제11조에 근거하여 사회복지사 자격증을 교부

※ 사회복지사 자격증 교부 현황 : 637,617명(`13.12.31. 현재, 중복발급 등 제외한 회원 숫자는 585,120명)

### ■ 사회복지사

_ 사람과 사람, 사람과 지역사회의 갈등을 예방하는 유일한 전문가(「사회복지사업법」이 '유일하게' 규정하고 있는 사회복지전문가)

_ 전국 1만여개 사회복지시설에 6만여명의 사회복지사와 시 · 군 · 구 공공기관의 1만4백여명의 사회복지사(전담공무원)가 근무

※ 사회복지사는 전국적으로 1일 평균 600만명의 서비스 이용자들과 만나며 국민의 최일선 사회복지를 전달하는 핵심 축을 전담하고 있음

_ 통계청 한국직업표준분류 : 현대사회에서 발생하고 있는 청소년, 노인, 여성, 가족, 장애인 등 다양한 사회적, 개인적 문제를 겪는 사람들에게 사회복지학 및 사회과학의 전문지식을 이용하여 문제를 진단 · 평가함으로써 문제해결을 돕고 지원하는 업무를 담당하는 자를 말한다.[1)]

주요 업무

- 사회적, 개인적 문제로 어려움에 처한 의뢰인을 만나 그들이 처한 상황과 문제를 파악하고 그들이 필요로 하는 서비스의 유형을 판단한다.
- 문제를 처리, 해결하는 데 필요한 방안을 찾기 위해 관련 자료를 수집하고 분석하여 대안을 제시한다.
- 재정적 보조, 법률적 조언 등 의뢰인이 필요로 하는 각종 사회복지프로그램을 기획, 시행, 평가한다.
- 공공복지 서비스의 전달을 위한 대상자 선정 작업, 복지조치, 급여, 생활지도 등을 한다.
- 사회복지 자원봉사자를 모집하여 교육시키고 배치 및 지도감독을 한다.
- 사회복지정책 형성과정에 참여하여 정책분석과 평가를 하며 정책대안을 제시한다.
- 정신보건사회복지사는 정신질환자에 대한 개인력 조사 및 사회조사 작업을 진행하며 정신질환자의 사회복귀 촉진을 위한 생활훈련 및 작업훈련, 그 가족에 대한 교육, 지도 및 상담 업무를 수행한다.

_ NASW(전미사회복지사협회) : 개인, 집단 및 지역사회의 복지를 촉진시키기 위한 활동을 수행[2)]

1) 통계청 고시 2007-3호, 2007. 7. 2.
2) 사회사업대사전

■ 사회복지학

_ 사회복지학은 한 사회의 시민이 최저한의 생계유지에 필요한 물질적 자원을 공급하며 자립할 수 있도록 도와주는 한편 그 시민이 심리적 · 사회적으로 그가 속한 가족, 이웃, 집단, 조직 및 지역사회 등에 잘 적응하고 통합될 수 있도록 도와주는데 필요한 전문적인 지식과 기술을 연구하고 발전시키는 응용 실천을 전제로 한 학문

## 2 사회복지사의 채용(동법 시행령 제6조)

■ 사회복지법인 또는 시설에서, 사회복지프로그램의 개발 및 운영업무, 시설거주자의 생활지도업무, 사회복지를 필요로 하는 사람에 대한 상담업무에 종사하고 있음

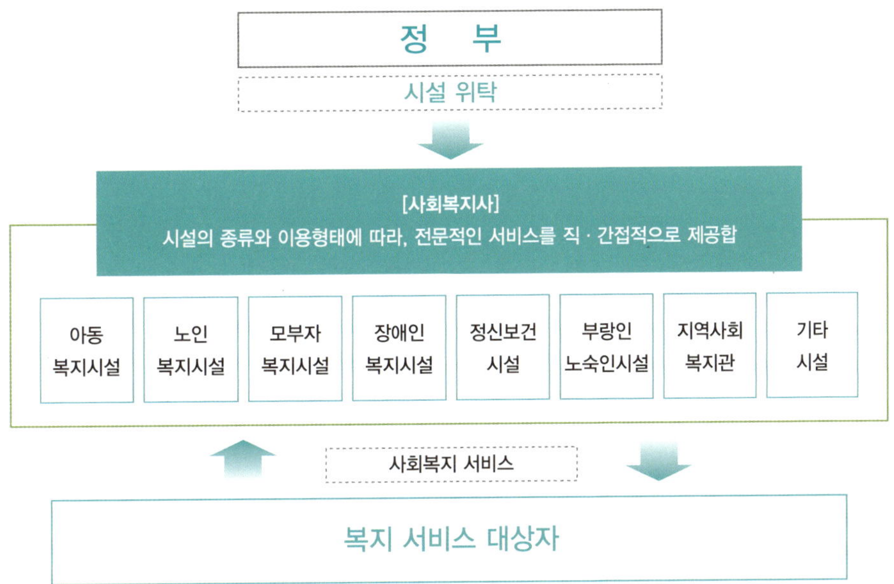


## 3 사회복지사 자격제도 연혁

■ ′70.1. 사회복지사업종사자 자격신설

■ ′83.5. 사회복지사 1 · 2 · 3급 자격증으로 개편

(교과목 이수후 졸업하면 자격취득, 대학원 · 4년제 1급, 2년제 대학 3급)

■ ′97.8. 사회복지사 1급 국가시험 운영을 위한 법 개정

(대학원 · 4년제 · 2년제 졸업 후 2급, 1급은 국가시험체제로 개편)

■ ′03.3. 제1회 사회복지사 1급 국가시험 시행

# 4 자격요건

## ■ 사회복지사 1급

○ 다음 요건에 해당하는 자로서 국가시험에 합격한 자

- 사회복지학 또는 사회사 업학 석사 또는 박사학위 취득한자
- 보건복지부령이 정하는 사회복지학 전공교과목과 사회복지관련교과목(필수10, 선택4)을 이수하고 학사학위를 취득한 자

## ■ 사회복지사 2급

○ 다음 요건에 해당하는 자

- 사회복지학 또는 사회사업학 석사(필수6, 선택2) 또는 박사학위취득자
- 보건복지부령이 정하는 사회복지학 전공교과목과 사회복지관련교과목(필수10, 선택4)을 이수하고 학사학위를 취득한 자

## ■ 사회복지사 3급

○ 다음 요건에 해당하는 자

- 전문대학 졸업자로서 복지부장관이 정하는 교육훈련기관에서 12주 교육
- 고졸자로서 복지부장관이 정하는 교육훈련기관에서 24주 교육

# 5 자격증 교부현황

## ■ 2013년 12월 31일 현재 사회복지사 자격증 발급현황은 총 637,617건

(중복발급 등 제외한 회원 숫자는 585,120명)

- 사회복지사 자격증 발급 현황(2013.12.31.)

| 구분 | 計 | 1級 | 2級 | 3級 |
|---|---|---|---|---|
| 자격증 교부수 | 637,617 | 110,517 | 514,345 | 12,755 |
| 회원수 | 585,120 | 101,968 | 480,213 | 2,939 |

## 6 사회복지사 표준직무3)

| 직무(duty) | 과업(task) | 요소 업무(task element) |
|---|---|---|
| 1. 접수 | 방문(의뢰)이유 파악 | ①방문(의뢰) 이유 파악 , ②기본 정보 파악, ③입소결정, 등록 및 다른 기관 의뢰 |
| 2. 사정 | 정보 수집 | ①주요 문제와 관련된 자료 수집, ②개인력과 가족력 파악, ③기능상태와 자원에 관한 자료수집 |
| | 개입목표 설정 | ①욕구규명, 표적문제 규명, ②서비스 제공계획 수립, ③개입의 방향과 제공서비스 설명 |
| 3. 직접서비스 | 정보제공 | ①기관의 규칙 및 생활안내, ②지역사회 자원에 관한 정보 제공 |
| | 구체적 서비스 지원 | ①일상생활지원, ②학습지도(지원), ③금전관리 지도, 경제적 지원, ④식사보조 및 간식지원, 급식지원, ⑤여가활동 지원, ⑥보건 의료서비스 연계, ⑦욕창예방과 와상 예방서비스(취업준비 및 취업알선 지원), ⑧이동수단 지원 |
| | 프로그램 시행 | ①정서지원 프로그램 시행, ②인지능력 개발 프로그램 시행, ③사회성 개발 프로그램 시행, ④건강유지프로그램 시행, 성교육, 결혼지도 교육프로그램 시행 ⑤가족관계 유지 프로그램 시행, ⑥임종, 치료, 재활치료, 재활 프로그램 시행 |
| 4. 점검 | 점검 | ①적응도 점검, 비효율적인 요인 제거 및 대안 강구 |
| 5. 평가 및 종결 | 목표달성 확인 | ①퇴소시기 및 관련정보 제공, 목표달성여부 확인 |
| | 종결 | ①퇴소시기 결정 및 감정처리, 적절한 종결 시기 협의 및 결정, ②자립생활지원, 종결의 예고 및 종결에 따른 감정처리 |
| | 의뢰 | ①해결되지 않은 문제 다른 기관 연계, 의뢰 |
| 6. 사후관리 | 사후관리 | ①클라이언트의 적응 상태 확인 및 연락체계 구축 |
| 7. 간접서비스 | 옹호 | ①클라이언트의 권익옹호, ②클라이언트가 차별받지 않도록 하기 |
| | 모금 및 후원금관리 | ①후원의뢰서 작성 및 후원의뢰, ②후원자 모집(홍보) 및 관리, ③후원물품과 후원금 관리 및 집행, ④후원금 결산 및 사용결과 보고 |
| | 자원봉사자 관리 | ①자원봉사자 모집 ②자원봉사자 교육 , ③자원봉사자 배치 및 관리, ④자원봉사자 수퍼비전 주기 |
| | 지역사회연계망 조직 | ①지역사회의 욕구와 정보 수집, ②지역사회기관과 연계서비스 구축, ③지역사회주민과의 연계망 조직 |
| 8. 자기개발 | 전문성 향상 | ①내외의 교육 참여 , ②슈퍼비전 주고받기, ③연구 및 학술활동, ④서비스 실천과 관련된 정보수집 |
| | 자기관리 | ①시간관리, ②건강관리 |
| 9. 업무형성과 유지 | 업무 유지 | ①회의자료 만들기, ②내부회의 참석하기, ③사례회의 자료 만들기, ④사례회의 참석 |
| | 협력관계 유지 | ①외부관련회의 참석, ②외부 담당자와 사업내용 협의 |
| 10. 인력관리 | 직원교육 | ①교육계획 및 교육자료 개발, ②교육훈련 시키기, ③교육 결과 평가 및 업무에 적용 |
| | 업무수행도 평가 | ①수행도 평가기준 마련, ②평가기준에 따라 평가, ③평가결과 활용 |
| | 직원고충 처리 | ①직원의 고충 들어주고 해결 |
| | 실습생 지도 | ①일정에 따라 실습 진행 및 슈퍼비전 |
| 11.기획 및 재정 관리 | 업무지침 마련 | ①직무분석, ②업무분장 및 업무지침 마련, ③매뉴얼 갖추기 |
| | 사업계획 마련 | ①추진할 사업계획 수립, ②사업시행, ③사업평가 |
| | 예산편성 및 재정관리 | ①예산 세우기, ②지출(수입)결의서 작성, ③결산서 작성 |
| 12. 시설관리 | 시설안전관리 | ①시설안전 관리 상황 확인(라운딩) |
| | 비품 및 공동물품 관리 | ①비품 및 공동 물품 관리 |
| 13. 문서관리 | 통계 및 보고서 작성 | ①업무일지 작성, ②보고서 작성, ③기안문 등 행정문서 작성, ④회의록 작성 |
| | 보고 및 행정처리 | ①문서결재 및 공문처리, ②사업실적과 진행 사례 보고, ③관련행정기관에 업무 내용 보고 |
| | 서비스 내용 기록 | ①상담내용 기록, ②기록 관리 보존, ③상담 기록 활용 |

3) 2004, 한국사회복지사협회, 이용시설 가운데 종합사회복지관, 재가봉사센터, 자활후견기관의 3분야와 생활시설 중에는 아동, 노인, 장애인 분야의 3분야를 선정하여 연구

# 7 사회복지학 필수 과목 (사회복지사 1급 국가시험 과목 요약)

| 구분 | 주요내용 / 이론 |
|---|---|
| 인간행동과사회환경<br>Human Behavior and Social Environment | -인간의 성장과 발달 과제, 특징<br>-사회체계, 생태학, 가족, 집단, 지역사회, 조직, 문화<br>-정신역동, 인지행동, 인본주의 등 |
| 사회복지조사론<br>Research Method in Social Welfare | -사회복지실천현장의 양적, 질적 조사연구 방법<br>-자료수집, 분석방법, 조사윤리<br>-욕구, 평가, 실험조사, 조사설계, 측정도구개발, 신뢰도 · 타당도 분석, 표본추출, 실험집단설계, 단일사례 설계, 자료처리 및 기술통계 등 |
| 사회복지실천론<br>Theories of Social Work Practice | -사회복지 실천 가치 및 윤리<br>-사회복지사 윤리강령<br>-실천대상과 문제 : 개인, 가족, 집단, 지역체계와 문제<br>-사회복지살천의 관점 : 통합적 접근, 사회체계 및 생태체계이론<br>-관계형성 및 의사소통기술, 면접기술,<br>-문제사정, 가계도, 생태도, 사회도 분석<br>-직접 · 간접개입 및 점검<br>-단일사례연구설계, 사례관리철학 및 개념 등 |
| 사회복지실천기술론<br>Skills and Techniques for Social Work Practice | -사회복지사의 전문 지식 및 기술<br>-사회복지실천 과학적 기반<br>-정신역동모델, 심리사회모델, 인지행동모델, 과제중심모델<br>-집단역동성, 프로그램 실제<br>-가족문제사정, 가족치료, 사례기록 등 |
| 지역사회복지론<br>Community Welfare & Practice | -지역사회 및 지역사회복지 실천 이해<br>-미, 영, 일본 등 해외 사례<br>-실천모델 : 지역사회개발모델(Community Development), 사회계획모델(Social Planning), 지역사회조직화모델(Community Organizing), 지역사회행동과 개혁 모델(Social Aciton and Change)등<br>-지역사회복지실천 원칙과 기치 윤리 개입과정<br>-사회복지사의 역할 및 실천기술 : 연계, 조직화, 임파워먼트 등 |
| 사회복지정책론<br>Social Welfare Policy | -사회복지 정책 발달사, 이념 및 전략<br>-정책전략 : 선별주의, 보편주의, 시민참여, 탈상품화 등<br>-복지국가 개념 및 유형<br>-재원, 주체와 전달체계 등 |
| 사회복지행정론<br>Social Welfare Administration | -조직관리, 구조, 인사, 재정, 정보, 자원관리<br>-프로그램 기획 및 의사결정<br>-문제분석 욕구사정, 목적 설정 개입전략<br>-서비스 전달체계 활용 등 |
| 사회복지법제론<br>Socail Welfare and Law | -사회복지법의 체계, 상호관련성<br>-개별 사회복지법의 내용적 구성<br>-권리성, 사회복지주체와 법률관계 등 |

※ 120시간 이상의 사회복지 현장실습을 필수 과목으로 이수함으로 학문으로 습득한 사회복지에 관한 가치, 지식 및 기술을 실천 적용

# 사회복지사 보수교육 현황

## 교육 목표 및 영역 1

### ■ 교육 목표

_ 사회복지사로서의 자질향상과 품위를 유지하기 위한 가치관 재정립, 사회복지 관련 지식에 대한 이해도 향상 등을 목표로 함

_ 사회복지 실천현장에서 적용 가능한 교육을 실시하여 사회복지사의 인성과 업무 전문성 측면에서 긍정적인 효과가 나오도록 노력

### ■ 교육영역

_ 필수영역 : 사회복지 윤리와 가치, 사회복지 실천 중 1개영역 선택

_ 선택영역 : 사회복지정책과제와 법, 사회복지 행정, 사회복지 조사 · 연구, 사회복지인권, 특별분야

## 교육 근거 2

### ■ 교육 대상자 : 사회복지사업법 제13조제2항

_ 사회복지법인 또는 사회복지시설에 종사하는 사회복지사는 정기적으로 인권에 관한 내용이 포함된 보수교육을 받아야 한다.

### ■ 과태료 기준 : 사회복지사업법 시행령 별표 4(제26조 관련)

_ 보수교육을 받지 아니한 자 : 20만원

_ 보수교육을 이유로 불이익한 처분을 한 자 : 100만원

### ■ 교육 관리운영의 위탁 : 사회복지사업법 시행규칙 제5조제5항

_ 위탁기관 : 한국사회복지사협회

# 3 교육 운영절차

| 절차 | 세부내용 |
| --- | --- |
| 보수교육 대상자 및 면제자 확인 | - 교육 대상자 명단 제출 (사회복지법인 · 시설 → 한국사회복지사협회)<br>- 면제신청서 제출 (교육 당해 연도 상시)<br>(면제받고자 하는 대상자 → 한국사회복지사협회) |
|  | |
| 교육 실시기관 신청서 및 교육 계획서 심사 | - 교육 실시기관 신청서 및 교육계획서 제출<br>• 교육 실시기관 신청서 및 연간계획서 접수 (연초)<br>(교육 실시기관 → 한국사회복지사협회)<br>- 교육 실시기관 및 교육계획서 심사(한국사회복지사협회)<br>• 교육 계획서 심사 : 분기별 |
|  | |
| 보수교육 계획 수립 및 제출 | - 보수교육계획 수립 및 제출 (연초)<br>(한국사회복지사협회 → 보건복지부) |
|  | |
| 교육 실시기관별 보수교육계획 공지 | - 승인된 교육 실시기관 공지 (연초)<br>- 보수교육계획 공지 (분기별)<br>· 교육 실시기관, 교육명, 교육장소, 교육일자 등<br>(한국사회복지사협회 보수교육센터 홈페이지)<br>※ 교육계획 변경이 필요한 경우 한국사회복지사협회 보수교육센터 홈페이지에서 변경신청서 온라인 접수 후 심사 · 승인 공지 |
|  | |
| 교육 실시기관별 교육진행 | - 교육 대상자는 협회 보수교육센터 홈페이지에서 교육 신청 (연중)<br>- 교육 실시기관별 교육 진행 |
| 교육결과 보고 및 평점관리 | - 교육 실시 후 15일 이내 교육결과 및 교육수료자 명단 제출<br>(교육 실시기관 → 한국사회복지사협회)<br>- 교육평점 부여 (한국사회복지사협회 → 교육 수료자)<br>- 평점 부여 완료 이후 보수교육 이수기준에 부합할 경우 이수증 발급 가능<br>※ 보수교육 이수기준 : 필수영역 포함하여 총 8평점 이상 이수. 단, 사이버 보수교육의 경우 4평점까지만 인정 |
| 연간 보수교육 실적 보고서 제출 | - 연간 보수교육 실적보고서 제출 (매년 2월)<br>(한국사회복지사협회 → 보건복지부) |

## 운영실적 (보건복지부 최종실적 보고 기준) 4

■ **2009년** _ 교육운영현황 : 집합교육 783개, 사이버교육 63개 과정

_ 보수교육 대상자 조사 현황 : 49,101명

_ 보수교육 이수현황

| 구분 | 총계 | | 의무대상자 | | 희망대상자 | |
|---|---|---|---|---|---|---|
| | 인원(명) | 비율(%) | 인원(명) | 비율(%) | 인원(명) | 비율(%) |
| 대상자 | 49,101명 | 100.0% | 38,884명 | 79% | 10,217명 | 21% |
| 이수자 | 42,415명 | 86.4% | 38,682명 | 99.5% | 3,733명 | 36.5% |

■ **2010년** _ 교육운영현황 : 집합교육 654개, 사이버교육 190개 과정

_ 보수교육 대상자 조사 현황 : 52,654명

_ 보수교육 이수현황

| 구분 | 총계 | | 의무대상자 | | 희망대상자 | |
|---|---|---|---|---|---|---|
| | 인원(명) | 비율(%) | 인원(명) | 비율(%) | 인원(명) | 비율(%) |
| 대상자 | 52,654명 | 100% | 33,601명 | 63.8% | 19,053명 | 36.2% |
| 이수자 | 36,235명 | 68.8% | 32,696명 | 97.3% | 3,539명 | 18.6% |

■ **2011년** _ 교육운영현황 : 집합교육 764개, 사이버교육 144개 과정

_ 보수교육 대상자 조사 현황 : 61,340명

_ 보수교육 이수현황

| 구분 | 총계 | | 의무대상자 | | 희망대상자 | |
|---|---|---|---|---|---|---|
| | 인원(명) | 비율(%) | 인원(명) | 비율(%) | 인원(명) | 비율(%) |
| 대상자 | 61,340명 | 100% | 37,721명 | 61.5% | 23,619명 | 38.5% |
| 이수자 | 42,951명 | 70.0% | 36,655명 | 97.2% | 6,296명 | 26.7% |

■ **2012년** _ 교육운영현황 : 집합교육 850개, 사이버교육 128개 과정

_ 보수교육 대상자 조사 현황 : 67,317명

_ 보수교육 이수현황

| 구분 | 총계 | | 의무대상자 | | 희망대상자 | |
|---|---|---|---|---|---|---|
| | 인원(명) | 비율(%) | 인원(명) | 비율(%) | 인원(명) | 비율(%) |
| 대상자 | 67,317명 | 100% | 41,206명 | 61.2% | 26,111명 | 38.8% |
| 이수자 | 45,752명 | 68.0% | 39,177명 | 95.1% | 6,575명 | 25.2% |

■ **2013년** _ 유예기간 등 포함하여 이듬해 2월 말 기준 최종 집계

제17~18대 한국사회복지사협회가 추진한 사업들은 규모의 크고 작음을 떠나 사회복지계 최초는 물론, 국내 최초, 국제 최초의 사업들이 즐비했다. 그 어느 때보다 사업양이 많았던 것도 한몫했다. 국제행사로 학술제는 물론 영화제도 진행했고, 녹색과 복지를 결합한 새로운 패러다임을 제시하는가 하면, 마이크로소프트사와 공동으로 종사자를 위한 IT행사도 마련해 매년 개최해 왔으며, 기관지에 시각장애인을 위한 바코드도 넣었다. 물론, 중요 행사들은 계승하며 전통을 이어왔다. 사진은 2009년 4월 15일 애플심포지엄이 끝난 뒤, 대회사무국에서 마련한 '애플' 나무 앞에서 사과를 들고 있는 모습.

2009년 4월 16일 서울국제사회복지대회 본대회 개막식. 그랜드힐튼 서울 컨벤션홀에서 진행했다. 개막식 뒤에는 보건복지부 후원으로 참석자들과 저녁 만찬도 함께 했다. 한국사회복지사협회 조성철 회장(왼쪽)이 보건복지부 전재희 당시 장관(오른쪽)과 환하게 웃는 모습.

# 2

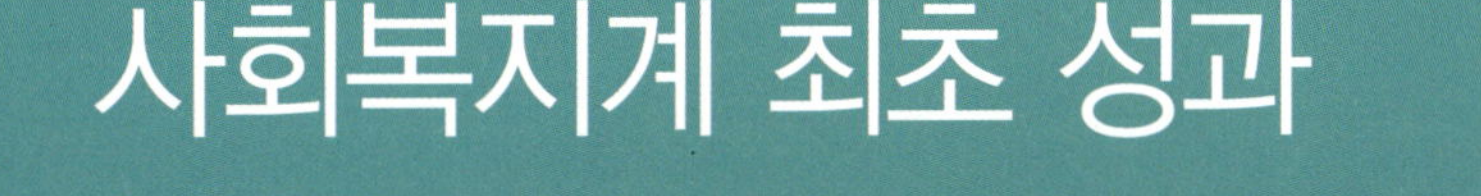

# 사회복지계 최초 성과

# 국가가 책임지는 처우개선 및 신분보장 시대 구현

김영삼, 김대중, 노무현, 이명박, 박근혜. 역대 정부들의 "사회복지종사자 처우개선" 공약은 하루 이틀 나온 이야기가 아니다. 정부 차원의 처우 개선 노력들이 있다 해도 피부체감도가 낮은 것은 물론, 집권세력이 바뀌고 사람이 바뀔 때마다 일관적이지 않은 정책들이 당연한 것처럼 받아들여질 정도였다. 그만큼 나서는 이들이 있어도 개별적인 움직임들에 머물거나 1회성 연례행사에 그치기 일쑤였고 사회복지사 전체의 급여체계 개선 등을 제도적으로 보 장받는 것은 상상 속에서나 이루어지던 시기였다.

조성철 사회복지사가 2008년 제17대 한국사회복지사협회 회장으로 당선하면서 '사회복지사법' 제정을 처음 주장했을 때만 해도 94.3%의 사회복지사가 '필요하다'고 응답(한국사회복지사협회 기관지 월간 '소셜 워커')했지만, 현실가능성에 대해서는 코웃음 치며 고개를 가로젓는 사람들이 즐비했던 게 사실이다. 이것만으로도 분파적 패배감이 만연했던 당시 상황을 알 수 있다.

사회복지사는 「사회복지사업법」이 명시한 유일한 사회복지전문가임에도 불구하고, 급수별 업무범위나 자격 유지에 대한 규정도 없는 상황에서 처우, 직무, 지위, 신분보장, 생활안정 등을 담은 법률을 따로 만든다는 건 불가능해 보일 수밖에 없었다. 하지만, 결국 상상을 실천으로 옮겨 법률 제정을 이끌어낸 것도 사회복지사들의 꿋꿋한 연대와 끈질긴 막후교섭 활동에 있었다.

**이번에도 근본적 해결책 없자 연대체 구성** 2008년 취임한 이명박 대통령은 대통령직 인수위 시기부터 사회복지종사자 처우개선 소요예산을 책정해 정부에 건의했다. 하지만 처우개선 직접경비 예산 반영은 불가능하다는 게 정부 입장이었다. 예산 항목을 신설하는 것도 어려울 뿐만 아니라 추정 예산도 2천억원 내외로 큰 규모여서 난색이 역력했다. 게다가 고질적으로 발목 잡는 사회복지 예산 지방 이양 건이 이번에도 이유 중 하나로 대두했다. 한마디로 인건비 직접 지원은 불가능하다는 얘기였다. 이 과정에서 보건복지부는 대통령 공약인 '단일급여체계 개선'을 '급여체계개선'으로 변경하기까지 했다. 인수위 분위기에 기대가

한국사회복지사협회 주도로 '사회복지종사자 처우개선 추진연대'를 구성한 건 이명박 대통령이 취임한 해인 2008년 6월의 일이다. 금융대란으로 인한 정부정책추진의 어려움을 이해하면서도 이번 역시 그냥 지나갈 순 없다는 의지의 표현이었다. 8월, 정부의 예산 반영 불가 입장이 나온 뒤 추진연대는 처우 개선을 위한 자구책 발굴 노력을 지속하며 '사회복지사법 제정' 및 '사회복지사공제회' 연구와 서명운동, 법률 통과를 위한 연서 등을 차곡차곡 진행하기 시작했다.

켰으나, 공약은 단지 공약이었을 뿐, 근본적 해결책은 이번에도 나오지 않았다.

한국사회복지사협회 주도로 '사회복지종사자 처우개선 추진연대'를 구성한 건 그 해 6월의 일이다. 금융대란으로 인한 정부정책추진의 어려움을 이해하면서도 이번 역시 그냥 지나갈 순 없다는 의지의 표현이었다. 8월, 정부의 예산 반영 불가 입장이 나온 뒤 추진연대는 처우 개선을 위한 자구책 발굴 노력을 지속하며 '사회복지사법 제정' 및 '사회복지사공제회' 연구와 서명운동, 법률 통과를 위한 연서 등을 차곡차곡 진행하기 시작했다.

**좌 · 우, 보 · 혁 막론하고 국회가 나서다** '사회복지사 등의 처우 및 지위' 관련 법안 제정이 초읽기에 들어선 것은 2010년 11월 29일(월) 열린 '제5차

사회복지사 처우개선 관련 법안은 국회 심의 자체가 처음 있는 일이어서 큰 의미가 있었는데, 구상찬, 신상진, 이주영(이상 당시 한나라당), 백원우(당시 민주당), 곽정숙(당시 민주노동당) 등 다섯 의원이 제출한 총 여섯 개 법안을 병합 심의해 그 대안을 가결하기에 이르렀었다. 각 당의 정치적 스펙트럼과 사회복지를 바라보는 입장 차이에도 불구하고, 사회복지사 처우 및 지위 향상에는 여 · 야, 보 · 혁이 따로 없었고, 당파도 초월했음을 알 수 있다. 사진은 2011년 3월 30일 「사회복지사 등의 처우 및 지위 향상을 위한 법률」 국회 통과 및 제18대 조성철 회장 연임 축하연 모습. 한국사회복지사협회 역사상 처음으로 행사시 대통령 화환이 등장했다. 이후 정당 정책위 차원의 방문 등 최초로 기록되는 일이 연이어 일어났다.

보건복지위원회 법안심사소위원회'에서였다. 폐회 직전 신상진 의원(당시 한나라당, 성남 중원)이 본인이 발의한 「사회복지사 등의 처우 및 지위 향상을 위한 법률안」을 설명했고, 우연처럼 법률안이 의결목록에 포함됐다. 의사 출신으로서 다른 직종인 사회복지사에 대한 가치를 중히 여기기란 쉽지 않은 일이었겠지만, 한국사회복지사협회와 '처우개선 추진연대'의 줄기찬 양적 노력들이 질적 변환을 보게 된 순간이었다는 게 한국사회복지사협회 조성철 회장의 말이다. 즉, 보건복지위원회 소속 의원들과 개별적으로 접촉하며 설득해 온 과정들이 있었기 때문에 갑작스런 법률 설명에도 불구하고 회의 참석 의원 만장일치로 의결된 것이었다. 신상진 의원은 오랫동안 이 법률 요지를 호주머니에 넣고 다니며 적절한 제출 기회를 엿봤다는 후문이다.

**다른 정당 다섯 의원의 여섯 법안 병합, 그러나 해를 넘기다** 2011년 신년을 맞자마자 2월이 기대됐다. 2010년 말 국회 보건복지위원회를 통과한 특별법인 「사회복지사 등의 처우 및 지위 향상을 위한 법률안」 통과에 대한 기대감 때문이었다. 사실 2010년 12월 본회의 통과까지 무리 없을 것으로 기대했던 한국사회복지사협회로서는 아쉬움이 컸다. 그만큼 2011년 2월 임시국회에 대한 기대감 역시 배로 커진 셈이었다. 체계자구심사와 본회의 심사만을 남기고 있는 시점에 임시국회로 넘어갔으니, 야구 9회 말 동점 또는 한 점 뒤진 상황에 마지막 주자로 나선 이를 응원하듯 많은 이들의 기분이 묘하게 돌아가던 시점이었다. 이렇게 통과되면 그야말로 극적 드라마였다.

사실 상임위 통과부터 드라마틱했다. 사회복지사 처우개선 관련 법안 심의 자체가 처음 있는 일이어서 큰 의미가 있었는데, 구상찬, 신상진, 이주영(이상 당시 한나라당), 백원우(민주당), 곽정숙(당시 민주노동당) 등 다섯 의원이 제출한 총 여섯 개 법안을 병합 심의해 그 대안을 가결하기에 이르렀었다. 각 당의 정치적 스펙트럼과 사회복지를 바라보는 입장 차이에도 불구하고, 사회복지사 처우 및 지위 향상에는 여 · 야, 보 · 혁이 따로 없었고, 당파도 초월했음을 알 수 있다.

하지만 법률안이 2011년으로 넘어온 건 단순히 해를 넘긴 수준이 아니었다. 2011년은 총선이 있는 해였고, 2월 임시국회 때 상정이 안 될 경우 18대 국회 임기 만료로 자동 폐기될 우려가 매우 컸다. 게다가 한국사회복지사협회 역시 2011년 2월로 17대 회장 임기 만료 시점이었다.

**일촉즉발** 2011년 3월 11일(금) 제298회 국회(임시회) 본회의. 드디어 「사회복지사 등의 처우 및 지위 향상을 위한 법률안」이 의결됐다. 상임위에서 여 · 야 만장일치로 통과한 법률안인 만큼 본회의 통과도 무난하다는 예측이 우세했었지만, 총선을 앞두고 있어서인지 법제사법위원회는 개최 소식조차 없고 해당 의원들은 저마다 지역구로 내려가 민심 챙기기에 바쁜 상황이었다. 2011년 11월 만장일치로 상임위를 통과한 뒤, '회의만 열면 통과다'라는 생각을 갖고 있었지만, 그 회의 자체가 열리지 않으니 이후 4개월은 노심초사하며 의원들 찾아다니기에 다시 공을 들였다. 2010년 말 2011년 초 겨울의 한국사회복지사협회는 여의도가 아니라 지역에 내려간 의원들을 만나기 위해 직접 전국을 돌아다니는 형국이었다. 이런 우여곡절 속에 결국 법사위가 열리자 여의도에서는 한국사회복지사협회를 바라보는 시각도 달라졌다. 간호사나 의사 직종처럼 사회복지사들도 이젠 국회를 움직일 정도로 힘이 커졌다는 이야기들마저 우스갯소리처럼 나돌았다는 게 이 시기 영입해 국회 연락관 역할을 했던 한국사회복지사협회 대외협력국 박찬선 국장의 말이다.

그래서였을까. 2011년 3월 4일(금) 열린 국회 임시회 제2차 법제사법위원회에서는 '무난히 통과'라는 예측을 뒤엎는 상황이 전개됐다. 상정 결과 법안심사 제2소위원회로 회부된 것이었다. 어떻게 마련한 회의인데, 일촉즉발의 상황이

도래했다.

한국사회복지사협회는 즉각 홈페이지를 통해 진행 상황을 회원들에게 실시간 공지했다. 사회복지사들도 국회 법제사법위원회와 소속 의원 홈페이지를 방문해 법률안 통과를 위해 힘써줄 것을 호소하는 등 뜨거운 관심을 표명했다. 결국 3월 9일(수) 국회 법제사법위원회 제2소위원회와 3월 11일(금) 국회 본회의를 통과하면서 사회복지사 처우와 지위를 규정하는 법률이 대한민국 최초로 탄생했다. 4월 22일(한국사회복지사협회 창립기념일)이었던 '사회복지사의 날'도 법률 공포일인 2011년 3월 30일(법률 제10511호)로 옮기는 등 변화는 시작됐다.

**의의** 사회복지사 처우 증진 과제는 어제 오늘 나온 이야기가 아니었다. 급여수준 현실화 및 신분보장 강화 요구는 참여정부와 이명박 정부 등 역대 정부들의 대선공약에 줄곧 등장했었다. 한국사회복지사협회는 당사자적 숙원으로 매번 그 필요성을 강변해 왔고, 그 때마다 공감대를 형성해 온 터다. 하지만 그게 끝이었다. 그간 공감대 형성이 다였지, 이렇게 법안 제정의 꿈이 현실이 된 적은 없었다. 2010년말 상임위를 통과한 법안은 그래서 놓칠 수 없는 것이었다. 2011년 2월 임시국회는 '숙원 해결' 을 위한 절호의 기회였다.

법안의 최종 심사 과정을 앞두고 한국사회복지사협회 임직원은 긴장감에 밤잠을 설쳤다. 법안 제정을 위해 소소한 여러 호기들을 땀으로 일궈 온 이들부터, 관련 법안을 제출한 의원들, 관련 정부부처, 이해당사자인 사회복지사 회원들까지. 상임위 통과 소식을 접하자마자 공식 홈페이지(http://welfare.net) 등을 통해 홍보 이벤트를 진행했던 한국사회복지사협회엔 응원 댓글이 줄을 이었다.

「사회복지사 등의 처우 및 지위 향상을 위한 법률」 마련이 사회복지계로서는 혁명적 사건임에 틀림없다. 역사의 수레바퀴 자체가 변하는 놀라운 변화 예고다. 변변한 산별노조도 없는데다 단위노조가 있다 해도 노동자 자주복지를 일구기 힘든 토양이고, 맘 놓고 기댈만한 기업복지도 꿈꾸기 힘든 실정임에도, 사회복지사의 급여수준과 고용안정 등을 국가 법률로 정하는 변혁적 기반이 바로 이번에 마련된 것이라는 게 한국사회복지사협회 대외협력과 추주형 과장의 말이다. '국가와 지방자치단체는 사회복지사 등의 보수가 사회복지전담공무원의 보수수준에 도달하도록 노력', '보건복지부장관과 지방자치단체의 장은 사회복지사 등의 보수 수준 및 지급실태 등에 관하여 3년마다 조사', '생활안정과 복지증진을 도모하기 위하여 사회복지공제회를 설립하여 운영' 등의 법안 문구 속에서 무엇을 보는가. 특정 직종 종사자의 지위 향상을 골자로 하는 법령 자체가 이례적인데, 이번 법안에는 바로 그것이 담겨 있다. 사회복지사의 전문성과 권한을 최초로 규정한 법안, 이것이 그간 꿈꿔온 사회복지사의 미래다. 사회복지사 일반의 꿈이 손에 잡힐 듯 눈앞에 다가와 있다. "행복한 사회복지사가 행복한 사회를 만든다"라는 목적의식을 깃발삼아 2008년 취임한 17대 한국사회복지사협회장 조성철 사회복지사의 공약대로라면, '행복한 사회' 도 머지않은 것이다.

「사회복지사 등의 처우 및 지위 향상을 위한 법률」 제정을 주도한 한국사회복지사협회는, 이후에도 개정 작업을 지속해 왔다. 법률 골자인 사회복지공제회 관련 내용을 2012년 5월 23일 개정한 것도 그 중 하나다. 이후에도 사회복지사 권익 증진을 위한 한국사회복지사협회의 노력은 계속될 것이다.

# 사회복지사 등의 처우 및 지위 향상을 위한 법률
## [시행 2012.11.24] [법률 제11442호, 2012.5.23, 일부개정]

제1조(목적) 이 법은 사회복지사 등에 대한 처우를 개선하고 신분보장을 강화하여 사회복지사 등의 지위를 향상하도록 함으로써 사회복지 증진에 이바지하는 것을 목적으로 한다.

제2조(정의) "사회복지사 등"이란 다음 각 호의 어느 하나에 해당하는 법인 등(이하 "사회복지법인 등"이라 한다)에서 사회복지사업에 종사하는 자를 말한다.
1. 「사회복지사업법」 제16조에 따라 사회복지사업을 행할 목적으로 설립된 사회복지법인
2. 「사회복지사업법」 제2조에 따라 사회복지사업을 행할 목적으로 설치된 사회복지시설
3. 그 밖에 대통령령으로 정하는 사회복지 관련 단체 또는 기관

제3조(사회복지사 등의 처우개선과 신분보장) ① 국가와 지방자치단체는 사회복지사 등의 처우를 개선하고 복지를 증진함과 아울러 그 지위 향상을 위하여 적극적으로 노력하여야 한다.
② 국가와 지방자치단체는 사회복지사 등의 보수가 사회복지전담공무원의 보수수준에 도달하도록 노력하여야 한다.
③ 보건복지부장관과 지방자치단체의 장은 사회복지사 등의 보수 수준 및 지급실태 등에 관하여 3년마다 조사하여야 한다.
④ 사회복지사 등은 사회복지법인 등의 운영과 관련된 위법 · 부당 행위 및 그 밖의 비리 사실 등을 관계 행정기관과 수사기관에 신고하는 행위로 인하여 징계 조치 등 신분상 불이익이나 근무조건상 차별을 받지 아니한다.

제4조(한국사회복지공제회) ① 사회복지사 등은 생활안정과 복지증진을 도모하기 위하여 보건복지부장관의 인가를 받아 한국사회복지공제회(이하 "공제회"라 한다)를 설립할 수 있다. 〈개정 2012.5.23〉
② 공제회는 법인으로 하고, 주된 사무소는 서울특별시에 둔다.
③ 공제회의 정관 기재사항은 대통령령으로 정하고, 정관의 변경은 대의원회의 의결을 거쳐 보건복지부장관의 인가를 받아야 한다.
④ 삭제 〈2012.5.23〉
[제목개정 2012.5.23]

제4조의2(유사명칭의 사용 금지) 이 법에 따른 공제회가 아니면 한국사회복지공제회 또는 이와 유사한 명칭을 사용하지 못한다.
[본조신설 2012.5.23]

제4조의3(회원의 자격) ① 공제회의 회원은 사회복지사업에 종사하는 자 중 다음 각 호의 어느 하나에 해당하는 사람으로 한다.
1. 「사회복지사업법」 제11조에 따른 사회복지사
2. 제2조에 따른 법인 및 시설 등에 종사하는 사람
3. 「민법」 또는 다른 법률에 따라 설립된 법인 등에서 사회복지 관련 업무에 종사하는 자 중 대통령령으로 정하는 사람
4. 그 밖에 공제회 정관으로 정하는 사람
② 회원이 되려는 사람은 가입신청서를 제출하고 최초의 부담금을 납입한 날에 공제회의 회원이 된다.
[본조신설 2012.5.23]

제5조(조직 등) ① 공제회는 의결기관으로서 대의원회와 이사회를 두고, 집행기관으로서 이사장과 이사를 두며, 감사

기관으로서 감사를 둔다.
② 공제회 대의원의 선정, 대의원회의 구성과 권한, 이사회의 구성과 권한, 임원의 정수, 임원의 선출 및 임기, 임원의 직무, 직원의 임면 등에 관하여 필요한 사항은 대통령령으로 정한다.

제6조(사업) ① 공제회는 그 목적을 달성하기 위하여 다음 각 호의 사업을 한다.
1. 회원에 대한 공제급여의 지급
2. 사회복지시설의 안전 · 화재 등에 대한 공제사업
3. 자금조성을 위한 사업
4. 회원의 복지 · 후생을 위한 사업
5. 제1호부터 제4호까지의 사업에 부대되는 사업 중 정관으로 정하는 사업
② 공제회는 그 목적을 달성하기 위하여 필요한 범위에서 수익사업을 할 수 있다.
③ 이 법에 따른 공제회의 사업에 대하여는 「보험업법」을 적용하지 아니한다.

제7조(재원) 공제사업에 필요한 자금은 다음 각 호의 어느 하나에 해당하는 재원으로 조성한다. 다만, 보건복지부장관은 공제회의 주된 사무소의 설치 및 운영에 필요한 비용의 일부를 지원할 수 있다. 〈개정 2012.5.23〉
1. 회원의 부담금
2. 정부 또는 지방자치단체 외의 자의 출연금
3. 공제사업의 운영으로 발생하는 수익금
4. 그 밖의 수입금

제8조(예산과 결산, 준비금의 적립 등) ① 공제회는 다음 회계연도의 총수입과 총지출을 예산으로 편성하고 다음 회계연도가 개시되기 1개월 전에 대의원회의 의결을 거쳐 보건복지부장관의 승인을 받아야 한다.
② 공제회는 회계연도가 경과한 날부터 3개월 이내에 결산보고서, 재산목록, 대차대조표 및 손익계산서를 작성하여 대의원회의 승인을 거쳐 보건복지부장관에게 제출하여야 한다.
③ 공제회가 장래 지급할 급여에 충당하기 위한 준비금, 결산상 순이익금 등에 대한 사항은 대통령령으로 정한다.

제9조(행정조치 등) ① 보건복지부장관은 공제회의 운영이 다음 각 호의 어느 하나에 해당하는 때에 기간을 정하여 운영 및 업무의 시정, 그 밖에 필요한 조치를 명할 수 있다.
1. 회계 또는 업무집행이 법령, 정관, 그 밖의 공제회 규정을 위반한 때
2. 공제회를 현저하게 부당 운영한 때
3. 정당한 사유 없이 공제사업의 전부 또는 일부를 중단한 때
② 공제회에 대하여는 이 법에서 규정된 것 외에는 「민법」 중 사단법인에 관한 규정을 준용한다.

제10조(과태료) ① 제4조의2를 위반한 자에게는 300만원 이하의 과태료를 부과한다.
② 제1항에 따른 과태료는 대통령령으로 정하는 바에 따라 보건복지부장관이 부과 · 징수한다.
[본조신설 2012.5.23]

부칙 〈제11442호, 2012.5.23〉
제1조(시행일) 이 법은 공포 후 6개월이 경과한 날부터 시행한다.
제2조(다른 법률의 개정) 법률 제11239호 사회복지사업법 일부개정법률 일부를 다음과 같이 개정한다.
제34조의3제1항 중 "사회복지공제회"를 "한국사회복지공제회"로 한다.

# 한국사회복지공제회 설립 · 운영

2008년 9월 한 달 간 한국사회복지사협회가 실시한 '한국복지사 공제제도 도입을 위한 설문조사' 결과에 따르면 근로경력 1년 미만인 사회복지사의 38.8%가 1천500만원에서 2천만원 미만 연봉을 받는다고 응답했다. 2천만원에서 2천500만원 미만을 받는다는 사회복지사가 20.9%였다. 3년에서 5년 미만 근무경력이 있는 사회복지사도 44%가 2천만원에서 2천500만원 미만을 받는다고 했으며 1천500만원에서 2천만원 미만도 33.9%였다.

이처럼 같은 '대졸 신입'이라도 '사회복지사'라면 출발부터 다르다. 연차가 오른다고 급여 인상 폭이 큰 것도 아니다. 근무 경력 10년에서 15년 미만 사회복지사도 2천500만원에서 3천만 원 미만을 받는다는 응답이 20%였고, 27.8%는 3천만 원에서 3천500만원 미만을 받는다고 응답했다. '인간의 직장'이 돼 간다는 공기업 신입과 10~15년차 중견 사회복지사 임금이 비슷한 수준이니, 사회복지사의 숙원이 '처우 개선'이란 건 두 말하면 잔소리인 셈이다.

**사회복지사 힘으로** 한국사회복지사협회가 해결을 위해 들고 나온 카드는 '사회복지사 공제회 설립'이다. 한국사회복지사협회는 2009년 한 해 동안 사

설립 뒤 공제회는 2013년 9월까지 약 1년6개월여의 기간 동안 사회복지사 등이 필요한 금융상품 제공과 처우개선을 위해 노력했다. 금융기관 및 사회복지 관련단체 등 14곳과 업무 협약식을 가졌고, 신뢰성과 운영안정성 확보를 위해 기획 홍보위원 및 자금운용위원을 위촉했다.

회복지사 공제회 설립을 위한 준비를 차근차근 진행했다. 보건복지부에 '사회복지종사자 처우개선' 일환으로 2009년 6월까지 2차에 걸쳐 '사회복지공제회 및 맞춤형 복지제도'를 건의했다. 연구진을 꾸려 이론적 근거와 운영계획(안)을 마련했고 사회복지사 공제회 추진위원도 구성했다.

한국사회복지사협회는 2008년부터 사회복지사 처우개선을 위한 단계적 준비를 해 왔다. 넘어야 할 산은 많았다. 사회복지사 처우개선 예산 확보에 보건복지부도 공감은 했지만, 인건비 인상은 절대 불가하다는 기획재정부의 벽을 넘기에는 한계가 있기 때문이었다. 그래서 더 주목받은 것이 '사회복지사 공제회'다. 한국사회복지사협회가 보건복지부 위탁을 받아 추진한 '사회복지종사자 보수체계 개선연구'에 따르면, 매년 5%씩 사회복지종사자가 증가한다고 가정했을 때 사회복지종사자 처우개선을 위한 예산은 4천310억원에 달한다. 반면 사회복지사 공제회 설립을 위해 정부가 2~300억원 정도만 출자하면 사회복지사의 자생적 노력으로 처우개선을 현실화 할 수 있다.

2009년 7월경 사회복지사의 생활안정 및 복지증진에 이바지하기 위한 조사 · 연구를 추진했다. 공제제도 도입의 필요성 및 타당성을 실증적으로 분석하고, 공제제도 도입의 구체적 방안 및 추진전략을 수립하고자 했다. 학교안전공제회와 과학기술인공제회 연구 참여자를 영입해서 사회복지 공제회 도입을 위한 연구용역을 실시했다.

2009년 체계적인 준비과정을 거쳐 2010년엔 본격적으로 현장 사회복지사를 대상으로 홍보, 교육을 강화해 사회복지사의 힘을 결집하기 위해 노력했다. 그 첫 번째 단추는 2010년 10월 22일(금) 개최한 '사회복지사 공제회' 출범식을 통해서였다.

법률 제정 준비도 박차를 가했다. 2010년 6월 8일 사회복지사의 복리향상과 처우개선에 기여하고자 「사회복지사업법 일부개정법률안」(사회복지사공제회 도입이 골자)을 이주영 의원(새누리당, 경남 창원시마산합포구)이 대표 발의했다. 더불어 법안의 정기국회 통과를 위해 '사회복지사공제회 법안지지서명 운동'을 진행했다. 인터넷의 사회복지사 관련 커뮤니티와 사회복지에 관심 있는 사이트에 이 같은 사실을 올려 많은 사람들이 볼 수 있도록 했다. 첨부파일로 서명양식을 다운 받아 작성 뒤 팩스로 회신을 받았는데, 이런 과정이 귀찮을 수 있음에도 불구하고, 많은 사회복지사들과 사회복지종사자들이 적극적으로 지지서명하고 연서를 보내왔다. 청원한 숫자가 2차에 걸쳐 무려 3만3천여 명에 이르렀다. 이로써, 사회복지사공제회 도입에 대한 사람들의 뜨거운 관심을 확인했고 자신감을 얻는 원동력이 됐다. 이주영 의원 발의안 뿐만이 아니었다. 신상진 의원의 「사회복지사 등의 처우 및 지위 향상을 위한 법률」 등 다섯 의원이 발의한 여섯 개 법률을 병합 심의하기까지 사회복지사들의 지지가 잇따랐다. 2011년 3월 30일(수), 국가로부터 국민의 복지 증진의 역할을 위임받아 수행하는 사회복지사 등의 처우개선 및 신분보장 시대 구현을 위한 「사회복지사 등의 처우 및 지위 향상을 위한 법률」은 그렇게 제정됐다. 이 법률의 주요 골자 중 하나가 '사회복지공제회 설립'을 위한 근거다. 이는 적은 비용을 투입해 사회복지사 등의 처우를 개선함으로써, 궁극적으로 국민에게 희망을 주기 위한 것이다. 법률 통과 뒤 한국사회복지사협회는 부칙 제2조를 근거로 한국사회복지공제회 설립 준비를 보건복지부로부터 위탁받아 진행해 왔다.

**보건복지지부, 한국사회복지사협회에 설립준비사무국 위탁** 2012년 3월 20일 본격적인 공제사업을 시작했다. 법률에 근거해 설립 인가를 받은 공제회는 한국교직원공제회(1971.7 설립), 대한지방행정공제회(1975.2 설립), 군인공제회(1984.2 설립), 대한소방공제회(1984.10 설립), 경찰공제회(1991.11 설립), 건설근로자공제회(1998.1 설립), 과학기술인공제회(2003.7 설립), 학교안전공제중앙회(2007.9 설립), 어린이집안전공제회(2008.12)에 이어 10번째다.

2011년 5월 12일(목) 보건복지부장관은 한국사회복지공제회 설립위원 9명을 위촉했다. 한국사회복지사협회는 이들을 중심으로 설립을 준비하며 6월 2일(목) 보건복지부와 '한국사회복지공제회 설립지원 업무 위탁 계약'을 체결했다. 사회복지공제회 설립과 운영을 위한 기반 마련 및 공제 사업 등의 세부사업 준비에 행정절차가 갖춰졌다. 2011년 6월 15일(수) 한국사회복지사협회가 정부로부터 한국사회복지공제회 설립 예산(10억 원)을 지원받은 것은 업무에 박차를 가하는 계기였다.

**한국사회복지공제회 설립위원장에 근거 법률 마련 주도한**

**조성철 호선** 2011년 6월 7일(화) 개최한 한국사회복지공제회 설립위원회 1차 회의에서 위원들은 조성철 한국사회복지사협회 회장을 설립위원장으로 호선하고, 설립위원회 운영규정을 의결했다. 또한 사회복지공제회 시드머니 확보 당위성을 부여하고 효율적인 재원조달 방안을 모색하기 위해 재정특별위원회를 구성토록 했다. 2011년 7월 28일(목) 열린 설립위원회 2차 회의에서는 사회복지공제회 영문명 및 도메인 주소, 조사연구용역 진행계획 및 2012년도 공제회 운영예산 등을 논의했다. 2011년 10월 4일(화) 설립위원회 3차 회의를 개최해 2011년 4/4분기 운영계획 및 2012년도 한국사회복지공제회 운영계획을 보고받고, 한국사회복지공제회 정관(안)을 수정했다.

**국내 타 공제회 벤치마킹** 2011년 7월부터 8월까지 두 달 동안 국내 타 공제회 벤치마킹을 위한 기관방문을 결행했다. 어린이집안전공제회, 과학기술인공제회, 한국교직원공제회, 경기도사회복지공제회, 군인공제회를 방문해 설립과정과 운영 방안을 습득하고 한국사회복지공제회 설립과 운영 과정에 도움이 될 내용을 조사했다.

**설립 및 운영방안 조사 · 연구** 2011년 9월 29일(목)부터 3개월 예정으로 '한국사회복지공제회 설립운영 및 중 · 장기 발전전략 수립에 관한 조사연구용역'을 진행했다. 경쟁입찰에 의해 '갈렙앤컴퍼니'가 연구를 진행했으며, 주요 연구내용은 '공제회 금융 · 보험 상품 조사 및 운영방향 제시, 공제회 설립 및 운영에 필요한 법률적 · 행정적 지원 방향 수립, 조직 · 인력 및 운영시스템 설계 및 방안 제시, 중 · 장기 경영목표 및 재무추정 제시' 등이었다.

**공제회 법인 설립 등기** 2011년 9월부터 한국사회복지공제회 법인 설립 등기를 위한 준비 작업을 진행했다. 2011년 11월 2일(수) 「사회복지사 등의 처우 및 지위 향상을 위한 법률 부칙 제2조」에 근거하여 한국사회복지공제회 설립위원이 참석해 '한국사회복지공제회 설립위원회 4차 회의 및 창립총회'를 개최했다. 한국사회복지공제회 정관(안)을 통과시켜 추후 주무장관 승인을 받도록 했으며, 임원선임에 대한 의견을 논하고, 사업계획서 및 수지예산서를 의결했다. 2011년 12월 주무부처인 보건복지부 법인 설립 인가를 받은 뒤 한국사회복지공제회 설립 등기를 완료했다.

**시드머니 확보를 위한 노력** 보건복지부장관이 19명의 위원을 위촉해 구성한 재정특별위원회는 2011년 11월 2일(수) 제1차 토론회를 개최했다. 재정특별위원들은 한국사회복지공제회의 안정적인 운영을 도모하고, 공제회 운영의 기초가 되는 재원조성 등을 위한 활동을 진행했다.

그 외 '한국사회복지공제회 업무시스템 구축 및 홈페이지 제작 용역' 입찰도 진행했다. 선정 업체는 2011년 12월부터 2012년 2월까지 홈페이지(모바일 웹) 제작, 정보시스템 안정화, 정보보완 강화 등의 사업을 진행했다. 사업 성공 여부는 회원 확보가 관건이라고 할 수 있기 때문에 한국사회복지공제회 출범 및 회원 가입 유도를 위한 홍보물을 제작해 배포하고 원하는 시설 및 법인에는 직접 찾아가 설명회를 개최하는 등 적극적인 홍보 활동을 진행했다는 게 한국사회복지공제회 홍보팀 김혜미 팀장(파견, 한국사회복지사협회 정규직원)의 말이다.

한국사회복지사협회는 2012년 1월 한국사회복지공제회 관련 법률 발효 전까지 공제회의 성공적인 출범 및 안정적인 운영을 위한 준비에 만전을 기했다.

**한국사회복지공제회가 실시하는 복지사업** 설립 뒤 공제회는 2013년 9월까지 약 1년6개월여의 기간 동안 사회복지사 등이 필요한 금융상품 제공과 처우개선을 위해 노력했다. 금융기관 및 사회복지 관련단체 등 14곳과 업무 협약식을 가졌고, 신뢰성과 운영안정성 확보를 위해 기획 홍보위원 및 자금운용위원을 위촉했다. 또한 관련 법률 제정 과정부터 보건복지부에 근무하면서 업무에 긴밀히 관여해 온 김혜미 홍보팀장을 중심으로 2013년 한 해 동안 200여 곳의 사회복지기관에 직접 방문설명을 진행하는 한편 현장 목소리도 청취했다.

한국사회복지공제회가 실시하는 복지사업은 장기저축급여, 회원대출서비스, 회원복지서비스 크게 세 가지로 나눌 수 있다. 먼저 적금식 장기저축급여는 회원의 목돈마련을 위해 연복리 최고 5.76%라는 특별한 이자율을 적용한 상품이다. 은행, 투자신탁 회사, 보험사 등 우리나라 금융기관 어느 곳보다 높은 금리와 안정성을 보장한다. 타 직종 공제회의 공제급여와도 차별성을 갖춘 것은 물론, 재산형성 저축(일명 재형저축)보다 월등하게 높은 이자를 제공하기에 가입률이 가파른 상승곡선을 이루고 있다. 회원들이 납입한 원금을 안전하게 보장하기 위해 보증보험의 지급준비금보장보험에도 가입해 있다.

출시한 모든 보험공제상품은 사회복지기관에 적합한 보장 내용과 보상한도로 설계했고, 요율은 단체할인으로 최대한 낮췄다. 특히 2013년 정부 추경예산으로 확정해 진행 중인 정부 지원 단체 상해공제는 1인당 연 1만원에 선착순 판매중이다. 업무와 관계없이 일상생활 중 상해사고도 24시간 보상하기에 가입 및 문의가 하루 평균 300건을 웃돈다.

두 번째로 한국사회복지공제회 회원은 무담보 신용대출인 생활안정자금 및 주택전세 자금 대출, 의료, 교육, 여행, IT스마트 기기 등의 복지서비스 이용이 가능하다. 다만, 공제금이 쌓이면 자금운용의 수단과 회원복지사업의 일환으로 회원대출을 시행할 수 있으나, 이제 막 출범한 공제회로서는 대출을 위한 재원을 마련하지 못해 부득이 제도권 은행과 제휴해 대출상품을 구성할 수밖에 없었다. 하지만 공제회가 마련한 모든 제휴대출상품 역시 타 은행대비 경쟁력을 갖추고 있다. 특히 생활안정자금의 경우, 회원들의 실질소득보전에 크게 기여할 것을 기대하고 있다. 한국사회복지공제회 출범 전에는 시중 금융권에서 분류하는 직업군에 사회복지종사자가 속해 있지 않은 경우가 많았다. 하지만 한국사회복지공제회 출범으로 회원들이 이용할 수 있는 금리를 교직원 수준으로 조정할 수 있었다는 점에서 큰 의미가 있다.

세 번째로 공제회 회원 외에도 회원 가족까지 이용할 수 있는 서비스를 갖췄다. 의료, 교육, 상조, IT기기서비스 등을 진행하고 있으며, 회원들의 욕구가 높은 여행, 레저, 문화서비스 등 풍요로운 여가생활을 충족시킬 수 있는 다양한 상품을 제공한다. 무엇보다 회원들의 소득 보전에 초점을 맞췄다.

최근에는 공공기관과 기업 임직원을 대상으로 복리후생 패키지사업, MRO 공동구매사업 등 맞춤형 복리후생 사업을 전문으로 하는 이지웰페어(주)와 업무협약을 맺었다. 이에 따라 공제회는 사회복지사 맞춤형 복리후생(복지포인트)제도 도입 기반을 마련했다.

아직 설립초기인 만큼 한국사회복지공제회가 갖추어야 할 부분이 많다. 저축, 대출, 보험 등 다양한 금융상품과 서비스를 계속해서 개발해 나아갈 예정이다. 10년, 20년 뒤 미래에 대한 걱정 없이 사회복지사 본연의 임무에 임하도록 지원하는 것이 한국사회복지공제회의 존재 이유이기 때문이다.

**한국사회복지공제회 가입대상은 보육교직원, 요양보호사 등 사회복지종사자** 한국사회복지공제회를 이용할 수 있는 사람은 '한국사회복지종사자'로 가입대상을 정의할 수 있다. 구체적으로 「사회복지사업법」 제16조에 따라 사회복지사업을 행할 목적으로 설립된 법인에 종사하는 자, 「사회복지사업법」 제2조에 따라 사회복지사업을 행할 목적으로 설립된 사회복지시설에 종사하는 자, 「사회복지사업법」 제11조에 따른 사회복지사로서 사회복지 관련 업무에 종사하는 자, 「민법」 또는 다른 법률에 따라 설립된 법인에서 사회복지업무에 종사하는 자, 중앙부처 및 지방자치단체 소속으로 사회복지업무에 종사하는 자 등이다. 즉, 사회복지사뿐만 아니라 보육교직원, 요양보호사는 물론 관련 자격증이 없는 사회복지담당공무원이나 사회복지전문지 기자 등도 가입만 하면 회원이 될 수 있다.

**씨앗돈(seed money) 마련 위한 활동** 공제회의 가장 큰 특색은 상호부조적 성격이다. 1명의 아픔을 10명이 아닌 10만 명이 나눌 때 더 큰 기대효과가 있을 것이다. 회원이 많을수록 나눌 수 있는 혜택과 행복 범위는 더 커지기 때문이다. 설립초기 '사회복지공제회'에 당면한 가장 큰 과제는 공제사업에 대한 인식확산을 통해 더 많은 사회복지종사자들의 참여를 유도하는 것과 회원들이 이 같은 공제사업에 신뢰를 가질 수 있도록 정부 지원을 확보하는 것이었다.

큰 벽처럼 문제가 다가왔다. 법률의 선언적 의미에 비해 국가재정지원에 대한 근거 조항이 마련돼 있지 않아 지급준비금인 씨앗돈(seed money)에 큰 결여사항이 발생한 것이다. 재원 마련 조항에 '정부 또는 지방자치단체 외의 자의 출연금'이라는 문구는 있어도, '정부 또는 지방자치단체의 출연금'이라는 문구는 없었다. 이는 시간과 정성을 들여 과정을 준비해 온 것에 비해 홍보에 큰 장애물이 됐고, 다음해 사업지원을 불투명하게 만드는 요소로 작용했다. 엎친데 덮친격이라고 씨앗돈은 물론 공제회를 운영할 비용조차 충분치 않았다. 소프트웨어공제회, 과학기술인공제회 등은 회원가입 대상이 사회복지공제회보다 작음에도 불구하고 설립지원금과 운영비를 매년 지원받고 있었지만 한국사회복지공제회는 그렇지 못한 실정이었다.

이런 직면 문제들로 인해, 초기에는 공제회 회원 가입은 저조했다. 지역조직인 경기도사회복지공제회에 비해서도 턱없이 낮은 수치였다. 경기도사회복지공제회는 업무 개시 1년4개월 만인 2012년 4월 말 기준으로 가입회원 수 6천181명, 공제급여 납입액 19억5천461만원을 달성했기 때문이다. 물론 이런 안정적 운영에는 초기 씨앗돈 30억원과 매년 지원받는 운영비까지 경기도의 전폭적 지원이 있었다.

다행히 2012년 5월 23일 법률개정을 통해 정부운영비 지원조항을 마련해 공제회 운영에 필요한 비용을 지원받을 수 있는 근거를 마련했지만, 곧바로 재정문제가 해결되진 않았다. 또한 씨앗돈 없이 운영비 지원만으로 공제회를 안정적으로 운영할 수 있는지에 대한 충분한 검토도 필요했다. 2012년 11월 16일, 사회복지공제회의 안정적 정착과 발전을 위한 토론회(주최 신의진 의원, 새누리, 비례)를 개최해 방법을 모색한 것은 이 때문이었다. 이병석 국회부의장, 이한구 새누리당 원내대표, 오제세 국회 보건복지위원회 위원장(민주, 청주 흥덕갑), 각 분야 전문가 등이 참석했고, 한목소리로 씨앗돈(seed money) 조성 필요성을 강조했다.

**한국사회복지공제회, 사회복지사들이 사회복지종사자 전체 위해 이룬 쾌거** 사회복지사, 보육교사, 요양보호사 등 사회복지종사자는 대한민국 국민 행복을 위해 일하고 있다. 이들의 권익과 전문성 향상을 위해 분야별 직능협회도 활발히 활동하고 있다. 한국사회복지공제회는 사회복지종사자들의 권익과 전문성 향상을 위한 노력 외에 그들의 삶이 한층 윤택해질 수 있도록 지원하고, 이를 통해 사명감을 고취시킬 수 있도록 하고 있다. 직능협회별로 MOU를 맺어 분야별 특성에 맞는 상품을 개발하는 이유도 이 때문이다. 이는 한국사회복지사협회가 수년 동안 헌신적으로 노력해 얻어

낸 소중한 결과물이다. 현재 사회복지 관련 전 분야에 걸쳐 활동하고 있는 사회복지종사자들의 복리와 복지를 위해 '특별법'으로 규정해 설립한 기관은 한국사회복지공제회가 유일하다.

'복리'와 '복지'를 사전적으로 정의하면 다음과 같다. 복리란 행복과 이익을 아울러 이르는 말이고, 복지는 행복한 삶을 일컫는다. 이 단어를 곱씹으면 '행복'이라는 토대 위에 '이익'과 '삶'이 얹어져 있는 모양이다. 한국사회복지공제회는 회원들에게 사회복지종사자로서의 자긍심과 보람을 배가해 행복감을 드높이고 그 위에 회원 이익을 도모해 질 높은 삶을 영위할 수 있도록 지원하는 것을 존립근거로 하고 있는 것이다.

무릇 현대사회를 살아감에 있어 행복과 만족을 위해 금전적인 부분이 필요조건이라는 것은 크게 무리한 주장은 아닐 것이다. 예금이자소득 증대는 물론, 대출이자를 비롯한 각종 생활 서비스를 받는데 필요한 제반비용 절감 등 합리적 소득보전 방법을 확대하기 위해 한국사회복지공제회는 노력을 멈추지 않을 것이다.

# 사회복지시설 녹색복지 증진

자연의 푸름을 보면 사람들은 마음의 평화와 안정을 찾는다. 녹색복지 증진사업의 출발은 바로 이런 생각에서 비롯했다.

**녹색공간 조성사업 기반 준비** 2008년 7월 조성철 한국사회복지사협회 회장의 '산림청 녹색자금운영심의회 위원 위촉'을 시발점으로, 산림청 녹색사업단은 2008년 10월 한국사회복지사협회와 '소외계층 녹색복지 증진사업 상호협력에 관한 MOU'를 체결했다는 게 한국사회복지사협회 국제교류과 김현지 대리의 말이다. 녹색사업단은 녹색자금을 효율적으로 관리, 운영하기 위한 산림청 산하기관이다. 두 기관의 수행하는 성격과 사업은 다르지만 국민의 '녹색복지' 증진을 위해 하나가 됐다고 한국사회복지사협회 조성철 회장은 전한다. 두 달 뒤인 12월 16일, 녹색사업단은 본격적으로 사회복지시설에 녹색자금을 투입해 원예치료실, 옥상정원, 숲 조성 등을 지원하는 녹색공간 조성사업을 시작했다. 지원규모는 광역자치단체별 7억원 내외로 한 기관당 2억원 이내이다(2013년 기준). 2009년 조성지는 동해 이레마을 노인전문요양원, 신흥사복지원, 중앙원, 울산명성복지재단, 샬롬복지재단, 울산명성복지재단, 샬롬복지재단, 길보경

애원, 호서복지재단, 천애원, 해송복지원, 온누리복지재단, 원주카톨릭사회복지회, 엘림복지회, 정애케어이다. 그렇게 녹색 빛 희망 등대가 어스름한 불빛을 밝히기 시작했다.

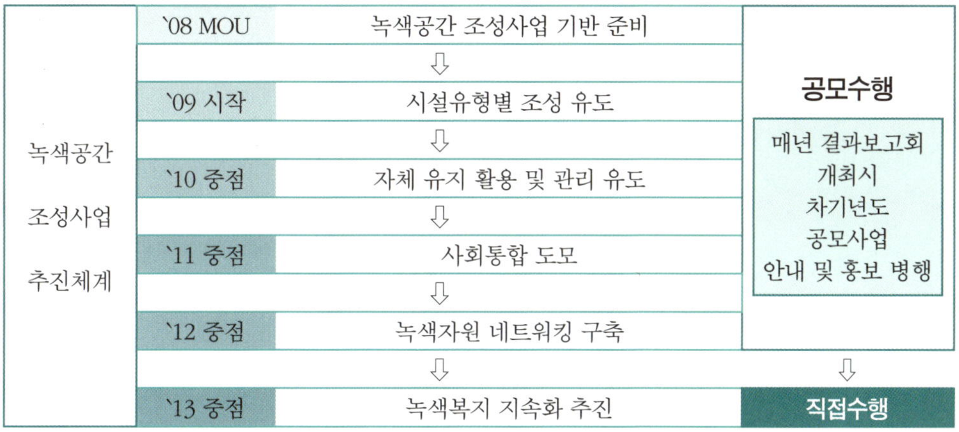

| | | | |
|---|---|---|---|
| 녹색공간 조성사업 추진체계 | `08 MOU | 녹색공간 조성사업 기반 준비 | **공모수행**<br>매년 결과보고회 개최시 차기년도 공모사업 안내 및 홍보 병행 |
| | | ⇩ | |
| | `09 시작 | 시설유형별 조성 유도 | |
| | | ⇩ | |
| | `10 중점 | 자체 유지 활용 및 관리 유도 | |
| | | ⇩ | |
| | `11 중점 | 사회통합 도모 | |
| | | ⇩ | |
| | `12 중점 | 녹색자원 네트워킹 구축 | |
| | | ⇩ | ⇩ |
| | `13 중점 | 녹색복지 지속화 추진 | **직접수행** |

**녹색공간 조성(유형별 맞춤형)** 1차년도 사업 선정자로서 책임의식을 강화하는 한편, 참여기관과 함께 1차년도 사업 결과를 밑거름 삼아 2차년도 사업을 확대해야 하는 과제가 대두했다. 한국사회복지사협회와 녹색사업단은 2009년도 선정 사업지에 대한 사업추진, 절차, 과정, 조성현황 등 전반적인 모니터링 내용을 조사 · 연구에 반영하기 위해 준비 작업에 착수하며 효과적인 사업 진행에 박차를 가했다. 산림청 산하 녹색사업단은 2009년도 녹색자금 130억원 중 31.3% 규모의 예산(40억원)을 투입하여, 23개 사회복지시설 및 기관을 지원했다. 23개 사회복지시설 및 기관을 지원했다. 사회복지시설 '녹색희망 프로젝트' 연구를 진행해 사회복지시설 녹색공간 현황 조사 및 모니터링, 시설 유형별 맞춤형 녹지공간 유형을 제시했다. 또한 일본 사회복지시설 녹색복지 현황조사를 위해 해외답사를 다녀오기도 했다. 사회복지시설 녹색희망 프로젝트 토론회를 열어 연구결과를 보고하고 회원들과 공유하는 자리를 가졌으며, '사회복지시설 유

형별「맞춤형 푸른녹지공간」설계를 위한 연구보고서'와 '맞춤형 푸른 녹지 공간 조성 가이드라인' 매뉴얼을 제작하고 사회복지시설에 보급하여 녹색복지의 기초를 다졌다.

2009년 사업기관 모니터링 결과(기준: 사업수행 및 설계 적절성, 녹지공간 안전성, 녹색복지 증진사업 인식, 사업 필요성 등)에서는, '기관홍보(이미지 개선 등)에 도움'이라는 문항에 92%가 '매우 그렇다'라고 답했고, '녹색복지 증진사업의 필요성'의 문항에는 92%가 '꼭 그렇다'로 나타났다.

**녹색공간 활용 및 관리 교육(자체 유지 독려)** 소외계층 녹색복지 증진사업은 2009년 40억원에 이어 2010년 녹색자금 투입을 55억원으로 증액했으며 지원기관은 49개소로 늘어났다. 지원규모는 16개 광역자치단체별 7억원, 한 시

2010년 4월 1일 진행한 '녹색복지 증진을 위한 제65회 식목일 기념식' 모습. 식수를 하기 위해 모인 자리였는데 마침 비가 왔다. 남녀노소 할 것 없이 참석자 모두 자리를 지키며 끝까지 함께 했다.

설 당 2억원 내외이며, 이는 2013년까지 동일하다. 2010년도에는 '소외계층 녹색복지증진 조성사업'과 더불어 '사회복지시설 녹색희망디딤돌 사업'을 통해 사회복지시설 녹색공간 활용 · 유지관리 현황 조사와 모니터링을 실시하고 프로그램 개발 및 기관 종사자 교육을 진행해 녹색복지 사업에 새 기틀을 마련하기도 했다. 호주 사회복지시설의 녹색공간 유형과 활용 프로그램을 조사하기 위해 해외답사를 다녀왔으며, 녹색복지 증진을 위해 제65회 식목일 기념식에서 나무를 심는 행사를 개최하기도 했다. 또한 '사회복지시설 『녹지공간 활용 및 유지관리』 방안마련을 위한 연구보고서'와 '사회복지시설 녹지공간 활용 및 유지관리' 프로그램북을 제작, 보급했는데 프로그램으로는 원예치료, 교육, 숲치유, 지역사회 연계 관련 프로그램 등이 있다.

`09~`10년 사업기관 모니터링 결과(기준:녹지공간 관리 및 활용 계획, 녹지공간 안전성, 설계 적절성, 조성 녹지공간 프로그램 활용도, 사업 효과성 및 만족도 등) 녹지공간 활용프로그램에서는 '산책 및 운동치료'가 가장 높았고(71.4%), ' 녹지공간 활용 희망 프로그램'에서는 '산책' 및 '운동치료'와 '원예치료'가 가장 높은 것(65.4%)으로 나타났다. '관리 담당'에서는 시설관리담당자가 가장 높게(58.2%) 나타났고, '녹지관리 담당자 적합도' 질문에서는 '관리교육 받은 시설실무자'가 가장 높음(54.9%)으로 나타났다. '녹색 유지. 관리 어려움 해소방안'에서는 '예산지원〉관리자 및 담당자 교육〉전담관리직원배치〉지역사회 자원활용' 순으로 나타났다.

**사회통합** 2011년에는 78억여원으로 녹색공간 조성사업에 대한 복권기금 투입을 단계적으로 증가시켰으며, 78개 사회복지시설에 녹색공간을 조성했다. 한국사회복지사협회는 '사회통합을 위한 녹색복지정책 토론회'를 개최, 성과 및 우수사례홍보, 향후 발전방향 수립(양질의 차별 없는 산림복지서비스 제공 및 일자리 창출 등)을 통해 사회통합을 도모했다. 2011년 12월 20일에는 백범기구 기념관에서 '사회통합을 위한 녹색나눔 결과보고회'를 개최, 사업성과를 알리고 '사회통합을 위한 녹색나눔 프로그램 연구' 결과를 발표하기도 했다. 개발된 사회통합 프로그램으로는 시설 유형별로 ▲나눔(원예치료, 지역사회연계)▲희망(교육프로그램)▲통합(숲치유), 생애주기별(유아기 · 아동청소년기 · 청장년기 · 노년기)로는 식물심기, 꽃장식, 공예, 지역사회연계, 교육 프로그램, 숲치유가 있으며, `09~`10년 수행 기관 중 프로그램 제안기관 9개소(대성사회복지재단, 생수의 집, 신애원, 실버홈, 영주노인전문요양원, 은혜의 집, 진주노인지원센터, 철원군노인전문요양원, 호서복지재단) 종사자, 이용자, 지역주민이 함께 프로그램을 실시했다.

`09~`10년 사업기관 설문조사 및 FGI 결과(기준: 프로그램 진행 경험여부 및

2008년 7월 조성철 한국사회복지사협회 회장의 '산림청 녹색자금운영심의회 위원 위촉'을 시발점으로, 산림청 녹색사업단은 2008년 10월 한국사회복지사협회와 '소외계층 녹색복지 증진사업 상호협력에 관한 MOU'를 체결했다. 이윽고 녹색복지 증진을 위한 비전선포식도 진행했다. 두 기관의 수행하는 성격과 사업은 다르지만 국민의 '녹색복지' 증진을 위해 하나가 됐다.

추후 진행 의사, 진행한 경우 '만족도, 녹색공간 효과(주민 교류 증진, 이미지 개선 측면, 녹색공간 활용 프로그램 운영 효과, 녹색공간 조성 홍보, 주민행사, 매뉴얼 비치 유무, '녹색복지 통한 사회통합 의견 및 프로그램 제안 등) '녹색나눔 프로그램 진행경험과 만족도' 질문에서는 59.7%가 프로그램을 경험했고, 70.1%가 만족한 걸로 나타났다. '향후 녹색나눔 프로그램 참여 의사'로는 78.2%가 참여의사가 있다는 것으로 나타났고, '녹색공간 활용 프로그램 운영 효과'(정서적, 신체적 효과)질문에는 참여자들이 80.6점을 주었다. '녹색공간의 효과'(주민 교류증진, 이미지 개선 측면)에서는 76.1점을 주었고, '녹색공간 조성 뒤 주민 방문 증가 이유'로는 산책로 조성 68%로 가장 크다고 나타났다.

**지역사회 및 녹색자원 네트워킹** 2012년도에는 녹색자금 100억원을 투입해 사회복지시설 95개 시설에 녹색공간을 조성했다. 2012년에는 '녹색공간 조성사업 성과의 지속화를 위한 자원 네트워킹 연구'를 진행해 조성된 녹색공간의 효과적인 유지관리 · 활용을 위한 지역별 자원 현황 조사 및 모니터링, 연계 프로그램을 개발했으며 '녹색공간 조성사업 성과의 지속화를 위한 자원 네트워킹 프로그램 연구 보고서'를 제작 · 보급했다.

`09~`11년 사업기관 모니터링 및 초점집단면접 결과(기준: 녹색공간 조성 사업 현황, 자원체계, 네트워크 현황 및 욕구, 사업 만족도 등) '녹색공간 조성 후 가장 큰 효과'로는 '시설 이미지 개선'이라고 72.2%가 답했고, '녹색공간 조성의 효과성 만족도'(5점 기준)에서는 '생활시설'4.25%, '이용시설'4.07%로 나타났다. '녹색공간 유지관리를 위한 지원욕구' 질문에서는 유지보수 비용지원〉조경 및 산림자원 전문인력을 통한 정기점검 지원〉 기획 및 설계단계에서의 컨설팅 순으로 나타났다. '자원 연계' 질문에서는 '대부분의 시설이 녹색공간 유지관리 및 보수를 위한 인적. 물적 자원의 부족을 경험하고 있다'고 답했다.

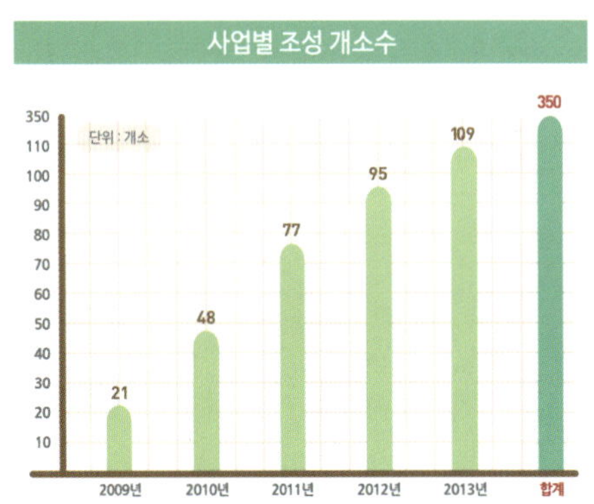

녹색나눔숲 조성 현황 그래프

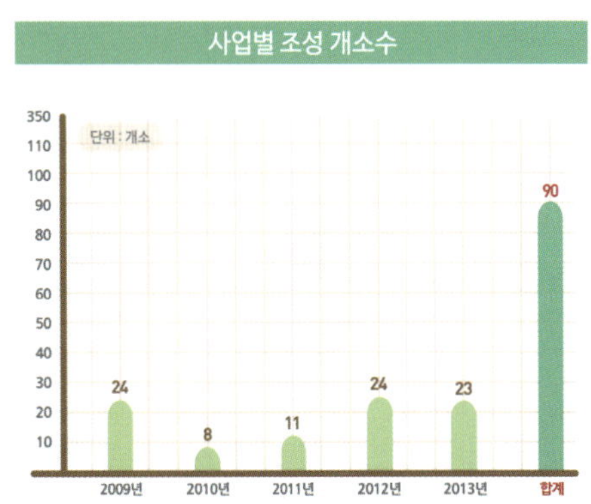

소외시설 조성 현황 그래프

**녹색복지 증진 및 효과성 지속화** 2013년에는 2012년도와 같은 금액인 녹색자금 100억원을 투입해 109개 사회복지시설 녹색공간을 조성했다. 또한 녹색복지공간 모니터링(`09~`11년 소외시설 및 녹색나눔 숲 189개소)을 실시했으며 조성된 녹색공간을 모니터링해 녹색공간 및 녹색나눔숲 조성사업 성과와 효과 측정 및 분석을 통한 품질제고방안을 마련하는 등 모니터링 사업을 적극적으로 진행했다. 녹색공간 및 녹색나눔숲 우수사례 발굴 · 보급을 통한 녹색복지 및 산림복지의 통합적 가치체계를 확립, 녹색복지공간 모니터링 결과보고회를 개최해 `09~`11년 소외시설 및 녹색나눔숲 모니터링 결과 및 녹색복지공간 조성사업 효과성을 제고 방안을 공개하고 우수사례를 공유했으며, '2013 녹색복지공간 모

2010년 심청노인복지센터 실내정원

2009년 너브내노인전문요양원 숲조성

니터링 보고서 및 화보집(`09~`11년 소외시설 및 녹색나눔숲)'을 제작해 회원들에게 보급하기도 했다.

'2013 녹색복지공간 모니터링 주요결과'에 따르면 소외시설 녹색공간이 현재 어떻게 관리되고 있는지에 관한 관리상태에 관한 분석에서는 '중상'(61곳, 41.8%)이라는 응답이 가장 많았고, 그 다음 '중중'(42곳, 28.8%), '상'(25곳, 17.1%)의 순으로 나타났다. 그리고 '상'에 해당하는 '상과 중상' 합산 비율이 58.9%로 녹색 공간이 전반적으로 잘 관리되고 있는 것으로 나타났다.

녹색공간 조성효과로 1순위는 '이용자 심신건강 향상'이 68곳(47.2%)으로 가장 높은 응답률을 나타냈고, 2순위는 '환경개선' 48곳(33.3%), 그리고 3순위는 '조성지(시설) 이미지 및 인식 개선'이 56곳(40.0%)으로 가장 높게 나타났다. 반면 다중응답비율로 살펴보면 전체 응답자 중 136곳(95.3%)이 '이용자 심신 건강 향상'을 선택하여 가장 높은 응답률을 나타냈으며, 그 다음 '조성지(시설)가 130

곳(91.4%), '환경개선' 126곳(88.2%)의 순으로 나타났다.

녹색공간 활용성 정도와 활용유형 분석에서는 녹색복지공간의 활용성에 대한 응답은'중상'이 63곳(43.4%)으로 가장 많았고,'상'은 43곳(29.7%)이 응답하여 전체 중 106곳(73.1%)가 활용을 잘하고 있는 것으로 나타났다.

녹색나눔숲 관리상태는 중상이상의 관리상태가 69.8%로 나타나 전반적으로 관리상태가 양호한 것으로 나타났다. 효과가 매우 뛰어나다고 평가하는 곳은 8곳(18.6%)이고 비교적 뛰어나다고 평가된 곳은 27곳(62.8%)으로 다수를 차지하는 결과를 보여줬다.

한편, 녹색나눔숲 조성공간으로 인해 나타나는 조성효과 사례에 대한 답변에서는 지역주민의 쉼터 및 휴식처 제공이 40.0%로 가장 높은 응답을 보였고, 행사 또는 프로그램과의 연계가 27.5%로 그 다음 순위를 차지했다.

한국사회복지사협회는 앞으로도 조성된 녹색공간 현황을 지속적으로 모니터링해 녹색공간 및 녹색나눔숲 조성사업 성과 및 효과를 측정, 분석을 통해 다양한 측면의 품질제고방안을 마련하고 녹색공간 및 녹색나눔숲 우수사례를 발굴 · 보급해 사회복지시설, 더 나아가 전 국민의 녹색복지 증진에 앞장 설 것이라고 한국사회복지사협회 대외협력국 박찬선 국장과 국제교류과 김수정 차장은 전했다.

# 사회복지원로회 창립과 원로 컨설팅

사회복지학문의 토착화는 계속적으로 제기돼 온 숙제다. 한국사회복지사협회 조성철 회장은 '어떻게 하면 우리나라의 전통사상인 효를 사회복지실천에 적용할 수 있을까?'라는 고민을 무척 많이 했다. 사회복지사업이 사람과 사람 간의 관계를 다루는 분야이기 때문에 서양사상에 근간을 둔 사회복지이론이 때로는 우리나라 사상과 마인드에 부딪히는 면이 적지 않게 있었기 때문이다.

그러던 중 2011년 5월 원로사회복지사 모임을 진행했고, 같은 해 송년모임에서 30명의 원로사회복지사들이 함께 모여 친목도모와 한국사회복지사협회 발전을 위해 함께 고민하는 시간을 가졌다. 원로사회복지사들은 짧게는 20년 길게는 30년 가까이 사회복지 실천 현장과 교육 현장에서 사회복지 발전을 위해 노력하다 은퇴한 분들이다.

**소규모 복지시설 역량강화를 위한 원로 컨설팅** '2012년 서울시 비영리 민간단체 공익 활동 지원사업'의 일환으로 서울시 소재 소규모 복지시설(사회복지 종사자 5인 이하 시설)을 대상으로 원로 사회복지사 20명은 2인 1조가 되어 총 31개의 사회복지시설에 컨설팅 지원을 나갔다.

사회복지사라는 용어조차 없던 시기를 경유해 온 사회복지 원로들. 한국사회복지사협회가 원로들의 경륜을 사회복지시설 컨설팅에 접목한 것은 지난 6년간 이룬 성과다. 한국사회복지사협회 역사상 처음 있는 일이었다. 해가 갈수록 함께하는 원로들도 늘어났다.

각자가 오랜 세월동안 갈고 닦은 사회복지 실천 기술과 노하우를 전수하고, 현장의 사회복지사들이 이런 힘을 얻고 일할 수 있도록 격려와 지지를 통해 역량을 도모하는 활동을 진행했다. 원로 사회복지사들의 이런 활동이 가능했던 건 후배 사회복지사들이 열악한 환경에도 불구하고 최선을 다해 사회복지를 실천하는 모습을 격려하고 지지하고자 한 애지실천(愛之實踐)의 마음이 있었기에 가능했다고 본다.

**전문성과 뿌리** 사회복지계의 원로 사회복지사들이 구체적으로 언제부터 활동을 시작했는지 단언할 수는 없지만 현재 진행하고 있는 활동을 되돌아보면 2009년으로 거슬러 올라간다. 이른바 '1세대 사회복지사'로 불리는 원로사회복지사들이 함께 모여 활동을 시작한 것은 2009년 노인인력개발원 지원으로 진행한 '원로 컨설팅'사업 때부터다. 이때부터 각자의 분야에 흩어져 있던 원로 사회복지사들이 한국사회복지사협회를 중심으로 활동을 시작했다. 한국사회복지사협회의 전폭적인 지원을 통해 2011년 한국사회복지사협회 원로위원회(공동위원장 조기동, 성규탁)를 발족했다. 위원회 발족과 더불어 원로사회복지사들의 역할과 활동을 구체적으로 고민하기 시작했으며 후배사회복지사들이 역사적인 뿌리를 가지고 보다 전문적으로 사회복지를 실천할 수 있도록 지원 방안을 고민하기 시작했다.

이 과정에서 원로 사회복지사들의 노하우와 선배 사회복지사로서 후배를 아끼는 마음을 결합한 컨설팅 사업을 착안하고, 사업을 진행하게 됐다. 사회복지 종사자 5인 이하의 소규모 복지시설의 경우 열악한 환경 탓에 사회복지 실천에 많은 어려움을 호소하고 있는데 이들에게 컨설팅을 해주는 것이 사업내용이다.

**소규모복지시설 역량강화를 위한 원로컨설팅** 서울시 지원으로 이루어진 '소규모 복지시설 역량강화를 위한 원로 컨설팅'이라는 사업을 통해 총 20명의 원로 사회복지사들이 2인1조로 31개 소규모 복지시설에 총 87회 컨설팅을 지원했다. 소규모 복지시설의 경우 도시 외곽이나 접근성이 떨어지는 곳에 있는 경우도 많았는데 원로사회복지사들이 직접 방문해 컨설팅을 진행하기란 쉬운 일이 아니었다. 그럼에도 불구하고 20명의 원로 사회복지사들은 열정적으로 본 사업을 수행했다.

사업 종료 뒤 진행한 '만족도 설문조사'에서 사업에 참여한 소규모 복지시설들의 만족도는 상당히 높게 나왔다. 특히 '사회복지 실천을 위한 격려와 지지가 되었냐'는 질문에 90% 이상이 '만족한다'고 응답했다. 사업에 참여한 한 사회복지사는 "원로 사회복지사들의 열정적인 컨설팅 활동을 통해 사회복지 실천을 돌아보고, 재점검하는 터닝 포인트의 계기가 되었다"고 응답하기도 했다. 또 다른 사회복지사는 "이번 사업을 통해 열악한 사회복지 실천 현장에서 힐링의 시간이 되었다"고 응답하기도 했다. 더 나아가 사회복지기관의 운영 기술, 사례관리, 자원

개발 등 전문적 사회복지 실천이 이루어질 수 있도록 기술적 측면에서도 도움이 되었다는 응답이 60% 이상으로 높게 나왔다. 이를 통해 원로 사회복지사들의 노하우와 활동들이 현재 우리 사회복지 실천 현장에 큰 도움이 될 수 있다는 것을 확인할 수 있었다는 게 한국사회복지사협회 회원SNS과 김동현 대리의 말이다.

**후배사회복지사를 세우는 원로사회복지사** 2013년 10월 28일(월) 영등포 관내의 장애인들의 하루 급식을 책임지고 있는 '영등포구장애인사랑나눔의집'을 방문했다. 원로사회복지사들은 약속한 시간보다 먼저 도착해 있었다. 곧이어 진행한 컨설팅은 시종일관 진지하게 진행됐다.

특히 이번 컨설팅은 총3회기 중 마지막 시간으로 그동안 진행했던 컨설팅을 돌아보고, 컨설팅 시 요청했던 사항들을 원로사회복지사들이 준비한 자료를 제공하는 형식으로 진행했다. 한경열 영등포구장애인사랑나눔의집 원장은 궁금한 사항들을 질문하기도 하고, 고민했던 부분들을 털어놓기도 했다. 공식적인 컨설팅 회기는 끝났으나 이후에도 지속적인 관계를 유지하며 시설에 도움이 될 부분을 원로사회복지사들이 지원할 것을 약조했다.

한경열 원장은 "생각을 구체적인 그림으로 그리고 싶으나 기초가 없다보니 어려움이 많았다"고 전했다. 한 원장은 2004년부터 후원자로 관계를 맺었던 '영등포구장애인사랑나눔의집'에서 현재는 원장직을 수행하고 있다. "뒤늦게 사회복지를 공부하면서 보다 전문적이고, 체계적인 방법으로 사회복지실천을 해야 한다는 사실을 알게 되었다. 이 때 원로사회복지사 컨설팅 사업을 알게 되었고, 보다 다양한 의견을 듣고 사회복지 실천을 하고자 신청하게 되었다"고 한다. 또한, "이 사업을 통해 경험과 학식이 높은 원로사회복지사들로부터 이론적 차원에서의 조언이 아닌 후배들을 존중해주고, 현장에 필요한 부분을 잘 판단하여 컨설팅을 지원해줘서 많은 도움을 받았다"고 전한다. 앞으로도 원로사회복지사들과의 지속적인 관계를 바탕으로 계획하고, 준비하는 일에 대해 더 도움을 받고 싶다고 했다. 아울러 본 사업의 효과성 증진을 위해 컨설팅 진행시기를 집중적으로 편성해 진행 할 필요가 있다고 전했다.

**꿈을 품게 한 원로사회복지사 컨설팅** 또 다시 다른 곳으로 발걸음을 옮긴 곳은 서울 성북구에 위치한 '아가세지역아동센터'. 이곳은 '아름다운 가정 세우기'라는 이름으로 2006년에 한 가정집에서 시작했다고 한다. 아이들이 늘어나면서 가정 내에서 아이들을 돌보는 것이 어렵게 돼 자비로 센터를 마련해 운영하게 됐다. 그 가운데 장애를 가진 아이, 한부모 가정 아이, 가정형편이 어려운 아이들까지 다양한 문제를 가진 아이들이 오면서 이들에 대한 사회복지 지원과 실천에 대해 고민했다. 그 결과 신청하게 된 것이 원로사회복지사 컨설팅이었다.

특히 아가세지역아동센터의 경우 사업을 처음 진행한 2012년도에 지원을 받은 뒤 올해에도 연속 신청해 지원을 받고 있는 기관이다.

류지숙 원장은 원로사회복지사들이 컨설팅 활동시 시설을 찾아다니는 어려움을 해결 할 수 있도록 적절한 지원이 필요하다는 의견과 본 사업을 보다 확대 ·

운영해 소규모 복지시설들의 역량강화를 위해 지속적인 지원이 필요하다고 전했다.

**소규모 복지시설 역량강화를 위한 원로컨설팅** '소규모 복지시설 역량강화를 위한 원로 컨설팅' 사업은 2012년 서울특별시의 민간단체 공익활동 지원사업에 '탁월'로 선정된 사업으로 2013년에도 서울시로부터 지원을 받아 총 20명의 원로사회복지사들이 30개의 소규모 사회복지시설에 컨설팅을 지원하고 있다. 30개의 소규모 사회복지시설들은 대부분 열악한 환경에서 운영되는 시설들로 지역아동센터, 노인요양센터, 주 · 단기보호센터, 공동생활가정, 장애인보호작업장 등 사회복지사 5명 이하로 운영하는 시설이다. 이들 시설의 경우 대부분 인력 부족 및 예산 부족, 자원연계망 부족 등 사회복지실천에 있어 어려움들을 호소하고 있다. 이런 어려움들은 사회복지서비스의 질적 측면의 저하라는 결과를 낳을 수도 있다.

이런 문제를 해결하기 위해 한국사회복지사협회 원로위원회는 원로사회복지사들의 축적된 기술과 노하우를 전수해 소규모 사회복지시설 역량을 강화시키기로 했다. 이에 2012년 서울시 지원으로 서울시 관내 소규모 사회복지시설 30개 시설에 대해 컨설팅을 지원했으며, 2013년에도 어김없이 지원을 받아 지속적으로 진행하고 있다. 2012년 당시 원로 컨설팅을 받았던 시설들을 대상으로 진행한 만족도 조사에서 60% 이상이 시설 운영 및 사회복지 실천 방법에 도움이 되었다고 응답했으며, 90% 이상의 시설이 본 사업을 통해 격려와 지지를 받아 역량강화에 도움이 되었다고 응답했다.

**사업 규모 전국으로 확대 필요** 사회는 점점 보편화된 복지 국가로 발전해 나아갈 것이다. 이를 위해서는 사회복지 전달체계 한 축을 담당하는 소규모

사회복지시설들에 대한 적절한 지원이 필요하다. 특히 사회복지 철학과 가치를 바탕으로 하는 전문적 실천을 이룰 수 있도록 관심을 쏟아야 한다. 이런 방법에는 여러 가지가 있겠으나, 한국사회복지사협회가 추진하는 원로사회복지사들의 컨설팅 지원도 일정 부분 도움이 된다. 특히 원로사회복지사들의 축적된 지식과 기술을 사장(死藏)시키는 것이 아닌 후배 사회복지사들의 역량강화를 위해 보다 효과적으로 발휘할 수 있도록 적절한 지원의 손길을 뻗어 나아가야 한다고 한국사회복지사협회 회원SNS과 박용득 차장은 전한다.

전국적으로 사회복지종사자 5인 이하의 소규모 사회복지시설은 1만6천376개가 있으며, 총 3만2천699명이 종사하고 있는 것으로 파악되고 있다(2013년 한국사회복지사협회 보수교육센터 등록 시설). 또한 원로사회복지사들도 전국적 조직화를 이뤄 지역 내 소규모 복지시설을 그 지역에 있는 원로사회복지사들이 지원할 수 있도록 체계적인 사회적 인프라를 조직해 앞으로 더 나아가 사회복지계에 선한 영향력을 끼칠 수 있는 조직이 되어야 할 것이다.

# 정보 허브 시스템 사회복지역사박물관, 사회복지사중부정보넷

한국사회복지사협회는 '사회복지사'의 뿌리를 튼튼하게 하기 위한 작업을 시작했다.

바로 그동안 사회복지 역사 자료 및 사회복지사 정보, 기타 중요한 사회복지 관련 자료들을 온라인상으로 제공하는 '사회복지역사박물관(사회복지사중부정보넷)'이다. '사회복지사역사박물관(사회복지사중부정보넷)'은 사회복지역사자료를 일괄하고, 수집 및 보존하기 위해 사이버 상에 구축한 박물관이다. 사회복지사 관련 자료로 과거 사회복지사 활동사진, 사회복지 기록물, 발행물, 과거 사회복지 물품(명찰, 플래카드, 기념품, 배지, 리플릿 등), 사회복지 도서 및 석 · 박사 논문(70년대 이전의 희귀자료) 등을 수집하고 있다. 소장자의 의사에 따라 기증하며, 원본 반환을 원할 경우 자료는 복사나 스캔 뒤 기증자에게 돌려준다. 이와 함께 원로 사회복지사에게 직접 듣는 사회복지활동 내용을 동영상에 촬영하는 작업도 함께 전개하고 있다.

전국 사회복지사 인물정보 제공과 사회복지 시설 및 법인, 관련 대학교 등의 정보를 제공하고 있으며, 사회복지 학술정보, 지원 사업 정보, 해외정보 등도 온라인상으로 제공하는 명실상부한 사회복지 허브 사이트라는 게 한국사회복지사

'사회복지역사박물관(사회복지사중부정보넷)'은 사회복지사 인물 및 역사, 사회복지 관련 정보들을 한 곳에 모아 제공하는 것으로 국내 최초 사회복지 중심의 정보 허브 시스템이다.

협회 회원SNS과 김동현 대리의 말이다.

중부재단으로부터 초기 구축비용 5천만원 및 매년 운영비 1천만원을 지원 받기로 협약했으며 워드프레스 기반 웹사이트로 개발해 관리도 쉽다. 스마트폰 이용자들을 위한 모바일 페이지도 개발 중에 있다. 사이트 구축 전부터 원로사회복지사 인터뷰 및 역사자료 수집을 진행해 왔다고 한국사회복지사협회 회원SNS과 박용득 차장은 전한다. 이미 작고한 원로들도 있기 때문에 이들의 음성과 사료들을 후대에 남기는 작업은 매우 소중했다. 특히 원로 음성은 인터뷰 방식으로 진행하고, 유튜브를 활용해 편집 없이 누구나 볼 수 있도록 배려했다. 본격적인 사업추진 뒤 놀랄만한 자료들이 속속 도착했고, 원로사회복지사 인터뷰도 박차를 가했다. 2013년 말 현재 역사자료는 200여건, 원로사회복지사 인터뷰는 20여명에 이른다. 사회복지 관련 정보 링크도 2,600여건을 수집, 정리해 올려 놓은 상태다.

이미 작고한 원로들도 있기 때문에 이들의 음성과 사료들을 후대에 남기는 작업은 매우 소중했다. 특히 원로 음성은 인터뷰 방식으로 진행하고, 유튜브를 활용해 편집 없이 누구나 볼 수 있도록 배려했다. 본격적인 사업추진 뒤 놀랄만한 자료들이 속속 도착했고, 원로사회복지사 인터뷰도 박차를 가했다. 2013년 말 현재 역사자료는 200여건, 원로사회복지사 인터뷰는 20여명에 이른다. 사회복지 관련 정보 링크도 2,600여건을 수집, 정리해 올려 놓은 상태다.

'사회복지역사박물관(사회복지사중부정보넷)'은 사회복지사 인물 및 역사, 사회복지 관련 정보들을 한 곳에 모아 제공하는 것으로 국내 최초 사회복지 중심의 정보 허브 시스템이다. 사회복지법인 중부재단과 함께 진행하는 사업으로 혁신적인 기업 사회공헌으로 진행하고 있으며, 이곳에서 제공하는 사회복지 역사 자료들은 사진, 문서, 서적 등의 자료를 디지털화해 언제 어디서든 누구나 확인할 수 있도록 지원하고 있다.

# 선거제도 직선제로 변경해 회원중심 협회 만들기

한국사회복지사협회는 현장 및 회원중심으로 소통하는 조직을 만들기 위해 '회원지원국'을 신설하는 한편, 대의원 선거제도를 회원 직접선거제도로 변경했다. 둘 다 조성철 한국사회복지사협회 회장의 공약 사항으로서 전자는 18대 선거 당시, 후자는 17대 선거부터 계속 내세웠던 공약이다.

선거제도 변경을 위해 특별위원회를 구성한 한국사회복지사협회는 대의원 등 선거인단 5~600여명이 투표해 회장을 뽑는 관례를 깨기 위해 고군분투했다. 이 제도는 조성철 사회복지사가 제17대 한국사회복지사협회 회장 선거 당시부터 내세웠던 '회장 선출 방식의 직선제 변경' 공약이 제18대에 와서야 이루어질 만큼 회원들 간 이해관계가 첨예하게 대립해 있던 제도다. 하지만 선거라는 중요 행사에 회원 스스로 참정권자로서 회장을 선출하는 일은 끝내 조성철 회장 연임 6개년 간의 성과로 남았다는 게 경영지원과 김보람 주임의 말이다. 말 그대로, 해 낸 것이다.

**직선제로의 발걸음은 예상외로 무거웠다** 2010년 제1차 임시총회가 첫 걸음이었다. 선거제도 방식을 검토하기 위한 정관개정특별위원회 구성을 결의했

2008년 3월 6일, 대의원 선거제도를 회원 직접선거제도로 변경하겠다는 공약을 내세웠던 조성철 사회복지사가 한국사회복지사협회 제17대 회장으로 당선했다.

기 때문이다. 이사 참여는 배제한 채 위원회 구성은 공약 당사자인 회장에 위임했으며, 그 해 12월 정관개정특별위원회 위원장으로 김진학 위원장을 선임했다. 현직 사회복지전담공무원으로서, 한국사회복지행정연구회와 서울특별시사회복지사협회 회장 활동 경험도 있는 인물이었다.

제17대 때 토론을 거치며 물 밑 배수 작업을 했지만 쉽게 응원 받을 줄 알았던 직선제로의 발걸음은 예상외의 갈등을 낳았다. 조성철 회장은 2011년 2월 25일 실시한 제18대 한국사회복지사협회 회장 선거에 다시 출마하며, '회장 선출 방식의 직선제 변경'에 다시 한 번 목소리를 높였다. 당시 직선제로의 변화는 출마자들이 공유하는 이슈가 됐고 그만큼 제17대 때의 물 밑 작업이 성과였음을 인정받은 셈이다. 2011년 5월 직접선거제도 관련 자료수집 및 위원을 구성하고 정관개정특별위원회 위원을 선임하는 한편, 대의원과 회원 동의를 모두 얻는 과정 속에 움직임은 활발해졌다고 경영지원과 김소라 주임은 말한다.

2011년 6월부터 8월까지 정관개정특별위원회는 총 4차에 걸쳐 진행됐으며,

조성철 사회복지사가 한국사회복지사협회 제17대 회장 선거에 출마해 지지를 호소하고 있다. 2008년 3월 6일 그의 공약연설에는 대의원 선거제도를 회원직접선거제도로 변경하겠다는 내용이 담겨 있었다.

2011년 10월 임원 및 16개 시 · 도 사회복지사협회 의견을 수렴해 2011년 제4차 임시이사회 심의를 거쳐 의결됐다. 2012년 제1차 임시총회에서 정관 제8조제1항(회원의 권리)의 선거권을 보장하고, 협회의 결속을 보다 더 강화하기 위해 회장 선출 방식을 현행 선거인단의 간접선거제도에서 직접선거제도로 변경하는 '정관개정(안)'이 만장일치로 의결됐으며, 마침내 직선제는 도입됐다. 정관개정(안) 주요내용은 "제14조(임원의 선임) 이 회의 회장은 회원의 보통, 직접, 평등, 비밀 선거를 통한 최다득표자를 당선자로 선임"하는 것이었다.

# 부패 없는 사회 만들기 운동

한국사회복지사협회 조성철 회장은 회장실 회의탁자 위에 두 종류의 서약서를 나란히 비치했다. 조 회장 자리에 한번쯤 와 본 사람이라면 '이게 뭘까?'라는 의구심을 떨칠 수 없을 것이다. 서약서 제목은 '부패없는 사회만들기 운동 서약서'다. 하나는 어른용이고, 하나는 어린이(청소년)용. 이 서약서는 도대체 무엇일까?

**UN글로벌콤팩트 가입** 한국사회복지사협회가 사회윤리 관련 활동을 본격적으로 시작한 것은 2006년 3월, 투명사회협약실천협의회에 사회복지분야 대표단체로 협약을 체결하면서부터다. 2006년 10월에는 사회복지윤리상담소와 사회복지인권상담소를 개소해 사회복지사의 윤리적 실천 증진을 위해 힘쓰기도 했다. 특히, 2007년부터 2009년까지 3년간 사회복지공동모금회 지원으로 추진한 '사회복지 종사자 역량강화와 투명성 확립을 위한 교육지원 사업'을 통해 한국 사회복지기관 윤리경영 도입을 주도했다. 이런 노력을 기반으로 기관 운영에 투명성을 제고하고 사회복지계 전반에 지속가능경영과 반부패 확립을 위한 기틀을 마련하고자 2011년 12월 가입한 곳이 UN글로벌콤팩트(UN Global Compact)다.

한국사회복지사협회는 '부패없는 사회만들기 국민운동'을 진행하고 있다. 서약 즉시 티끌 하나 없는 투명한 이가 되자는 것이 아니라, 청렴지수가 최고 100점이라고 치면 그 동안의 부패를 상기하고 올해는 최소한 1점이라도 청렴지수를 높이겠다는 자기 정화 의지로 나서는 국민참여형 운동이다. 사회공익 실현을 위한다는 점에서, 사회복지사의 사회적 책임운동이자 국민 모두의 사회적 책임운동이다.

UN글로벌콤팩트란 사회윤리와 국제환경개선을 위해 기구들과 기업들이 협조해 새롭게 발의한 의제로 100여개 이상 국가에 수천여 회원들이 가입해 있다.

한국사회복지사협회는 '인권', '노동', '환경', '반부패' 등 UN글로벌콤팩트 4대 가치와 10대 원칙을 사회복지계에 확산시키고 보다 공정하고 투명한 사회를 만들기 위한 반부패 운동을 본격적으로 추진하기로 했다. 더불어 국제적으로는 빈곤퇴치, 기후변화 등의 도전과제들과 국내적으로는 양극화 및 사회갈등 심화 등의 도전과제들에 전문직단체로서의 사회적 책임을 다하기로 했다.

**'5.24운동'의 3대 방향** 그간 각계각층의 다종다양한 반부패사회정화 활동은 2001년 「부패방지법」 제정으로 제도화되기에 이르렀다. 하지만 2011년 말 저축은행 사건 등을 비롯해 사회지도층의 부패가 이슈화되면서 법적 실효성에 대한 논란도 불이 붙었다. 2012년 초, 한국사회복지사협회는 부패 없는 사회를 만드는데 일조하겠다고 나섰다. 사회복지계의 부패 또는 사회복지사의 부패를 없애겠다는 것이 아니라, 빈곤 극복은 물론, 사회적 공익과 책임성을 최우선으로 알고 힘써 온 사회복지사들의 전문성에 따라 전체 사회의 반부패 리더로서 앞장서서 활동하겠다는 취지였다. 실체는 반부패국민운동연합과 손잡고 벌인 '부패없는 사회만들기 국민서약운동'으로 나타났다. 2012년 5월 24일 서약운동을 실시한 한국사회복지사협회가 대내외의 의견을 수렴해 6월 초 취지문을 선포하고 운동의 세 가지 방향성을 분명히 했다는 게 한국사회복지사협회 대외협력과 추주형 과장의 설명이다.

첫째, 종이에 서명함으로써 청렴을 약속하는 정신운동이다. 서약 즉시 티끌 하나 없는 투명한 이가 되자는 것이 아니라, 청렴지수가 최고 100점이라고 치면 그동안의 부패를 상기하고 올해는 최소한 1점이라도 청렴지수를 높이겠다는 자기정화 의지로 나서는 국민참여형 운동이다. 한 사람의 청렴도가 1점 상승하는 것이 사회적 청렴도를 견인하기 때문에 효과는 기하급수적으로 늘어날 것이기 때문이다. 둘째, 단순한 선언에 그치는 것이 아니라 매년 지속한 대중운동이다. 반부패 운동은 현대사회가 아니어도 줄곧 있어왔던 운동이다. 하지만 매번 여러 단체들이 나서서 선언 중심의 활동을 하거나, 정치운동으로 진화 또는 변질되는 등 대중운동으로서의 순수성이 지속적으로 실천현장에 뿌리내리지 못했다. 그러나 이제 사회적 책임의식이 있는 사회복지사들이 조직적으로 나선다면 반드시 대중운동으로서의 가치가 지속될 수 있을 것이다. 셋째, 사회공익 실현을 위한 사회복지사의 사회적 책임운동이자 국민 모두의 사회적 책임운동이다.

**시작은 '서약'부터** 한국사회복지사협회는 2012년 5월 24일(목) 한국언론재단 외신기자클럽(프레스센터 18층)에서 '부패없는 사회만들기 국민서약운동'을 개최했다. 이날 참석자 200여명은 '부정한 방법으로 이익 취하지 않기, 개인의 이익보다 공공의 이익을 우선으로 하기, 나의 행복추구를 위해 남을 이용하거나 남의 불행을 모른척하지 않기' 등에 서약했다. 청소년용은 따로 준비해 '거짓말하지 않기, 친구를 속이는 잘못된 행동에 함께 하지 않기, 나의 행복을 위해 친구들을 괴롭히거나 이용하지 않기, 어른이 된 후에도 모두가 함께 어울려 살아가는 깨끗한 사회를 만들기 위해 노력하기' 등을 서약문구로 넣었다고 한국사회복지사협회 기획정책과 문영임 대리는 설명한다.

Power Social Worker 매년 5월24일은 '부패없는 사회만들기 국민서약운동'의 날

- 사회공공성 강화와 정의구현을 위한 온국민 사회적 책임 실천운동 시리즈 1탄 -

**사회복지사**가 **제안**하고 **온국민**이 **함께**하는

# 〈부패없는 사회만들기 국민서약운동〉 **취지문**

우리나라는 지난 반세기 동안 빛나는 경제성장을 이룩했다. 하지만, 급격한 산업화와 도시화로 인한 사회적 병폐 누적, 수단보다 목적을 우선에 두는 지나친 경쟁의식 등은 '수출 1조 달러 달성' 이나 '세계 10대 무역국' 이라는 금자탑적 수식어를 무색케 하고 있다. 성장과 분배에 대한 이원론적 사고는 온국민을 사회서비스 선택의 딜레마에 빠뜨리고 있으며, 무엇이 옳고 그른가에 대한 도덕적 성찰 결여는 사회전반에 만연한 부패로 모습을 드러내고 있다.

해방 이후 권력과 부를 갖고 사회지도층으로 군림해 온 이들의 부도덕성은, 법망을 피해 살아가는 반칙행위가 살아가는 데에 오히려 더 쉽고 더 편하고 더 현실적이라는 잘못된 인식과 행태를 사회전반에 확산시켜왔다. 실제적으로, 부패 고리는 우리 사회를 투영하는 공중파 드라마에도 심심치 않게 활용되는 소스인데다, 어른들의 조직폭력에 버금가는 작금의 학교폭력 현실만 봐도 공공이익보다 개인이익을 앞세우는 입장이 세대를 뛰어넘어 사회전반에 똬리 틀고 있음을 피부로 확인할 수 있다.

권력과 부의 소유관계가 비리 고리에 비례한다는 인식이 팽배해지면서 급기야 부정·부패를 '한국병' 으로 보는 시각마저 커지고 있다. 1995년부터 2010년까지 OECD 국가의 부패지수 관련 자료를 분석한 현대경제연구원의 '부패와 경제성

매년 5월24일은 '부패없는 사회만들기 국민서약운동'의 날 

Power Social Worker 매년 5월24일은 '부패없는 사회만들기 국민서약운동'의 날

장' 보고서는 한국 사회의 청렴도가 OECD 평균만 돼도 1인당 GDP가 139달러 증가하고 연간 경제성장률이 4%에 이를 것으로 내다보고 있다. 개인의 부당 이득 추구가 공공영역으로 확산될수록 정책결정 과정 왜곡과 민간투자 활력 저하로 경제적·사회적 비용을 늘리는 특성이 있다는 것이다. 2011년 국제투명성기구가 발표한 국가청렴도 순위에서 183개국 중 43위, OECD 34개 회원국 중 27위에 그치는 결과를 얻은 우리로서는, 법·제도 선진화, 국가 청렴도 개선 노력과 함께 민간 영역의 비리감시 강화와 부패 억제가 중요한 과제임을 실감할 수 있다.

한국전쟁 뒤 우리 정부의 반부패 활동은 그간 정권 기반을 공고히 하기 위한 사정활동 형태로 행해져 오다가, 2001년 「부패방지법」을 제정하면서 비로소 청렴 문화 조성을 위한 흐름을 걷기 시작했다. 그러나 공직윤리 등 법 제정 때부터 직면했던 과제들은 여전히 개선 사항으로 남아 있어, 민간 영역의 활동이 지속 추진 사안임을 시사하고 있다.

제로섬 게임이 아니어도, 이해관계에서는 이득을 보는 이와 손해를 보는 이가 발생하기 마련이다. 특히, 작금의 부패 고리에서 손해를 보는 이들이 서민과 사회적 약자라는 점에서, **부패문제는 사회적 위험을 내재한 사회문제**로 볼 수 있다. 특히, 부패 고리 심화는, 국민의 심리적 상실감을 강화하고 경제활동에 대한 좌절감과 상대적 빈곤을 양산하는 기제라는 점에서 문제의 위험성은 커진다. 실망한 청년층은 취업의욕을 상실하고, 미래세대인 청소년층은 부정적 자아를 갖는 등, **부패문제의 악순환 고리를 강화시키는 상대적 빈곤이 작금의 키워드요, 반부패 청렴 문화 확산이 그 해결과제**다.

매년 5월24일은 '부패없는 사회만들기 국민서약운동'의 날 

Power Social Worker 매년 5월24일은 '부패없는 사회만들기 국민서약운동'의 날

이에, UN글로벌콤팩트에 가입해 인권, 노동, 환경, 반부패를 통해 세계 경제와 사회 안정, 번영에 기여하고 있는 **한국사회복지사협회가 부패 고리를 끊고 사회분위기를 바로 잡는 정풍운동을 국민과 함께 벌일 것**을 천명한다.

사회의 불의와 부정을 거부하고, 개인이익보다 공공이익을 앞세우는 것이 사회복지실천전문가다. **반부패 활동은 사회복지사 윤리강령에 명시된 기본활동으로서, 우리에겐 이를 준수하여 도덕성과 책임성을 갖춘 실천전문가로 헌신해야 할 사회적 책임이 있다.** 이는 사회복지실천전문가들이 학문적 체계와 윤리적 근간을 바탕으로 사회적 위험을 해소하고 사회문제를 예방하기 위해 다함께 일어서야 하는 이유다.

한국사회복지사협회가 펼칠 '부패없는 사회만들기 국민서약운동' 은 '나부터 변화의 시작' 이라는 모토와 함께 세 가지 방향성을 갖고 있다.

첫째, 종이에 서명함으로써 청렴을 약속하는 **정신운동**이다. 이는, 서약 즉시 티끌 하나 없는 투명한 이가 되자는 것이 아니다. 그동안의 부패를 상기하고, 올해는 청렴지수를 최소한 몇 점이라도 높이겠다는 자기정화 의지를 보이는, 국민참여형 운동이다. 한 사람의 청렴도가 1점 상승하는 것은 사회적 청렴도를 견인할 것이며, 효과는 기하급수적으로 늘어날 것이다.

둘째, 단순히 선언에 그치는 것이 아니라 매년 지속할 **대중운동**이다. '반부패운동' 은 현대 사회가 아니어도 줄곧 있어왔던 운동이다. 하지만 매번 여러 단체들이 나서서 선언 중심의 활동을 하거나, 정치운동으로 진화 또는 변질되는 등, 대중운동으로서의 순수성이 지속적으로 실천현장에 뿌리내리지는 못 했다. 이제 사회적

매년 5월24일은 '부패없는 사회만들기 국민서약운동'의 날 

Power Social Worker 매년 5월24일은 '부패없는 사회만들기 국민서약운동'의 날

책임이 있는 사회복지실천전문가들이 조직적으로 나서서 반드시 대중운동으로서의 가치를 지속시킬 것이다. **매년 5월 24일은 '부패없는 사회만들기 국민서약운동' 의 날**이다.

셋째, 사회공익 실현을 위한 사회복지실천문가의 **사회적 책임운동**이자 국민 모두의 **사회적 책임운동**이다. 부패 없는 사회가 곧 복지사회이고, 부패 없는 국가가 곧 복지국가라는 점에서, 이 운동에 동의하는 국민 여러분의 동참을 기대한다.

오늘의 상대적 빈곤은 미래사회에 신사회적 위험으로 다가올 것이다. 한국사회복지사협회는 이를 적극적으로 해소하고 사회문제를 예방하기 위해, 남이 아닌 내가 하고, 내가 먼저 정화하고, 나로부터 시작하는 풀뿌리 운동에 온국민이 나서서 사회적 책임을 다할 것을 제안한다.

이제 문화운동으로서 반부패국민운동의 역사적인 막이 다시 올랐다. 한국사회복지사협회는 '부패없는 사회만들기 국민서약운동' 의 세가지 방향에 동의하는 온국민과 함께 부패 없는 사회 만들기에 서약함으로써, 사회공공성을 강화하고 정의를 구현해, 국민 모두의 힘으로 행복한 사회를 건설할 것이다.

2012년 5월

**한국사회복지사협회**

매년 5월24일은 '부패없는 사회만들기 국민서약운동'의 날 

'부패없는 사회만들기 국민운동' 취지문. 운동 첫해엔 '서약운동'이었다.

**'서약운동'을 '국민운동'으로** 만 1년 뒤인 2013년 5월 24일(금), 한국사회복지사협회는 첫 해 운동을 개최했던 장소와 동일한 공간에서 '부패없는 사회만들기 국민운동 기념식 및 토론회'를 개최했다. 주제는 '부패 없는 사회를 만들기 위한 사회복지계의 대응 및 과제'였다. 오필환 백석대학교 행정학과 교수가 '사회복지 윤리성, 투명성에 관한 제언'을 주제발표했고, 이배근 한국아동학대예

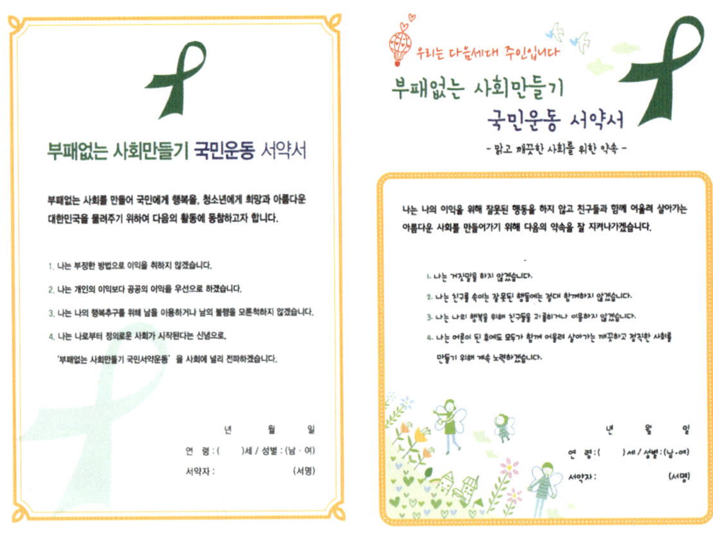

부패없는 사회만들기 국민운동 서약서

부패없는 사회를 만들어 국민에게 행복을, 청소년에게 희망과 아름다운 대한민국을 물려주기 위하여 다음의 활동에 동참하고자 합니다.

1. 나는 부정한 방법으로 이익을 취하지 않겠습니다.
2. 나는 개인의 이익보다 공공의 이익을 우선으로 하겠습니다.
3. 나는 나의 행복추구를 위해 남을 이용하거나 남의 불행을 모른척하지 않겠습니다.
4. 나는 나로부터 정의로운 사회가 시작된다는 신념으로, '부패없는 사회만들기 국민서약운동' 을 사회에 널리 전파하겠습니다.

년 월 일
연 령 : ( )세 / 성별 : (남 · 여)
서약자 : (서명)

우리는 다음세대 주인입니다

부패없는 사회만들기 국민운동 서약서

- 맑고 깨끗한 사회를 위한 약속 -

나는 나의 이익을 위해 잘못된 행동을 하지 않고 친구들과 함께 어울려 살아가는 아름다운 사회를 만들어가기 위해 다음의 약속을 잘 지켜나가겠습니다.

1. 나는 거짓말을 하지 않겠습니다.
2. 나는 친구를 속이는 잘못된 행동에는 절대 함께하지 않겠습니다.
3. 나는 나의 행복을 위해 친구들을 괴롭히거나 이용하지 않겠습니다.
4. 나는 어른이 된 후에도 모두가 함께 어울려 살아가는 깨끗하고 정직한 사회를 만들기 위해 계속 노력하겠습니다.

년 월 일
연 령 : ( )세 / 성별 : (남 · 여)
서약자 : (서명)

서약용지. 성인용(왼쪽)과 청소년용(오른쪽)

방협회 회장, 임홍재 유엔글로벌콤팩트 사무총장, 문형구 고려대학교 교수가 토론자로 참석했다. 단순히 사회복지사 스스로의 자성 개념이 아니라, 사회복지사가 사회적 책임을 다하는 전문인으로서 반부패국민운동에 나설 필요성이 강조됐다.

운동 선포 뒤 1년 간 총 2만3천여명이 서약에 동참해, 2013년부터는 안전행정부로부터 지원받는 성과도 있었다는 게 한국사회복지사협회 정책교육국 남기룡 국장의 설명이다.

# 사회복지사 자살방지 및 인권보장을 위한 비상대책

클라이언트 폭력으로 사회복지사들이 상해를 입는 일이 2012년 이슈로 번졌다면, 2013년은 업무과중으로 인한 잇따른 자살이 사회적 이슈로 대두했다. 1월 31일 이민재(용인시청 노인장애인과) 사회복지사가 병원에서 투신해 영면했을 때까지만 해도, 큰 이슈는 아니었다. 그러나 2월 26일 강민경(성남 분당구 정자1동) 사회복지사가 자택 아파트에서 투신해 영면하면서 두 번째 자살 소식을 접하게 되자, 당사자 단체인 한국사회복지행정연구회는 2월 27일 성명을 발표하고 정부 정책 변경을 요구했다. 이튿날인 2월 28일에는 한국사회복지사협회 원로회도 관련 성명을 발표하는 등 사회복지계의 관심도 커지기 시작했다.

**비상시국 선포** 3월 19일 안광남(울산 중구 태화동) 사회복지사가 자신의 차량에서 스스로 목숨을 끊어 영면하자, 3월 20일 원로회는 한 번 더 성명을 발표했고, 한국사회복지사협회도 따로 성명을 발표해 비상시국을 선포하기에 이르렀다.

성명 요지는 '양질의 서비스를 전달해야 할 사회복지사가 과도한 업무 스트레스로 인해 잇따라 목숨을 끊고 있고, 민원인은 상담하던 사회복지사에게 칼을 휘

둘러 중상을 입히고 범죄자가 되고 있다'는 현실 인식과 함께, '이는 사회복지전달체계 균열의 실례이므로, 국가와 지자체가 원천 책임을 지고, 균열 예방 종합대책을 수립해야 한다'는 대정부 요구 사항이 담겨 있었다. 또한, '한국사회복지사협회는 사회복지사와 서비스 이용자가 구조적 문제로 인해 위기로 몰리는 현 시기를 비상시국으로 선포하고, 사회복지계 직능단체들과 대책위를 구성해 강력히 대응해 나아가겠다'는 선언도 포함돼 있었다.

**사회복지계 직능단체 규합, 최대 규모 집회** 한국사회복지사협회는 성명을 통해 비상시국을 선포한 이튿날 3월 21일, 전국 단위 사회복지 직능단체 긴급대책회의를 주도했다는 게 한국사회복지사협회 박용오 사무총장의 말이다. 이날 모인 17개 단체와 의결권을 위임한 4개 단체는 '사회복지사 자살방지 및 인권보장을 위한 비상대책위원회' 건설을 결의하는 한편, 한국사회복지사협회가 상임대표로 간사 역할을 하고, 국회 간담회 및 대규모 대중 집회 등 비대위 차원의

클라이언트 폭력으로 사회복지사들이 상해를 입는 일이 2012년 이슈로 번졌다면, 2013년은 업무과중으로 인한 잇따른 자살이 사회적 이슈로 대두했다.
한국사회복지사협회는 성명을 통해 비상시국을 선포한 이튿날 3월 21일, 전국 단위 사회복지 직능단체 긴급대책회의를 주도했고, 23개 단체가 함께하는 '사회복지사 자살방지 및 인권보장을 위한 비상대책위원회'를 건설했다. '근조 리본 달기'를 시작으로, 국회 보건복지위원회 등 입법기관과의 정책간담회는 물론, '사회복지사의 날'(3월 30일)을 기해 근래 보기 드문 대규모 대중집회(광화문, 전국 민 · 관 사회복지사 800여명 참여)를 진행하며 '우리의 요구'를 천명했다.
집회 때는 기자회견문과 근조 리본을 양면 인쇄한 특별 손피켓을 제작해 신분상 집회에 어려움을 호소하는 공무원 참여도 독려했다.

활동을 개시하기로 했다.

소속 단체들은 1차 활동인 '근조 리본 달기'를 시작으로, 국회 보건복지위원회 등 입법기관과의 정책간담회는 물론, '사회복지사의 날'(3월 30일)을 기해 근래 보기 드문 대규모 대중집회(광화문, 전국 민 · 관 사회복지사 800여명 참여)를 진행하며 '우리의 요구'를 천명한 바 있다. 3월 22일 소속 단체 1차 활동방법 안내 및 시행 돌입(근조 리본 달기 등), 3월 26일 비대위 공동대표단-민주통합당 국회 보건복지위원회 간담회(국회 보건복지위원장실(회의실)), 3월 28일(목) 유정복 안전행정부 장관의 성동구 왕십리도선동 주민센터 방문(사회복지 업무 운영 실태 및 개선방향 간담회) 등이 그것이다.

소속 단체 2차 활동은 추모 분위기 확산에 있었다. 3월 29일 '사회복지사의 날 기념식'에는 참석자 전체 추모 묵념 및 공동대표의 추도사를 진행했다. 이례적으로 진영 보건복지부 장관도 참석했다. 3월 30일 '사회복지사의 날'을 기해 대중집회도 진행했는데, 오후2시부터 오후4시까지 광화문 동화면세점 앞에서 진행한 '시민과 함께 하는 사회복지사 기자회견 및 추모제'가 그것이다. 참석대상은 민 · 관 사회복지사 1천여 명과 사회복지사의 죽음을 애도하는 시민들이었고, 기자회견문 낭독, 고인약력 소개, 추모사, 추모공연 등의 순서로 진행됐다. 결과적으로 전국 민 · 관 사회복지사 800여명이 참여해 역사적으로도 사회복지사 당사자 스스로의 인권을 지키기 위한 단일 집회 최대 규모로 기록됐다.

**비대위 공동대표 단체 활동 강화** 한국사회복지사협회는 연구진 현장실태분석 및 다종다양한 간담회를 진행하며 비대위 공동대표 단체들의 활동을 강화해 갔다. 4월에는 '민 · 관 사회복지전달체계 전면 재검토와 금년 내 종합개선대책 수립'을 요구사항 기치로 해, 간사단체인 한국사회복지사협회와 고문단체인 한국사회복지협의회, 공동대표단체인 한국사회복지행정연구회가 추천한 연구진들이 모여 '사회복지전담공무원 직무 진단 등 현장방문'을 추진했다. 우리 협회는 부설 사회복지인적자원연구소 김제선 선임연구원이 연구에 참여했다. 또한, 보건복지부차관-2040 민간 사회복지사 간담회, 보건복지부장관-사회복지단체장 접견, 국무총리-민 · 관 사회복지사 만찬(총리, 안행부 2차관, 복지부 사회복지정책실장, 서대문구청장 등 참석) 등 다종다양한 경로로 요구사항을 전달했다.

구체적으로는 4월 3일부터 8일까지 사회복지전담공무원 직무 진단 등 현장방문을 추진했고(울산, 성남, 용인, 정읍 등), 4월 8일 보건복지부 차관과 2040 민간 사회복지사 간담회를 진행했다(한국사회복지사협회 세미나실). 4월 11일 보건복지부 장관과 한국사회복지사협회 회장이 접견했고(사회복지단체장 회의 시), 4월 18일 국무총리와 민 · 관 사회복지사 만찬을 진행했다(총리, 안행부 2차관, 복지부 사회복지정책실장, 서대문구청장 등 참석). 만찬에서 총리는 복지공무원 복지 부각 현실은 문제임을 공유. 업무 성격으로 인한 스트레스 해소, 인사 인센티브, 수당 인상 노력을 언급했고, 총리실이 지원하고 복지부가 분석토록 지시했다.

**올바른 여론 형성 매진, 비대위 참여 단체 증가** 5월 들어 공공전달체계 위주의 개편안이 회자되는데다, 그것마저 현 시스템을 유지한 상태에서의 인력충원이나 수당인상 정도에 머물러 있음을 확인한 한국사회복지사협회는 비대위 결성 뒤 두 번째 모임을 갖고, 공공과 민간 각 전달체계의 주요 문제점을 공유하는 한편, 언론 간담회 등을 추진하며 올바른 여론 형성을 위해 노력했다. 한편, 비대위 참여 단체는 21개에서 23개로 늘어났다고 한국사회복지사협회 대외협력과 한정희 대리는 전한다.

구체적으로는, 5월 15일 비대위 2차 회의를 한국사회복지사협회 사무국 세미나실에서 진행했고, 당일 조선일보(더 나은 미래) 기자 간담회를 병행했다. 5월 16일 비대위 차원의 성명을 다시 한 번 발표했는데, 성명요지는 '베르테르효과마저 우려되는 시점에 우리는 국가와 지방자치단체의 과제를 도심 대중 집회 등을 통해 요구한 바 있지만, 업무과다 및 그로 인한 스트레스를 이유로 자살한 데 대한 정부 대책은 현 시스템 유지 상태에서의 인력충원이나 수당인상 정도에 불과하다'는 통탄과 함께 '직무분석과 인력진단을 통한 업무 조정 및 정상화, 시군구 읍면동 단위 독립적 복지전담부서 설치, 사회복지직렬 고유의 전문성과 특수성 인정하는 방식의 인사행정 개선, 사회복지사에 대한 폭력시 가중처벌 등 신변보장과 사회복지권 법제화가 국가의 책임 있는 자세다'라는 대정부 요구사항을 담았다.

5월 23일에는 사회복지전담공무원 직무 진단 등 현장방문 추진 결과 보고회를 진행했는데, 결과보고서인 '사회복지의 전달병목과 과로소진: 2013년 3명의 사회복지사 자살 현장보고'의 초안 검독회였다. 고문단체로 참여한 한국사회복지협의회 회장실에서 진행했으며, 한국사회복지사협회는 박찬선 국장과 추주형 과장이 참여했다.

**사회보장위원회 안건 상정, 복지전달체계 개편 시각 거듭 강조** 6월 중 간사단체인 한국사회복지사협회 조성철 회장은 국무총리 소속 사회보장위원회 위원으로 활동하며 '사회복지전담공무원 사기진작 방안' 안건 상정에 힘을 싣는 한편, 회의시에도 단선적 접근이 아닌 사회복지전달체계 개편 시각으로 접근해야 함을 강조했다.

이후 구체적으로는 6월 18일 국무총리실 민정실(총괄과장 등) 차원으로 비대위 간사단체인 한국사회복지사협회 내방이 진행됐고, 이 자리에서 공공 및 민간 사회복지전달체계 관련 의견을 피력했다. 6월 26일 한국사회복지사협회장은 사회보장위원회(위원장 국무총리)에 '사회복지전담공무원 사기진작 방안' 안건 채

양질의 서비스를 전달해야 할 사회복지사가 과도한 업무 스트레스로 인해 잇따라 목숨을 끊고 있고, 민원인은 상담하던 사회복지사에게 칼을 휘둘러 중상을 입히고 범죄자가 되고 있는 현실 인식 속에 많은 이들이 눈물을 흘렸다.
'이것이 바로 사회복지전달체계 균열의 실례이므로, 국가와 지자체가 원천 책임을 지고, 균열 예방 종합대책을 수립해야 한다'는 게 대정부 요구 사항이었다.
비대위 공동대표단은 현장방문실사보고서 작성과 함께 언론전을 지속하며, 민주당 국회 보건복지위원회 간담회, 유정복 안전행정부 장관의 현장 방문 등은 물론, 조성철 한국사회복지사협회 회장이 국무총리실 사회보장위원회에 안건을 올려 그 해 7월 말 사기진작대책 발표를 이끌었다.

택해 심의했다. 제2회 회의 제3호 안건(내용 비공개, 결과 요지는 대외공개)이었고, 결과 요지(7월 11일 회신)는 안전행정부에서 대책 마련해 다음번 위원회에 상정키로 함, 자동화 도입, 민간역할 확대, 근무환경 및 직무수행 업무매뉴얼 개편 등 사회복지서비스 전달체계 개편이라는 종합적 시각에서 접근 필요함을 공유 등이었다.

7월 5일에는 복지전달체계 개편을 위한 토론회도 진행했다. 한사연 전달체계총괄TF특별위-보건복지부 접견(한국사회복지사협회 세미나실에서) 방식이었다.

**현장실태보고서 최종본 작성, 입법 및 정책 단체에 반영 건의** 7월에는 4월부터 준비해 온 '사회복지 전담공무원 직무 진단 등 현장방문'에 대한 결과물을 공동대표단체인 한국사회복지학회와 함께 정리하며 '사회복지의 전달병목과 과로 소진: 2013년 3명의 사

회복지사 자살 현장보고'를 최종 작성하기에 이르렀다. 보고서는 정경배 전 보건사회연구원 원장, 박영란 강남대학교 사회복지학과 교수, 김제선 한국사회복지사협회 선임연구원, 김민우 한국사회복지협의회 차장이 작성했다.

구체적으로는 7월 6일 현장방문 관련 최종결과보고서(요약본)를 작성 완료했으며, 한국사회복지학회가 검수하고, 한국사회복지사협회가 7월 중순 입법 및 정책 단체에 배포했다. 대통령(청와대), 안전행정부장관, 보건복지부장관은 물론 국회 보건복지위원 전원 등을 수신인으로 했다.

7월 16일에는 추주형 과장이 비대위 간사단체 대표로, '감정노동자 보호법안'과 관련해 한명숙 의원을 접견하고 한명숙 의원실 주최 간담회에도 참석했다.

활동 기간 중 정책 건의 및 제 단체와의 관계를 지속했다. 3월부터 국민권익위원회 등에 정책 제안 제출을 지속했으며, 국무총리실 민정실 등 중앙부처 공직자가 한국사회복지사협회 내방시 전달체계 개편 정책을 지속 건의했다. 언론 응대는 지속적인 관심을 보이는 언론 중심으로 응대했으며, 한국사회복지행정연구회 각급 지회장 및 회원 중심으로 광역 및 기초 지자체 등 지역별 간담회를 지속했다. 담당자인 추주형 과장은 언론은 물론 제 단체와 협력하며 이 기간 동안 하루에도 수십 통의 전화를 받으며 업무과중으로 인한 스트레스를 본인 역시 몸소 느꼈다고 전했다.

7월 18일 활동 잠정 중단을 선언할 당시, 사회복지사 자살방지 및 인권보장을 위한 비상대책위원회 소속 단체는, 한국사회복지사협회(상임대표단체, 간사역할), 한국사회복지학회(공동대표단체), 한국사회복지행정연구회(공동대표단체), 한국사회복지협의회(고문단체), 한국군사회복지학회, 한국노숙인복지시설협회, 한국노인복지중앙회, 한국노인종합복지관협회, 한국노인복지장기요양기관협회, 한국사회복귀시설협회, 한국사회복지공제회, 한국사회복지관협회, 한국사회복지교육협의회, 한국사회복지행정학회, 한국아동복지협회, 한국아동청소년그룹홈협의회, 한국여성복지연합회, 한국자원봉사협의회, 한국장애인복지관협회, 한국장애인복지시설협회, 한국재가노인복지협회, 한국정신요양시설협회, 한국종교계사회복지협의회(참여종(교)단: 구세군대한본영, 기독교대한감리회, 대한불교조계종, 대한불교진각종, 대한불교천태종, 대한성공회, 대한예수교장로회, 서울가톨릭, 원불교, 한국기독교장로회, 한국천주교주교회의) 등 총 23개였다(대표단체 우선, 가나다순).

**어두운 터널 끝 밝은 빛** 어두운 터널 끝에는 밝은 빛이 있기 마련이다. 협회를 비롯한 비대위 노력으로 안전행정부가 7월 30일 '사회복지담당공무원 처우개선 방안'을 발표하는 성과를 얻었다. 사회복지서비스 최일선 현장에 3~5년 경력의 중고참 공무원을 배치하는 등 업무개선 방안을 마련하여 시행키로 하고, 신규 사회복지 공무원을 배치할 경우 앞서 시뮬레이션 교육을 강화하고 사회복지수당 현실화를 추진하기로 했다. 해당 공무원들의 자살사건 등에서 밝혀진 담당 공무원들의 직무스트레스를 줄이고 복지업무 수행능력을 제고하기 위한 대책이었다.

안전행정부의 '사회복지담당공무원 처우개선 방안'은 사실 이제 시작이다. 도미노가 번지듯 전국의 사회복지직 공무원들을 위한 현실적 방안들이 제도화 될 예정이며, 공공에 이어 민간 사회복지사들에 대한 방안도 정부차원으로 연구되고 있다.

비대위 차원의 활동은 잠정 중단한 상태지만, 한국사회복지사협회는 현장 모니터링과 관련 정책 제안 등 활동을 지속하며 사회복지단체들과 언제든 연대할 준비를 하고 있다.

# 사회복지 정치참여 네트워크

사회복지사 정치참여 시대가 열렸다. 한국사회복지사협회가 지난 2008년부터 '사회복지 정치참여 네트워크' 구성을 준비한 것이 출발이었다. 이는 한국사회복지사협 미션 및 주요목표 달성과도 맞물려있다. 위상확립 및 권익실현이라는 사회복지사의 행복은 물론, 사회복지사 세력화와 전문직화 등 목표 달성 과정이기도 하다.

**사회복지정치참여네트워크 출범** 출범식은 2009년 11월 17일(화) 서울 여성플라자에서 진행했다. 추진단은 한국사회복지사협회 조성철 회장이 상임대표고, 한국유스호스텔 유재건 총재(전 국회의원, 3선)와 전 보건복지가족부 김성이 장관이 공동대표다. 사회복지정책자문단, 사회복지정책개발연구소, 정책교육위원회 3개 기구를 설치하고 노인복지정책위원회, 장애인복지정책위원회, 아동복지정책위원회, 여성복지정책위원회, 지역복지정책위원회, 사회복지조례제정위원회, 대외협력위원회, 홍보위원회의 8개 위원회와 대학생 대표단도 두었다. 위원회는 사회복지사만, 대학생 대표단은 예비 사회복지사만 가입할 수 있다.

핵심역할은 2010년 지방선거 대비 사회복지 공약개발 및 제안, 사회복지 정책참여 지원, 지역사회복지증진을 위한 조례제정 추진, 사회복지 정치학교 진행을 통한 정책사례 개발 및 보급 등이었고 현재까지 지속 진행하고 있다. 궁극적으로 사회복지사가 사회복지정책을 개발하고 실천하는 주체로서 국민행복시대를 여는 것이 목표다.

이런 단계별 실천과제는 국민 복지 관련 정책 결정 과정에 능동적으로 참여해 헌법이 보장하는 국민 행복과 복지권을 확보하기 위한 것이다. 사회복지정치참여네트워크를 통해 사례공유와 학습을 하고 정책 전문가를 양성해 사회복지계, 현장 최고의 전문가와 함께 사회복지 정치학교를 지원 운영한다는 계획이었다. 또한 지속가능한 정치참여와 정책을 개발해 13개 위원회와 정책자문단으로 구성한 네트워크를 상시 가동하겠다는 구상이다.

**전국동시지방선거 당선자 대거 배출** 사회복지정치참여네트워크는 사회복지사 세력화, 전문화를 통해 사회복지사가 사회복지정책을 개발하고 실천하는 주체가 되자는 의미를 담고 있다. 현직 사회복지사 출신 정치인, 예비 사회복지사, 정치 입문을 꿈꾸는 사회복지사들까지 출범식 당일 현장분위기는 뜨거웠다. 사회복지사 출신 정치인인 남경필 의원(당시 한나라, 수원 팔달구)은 전국 각계각층에서 만나는 다양한 사람들이 공통적으로 느끼는 정서가 불안인 것 같다며 정부, 국회, 사회복지사가 힘을 합쳐야한다고 강조했다. 강명순 전 의원(당시 한나라, 비례)은 35년간 빈민운동을 해도 이뤄내지 못한 일을 국회의원이 된 뒤 법도 발의하고 예산도 따냈다면서 정책을 통해 사회복지 질을 높이자고 말했다. 정기영 의원(민주, 성남 분당구, 시의원)은 사회복지사로서 전문성과 현장경험을 바탕으로 의정활동을 펼친 결과 장애인 단체가 선정한 정책 우수 시의원 평가에서 1위를 차지하기도 했다.

남경필, 강명순, 정기영 사회복지사의 말처럼 사회복지사가 정치에 참여하고

사회복지 정치참여 네트워크는 출범 뒤 사회복지 전반 정책에 폭넓은 관심을 갖고 교육감 후보 등 간담회 개최, 광역의원 사회복지사 비례대표 후보자 추천, 학교사회복지사 제도화 추진 건의 등 활발한 사업 끝에 2010년 6월 2일 전국동시지방선거에서 사회복지사 출마자 528명 당선이라는 쾌거를 이뤘다.

국민복지를 위한 정책개발은 시대적 사명과도 다름없다. 이 날 한국사회복지사협회 조성철 회장은 민주주의 이념을 최일선에서 온 몸으로 수행해 온 사회복지사는 국민 복지권 확보를 위해 역사적인 사회행동을 시작했다며, 사회복지사가 지방자치활동에 참가하고 정책을 만드는 주체가 되어 국민권익을 찾을 것을 선언했다.

사회복지 전반의 정책에 폭넓은 관심을 갖고 교육감 후보 등 간담회 개최, 광역의원 사회복지사 비례대표 후보자 추천, 학교사회복지사 제도화 추진 건의 등 활발한 사업 끝에 2010년 6월 2일 전국동시지방선거에서 사회복지사 출마자 당선율 44%라는 유의미한 당선율을 얻었다. 1천199명의 사회복지사 출마자 중 528명이 당선한 것이다. 선거 총 선출인원 3천991명에 대비해도 14%에 이르는 높은 수치다. 현황별로 기초단체장 12명, 광역의원 105명, 기초의원 409명, 교육감 1명, 교육의원 1명 등 총 528명이었다.

# 사회복지현장실습 등록시스템 도입

1997년 대학교육 정책이 학부제, 복수전공제 등으로 변화하면서 사회복지사 자격자도 변화가 발생했다. 사회복지학과 졸업생에게 발급하던 자격증을 전공 관계없이 일정 교육기준을 이수한 이들에게 발급하게 된 것이다. 이후 2000년대 들어 교육인적자원부 평생교육정책 활성화로 사이버대학, 평생교육기관이 급속도로 증가하기 시작했고, 사회복지사 자격제도는 교육정책 변화에 끌려가는 모습을 보였으며 사회복지교육 질적 수준 하락 등 발생 문제에 적극적인 대안을 찾지 못하고 있었다.

특히 최근 사회복지현장실습 문제점 부각으로 검찰수사와 함께 언론 주목도 받았다. 인터넷으로도 사회복지 교과목을 얼마든지 공부할 수 있게 되자 자격증 발급자수가 급증했다. 이수 교과목 중 임상학문으로서 가장 중요한 사회복지현장실습교육조차 통상적인 실습운영방식을 벗어나 주말실습, 야간실습 등 새로운 형태가 나타났다. 사회복지과, 사회복지실버케어복지, 아동청소년복지과, 아동미술복지과, 재활건강복지, 아동보육과 총 6개 과로 구성돼 있는 S교육기관을 예로 들면, 전체 교수 16명 중 사회복지학 전공자가 6명에 불과했음에도, 사회복지현장실습 정원수는 약 1천명에 달해, 전문적인 실습 계획과 지도를 하고 싶어도 불가능할 것이라는 의문이 들 정도였다. 실습기관 확인조차 어려운 숫자였기 때문이다.

**대안 찾기** 사회복지현장실습 문제가 끊임없이 되풀이 되던 시점에 한국사회복지사협회는 대안을 찾기 시작했다. 2010년 전국적으로 진행한 실습 실태조사를 통해 '사회복지현장 실습 지침서'를 발간하고, 실습에 대한 기본 기준을 권고했다. 하지만 제도적 구속력이 없다보니 해결은 어려웠다. 하지만 보건복지부 관심도 차츰 늘어 2011년에는 '사회복지현장실습 기관인증제 도입의 필요성과 활용방안 연구'를 주제로 용역도 내고, 이화여자대학교 산학협력단이 연구해 실습기관 '인증제'에 대한 이슈를 본격적으로 다룰 수 있었다.

하지만 막상 인증제를 도입하기 위해 필요한 예산과 관리방안이 미흡한 상태여서 점진적으로 개선할 만한 제도도 필요했다. 한국사회복지사협회는 보건복지부와 오랜 협의 끝에 '인증제'를 장기적 과제로 남겨두고, '등록제'를 시행하기에 이른다. 등록제 사업을 위해 요청한 국고지원액은 기획재정부 긴축재정으로 50% 이상 깎였지만, 2012년 12월말 우여곡절 끝에 국회 예산 심사를 극적으로 통과했다.

사회복지현장실습 문제가 끊임없이 되풀이 되던 시점에 한국사회복지사협회는 대안을 찾기 시작했다. 2010년 전국적으로 진행한 실습 실태조사를 통해 '사회복지현장 실습 지침서'를 발간하고, 실습에 대한 기본 기준을 권고했다. 하지만 제도적 구속력이 없다보니 해결은 어려웠다.'사회복지현장실습 등록시스템'은 근본문제를 해결할 '인증제' 전 단계로서 계단과도 같다.

2013년부터 사회복지현장실습등록제를 시행하기 위해 한국사회복지사협회는 다양한 측면에서 사업을 추진했다.

**실습기관 등록시스템 구축** 우선 사회복지현장실습 등록을 위한 '실습기관 등록시스템' 구축이다. 법적 기준인 실습기관, 실습지도자, 실습시간에 대한 기본정보와 실습운영방식, 실습내용 등을 등록해 실습생들에게 정확한 정보를 제공하고, 엉터리로 실습을 하는 기관을 구분할 수 있도록 하는 작업이다. 실습지도자가 경력 정보 등을 등록하도록 해 올바른 실습지도자 검색도 가능토록 준비했다. 더불어 실습운영방식, 실습비, 실습슈퍼바이저 1인당 실습생 인원 등 세부 정보도 제공한다.

**표준실습교육매뉴얼 개발** 두 번째, 종합사회복지관, 노인이용시설 표준실습교육매뉴얼을 개발했다. 지금까지의 실습교육매뉴얼은 교과서적이고 이론 중심적이어서 실제 적용하는 데에는 한계가 있었다. 시설유형별로 실습 과정에 따라 활용할 수 있는 표준교육매뉴얼을 개발해, 실습지도자가 실습을 계획하는 단계에서부터 종결하는 과정까지 활용할 수 있도록 한 것이 한국사회복지사

'실습기관 등록시스템'은 법적 기준인 실습기관, 실습지도자, 실습시간에 대한 기본정보와 실습운영방식, 실습내용 등의 정보를 실습생들에게 제공해, 엉터리 실습 기관을 구분할 수 있다. 실습지도자가 경력 정보 등을 등록하도록 해 올바른 실습지도자 검색도 가능토록 준비했다. 더불어 실습운영방식, 실습비, 실습슈퍼바이저 1인당 실습생 인원 등 세부 정보도 제공한다.

협회 성과다. 실습 지도를 체계적으로 하는 기관뿐만 아니라 실습지도에 대한 경험이나 노하우가 없는 기관도 수준을 향상시킬 수 있도록 매뉴얼 수준도 보편적으로 마련했다. 한국사회복지사협회 자격지원국 김경화 차장은 매년 분야별 표준실습교육매뉴얼을 추가 개발할 계획이라고 전한다.

**실습 기관 및 교육기관 운영 실태 연구** 더불어 부설 연구소(사회복지인적자원연구소)를 통해 사회복지현장실습 기관 및 교육기관 운영실태 파악도 연구 중이다. 주요 연구내용은 사회복지사 자격증 신청자의 일반적 사항과 사회복지현장실습 관련 사항, 실습생 실무경험, 실습지도자 관련 사항 실태다.

앞으로 실습지도자 교육 확대, 표준화된 실습교육 매뉴얼 개발, 나아가 사회복지사 직무분석과 사회복지사 2급 국가시험 등 자격제도 개선을 함께 고려하면서 개선점을 찾는 것이 한국사회복지사협회의 지향점이다. 등록 실습기관에 대한 제도적 인센티브도 함께 고민하고 있다.

**실습기관 등록과정** 한국사회복지사협회가 준비하는 실습기관 등록과정은 대략 다음과 같이 예상된다.

대상기관은 「사회복지사업법」 제2조 1호에 따른 사회복지사업 관련 법인, 시설, 기관 및 단체이며, 등록장소는 한국사회복지사협회가 운영하는 온라인 공간 '실습기관 등록시스템(lic.welfare.net)'이다. 2013년 8월부터 등록신청을 받았고, 실습기관과 실습지도자가 이 홈페이지에 가입해 등록신청을 할 수 있다.

등록신청 기관은 한국사회복지사협회가 법 · 행정적 기본기준에 따라 적합여부를 검토하며 신청 뒤 약 7~10일 안에 최종등록승인을 결정한다. 승인 기관은 실습기관 등록시스템을 통해 잠재적 실습제공기관으로 사회복지전공교육기관과 학생들에게 공개해 기관유형별, 지역별, 실습운영방식별 검색이 가능하다고 한국사회복지사협회 자격관리과 김지원 주임은 말한다.

**실습교육 질 상향평준화가 목적** 등록 기준은 가능한 최소수준으로 했다. 등록제 혹은 향후 인증제가 양질의 실습을 지향하기는 하지만, 기존 실습기관 중 상대적으로 잘 된 실습지도요건을 갖추기 어려운 기관들을 배제하기보다는 우선 '등록'이라는 일정수준 범위 안으로 끌어올려놓기 위함이다.

실습기관 등록제가 인증제와 본질적으로 다른 점은 법정 실습기관으로서의 자격을 제한할 수 없다는 것이다. 예를 들어, 여기에 등록하지 않은 기관이라 하더라도 실습 지도가 가능하다. 다만, 등록제 시행으로 양질의 기관 및 슈퍼바이저를 학생들이 비교 선택할 수 있기 때문에 전체적으로 실습교육의 질을 높일 수 있을 것으로 기대하고 있다. 차후 등록제를 인증제로 전환할 경우, 이미 등록한 기관은 실습인증대상기관으로 자동 지정하는 기반도 마련할 수 있다. 나아가 등록제 기준 충족 실습만 법정 학점으로 인정하도록 관련 법 개정도 모색 중이다.

**실습개선 위한 종합 시스템 필요** 사회복지전문성을 체계적으로 잘 학습시키는 준비된 복지관들이 많지만, 수준 차이는 기관별로 천차만별이다. 결국 실습지도자(임상실천 경험과 학문적 이론을 근거로 체계적인 실습지도가 가능한 현장전문가)가 제공하는 슈퍼비전 질이 실습지도 내용을 결정하기 마련이다.

하지만 실습 지도를 상시 업무가 아닌 동계, 하계 방학시기의 연례 업무로 진행하면서 여러 문제가 발생한다. 실습지도체계를 잘 갖춘 기관도 실습 시기의 기관 사정(기관평가, 지도점검, 대형연례행사 등)에 따라 실습 내용이 복사, 편철 등의 단순행정보조, 청소 등으로 제한되는 현실적인 상황도 있다. 게다가 근속연수가 몇 달 되지 않아 기관에 대한 이해 수준이 떨어지는 사회복지사도 실습지도자 조건만 충족하면 실습 지도를 맡는 경우까지 나타난다.

몇 해 전부터 사이버과정, 학점은행제를 통해서도 자격증을 취득할 수 있게 되면서 실습 인원도 대폭 증가해 왔다. 하지만 유행처럼 번진 사회복지사 자격증 취득 열풍 속에서 실습 중요성은 크게 언급되지 않는다. 의무과정인데다 상대적으로 취득의 걸림돌이 될 수 있기 때문에 '자격 취득이 쉽다'는 식의 영업 광고에는 등장하지 않는 셈이다. 이렇다보니 허위광고에 미혹돼 사회복지사 자격취득에 접근했던 만학도나 전업희망자들은 실습시점에 임박해서야 실습이 의무과정임을 알게 되기도 한다. 허겁지겁 실습처를 구하지만 방학기간이 아닌 때에 실습생을 모집하는 곳은 거의 없다. 게다가 직장인일 경우 야간이나 주말휴일에 실습이 가능한 곳을 찾기 마련이지만 그 다양성을 모두 수용하기에는 기관 입장에서도 체계적 실습 지도에 방해가 된다.

이런 어려움에 처한 실습생들을 받는 기관이 있어도 적절한 실습과정을 기대하는 것은 욕심이다. 극단적으로는 기관 실습 진행 매뉴얼이나 실습계획서 한 장 없이, 120시간 이상의 시간을 일상 업무에 방치하거나 허드렛일을 도우면서 때우는 경우도 있다. 그러나 실습을 받아준다는 것만으로 기관은 '갑'의 입장에 서고, 이를 따를 수밖에 없는 실습생은 '을'의 입장에 서는 식으로 종속적 거래가 되기도 한다.

또한 사회복지기관 역시 다양하고 복잡해지는 추세 속에 1~2명의 사회복지사만 근무하는 소규모 센터들도 많다. 혼자서 1인 100역을 하는 기관에서 실습지도를 받는 것은 장단점이 있겠지만, 체계적 실습을 기대하는 것이 어불성설일 수도 있다.

**실습등록제는 실습인증제 준비단계** 한국사회복지사협회의 표준실습교육매뉴얼 개발은 앞서 언급한 것처럼 처음은 아니다. 개별 사회복지학자 및 실천가들에 의해 지금까지 간헐적으로 이루어져 왔다. 이번 연구는 '사회복지실습등록제' 추진 배경 속에 실습현장을 시설별 혹은 복지영역별로 분류해 각각의 매뉴얼을 완성하려는 취지에서 시작했다. 종합사회복지관과 노인이용시설, 두 영역 매뉴얼을 올해 제작한 것이 출발이며, 향후 사회복지실천 전 영역으로 확대해 나아갈 계획이라는 게 자격지원국 천윤경 국장의 설명이다.

주지하는 바와 같이 현재 한국사회복지사협회가 시행하는 실습등록제는 실습인증제로 발전시키고자 하는 준비단계로 볼 수 있다. 실습인증제는 사회복지학계와 임상실천계 모두 오래 전부터 제안해 온 시스템으로서, 이미 의료사회복지영역이 2011년 9월 도입해 시행 중이며, 정신보건영역도 보건복지부 고시로 정신보건전문요원 수련기관을 지정하고 있는 상황이다.

하지만 사회복지 전체 영역이 실습인증제를 당장 시행하기에는 현실적 제한이 있다. 실습생 규모와 실습기관 숫자의 불균형적 구조, 실습지도자 숫자, 실습지도자 질적 관리 등이 그런 문제다. 대학교 등 전공교육기관에 대한 실습교육체계도 강화가 필요하다. 그래서 한국사회복지사협회는 등록제를 시행함으로써 인증제 시행을 위한 계단을 하나씩 밟아가고 있다.

# 법정 보수교육 실시

한국사회복지사협회는 2007년 12월 개정한 「사회복지사업법」에 따라 2009년 1월 1일부터 사회복지사 보수교육 위탁기관으로 보수교육의 운영 · 관리 업무를 맡고 있다.

**시행대비 설명회** 첫 단추를 꿰는 작업은 복잡한 이해관계들이 충돌하는 격전지에 다름 아니었다. 조율을 끌어내기란 정말 어려운 일이었다. 내실을 기한 한국사회복지사협회는, 사회복지사 보수교육 시행을 대비해 2008년 10월 2일, 9일, 16일, 23일 총 4회에 걸쳐 한국사회복지사협회 세미나실에서 설명회를 개최했다. 보수교육 관련 규정(법, 시행령, 시행규칙)과 대상자, 면제자 기준, 교육실시기관 범위, 보수교육 계획 및 실적 제출 요건 및 방법, 평점 기준, 신청절차 등 세부지침(매뉴얼)도 안내했다. 지방 설명회도 권역별로 나눠 총 11회 진행했으며, 산하단체(한국정신보건사회복지사협회) 설명회도 실시했다.

**사회복지사 보수교육 대상자 전수조사 실시** 한국사회복지사협회는 사회복지사 보수교육의 체계적인 계획 수립과 효율적인 관리 운영을 위해 초년도

한국사회복지사협회는 2007년 12월 개정한 「사회복지사업법」에 따라 2009년 1월 1일부터 사회복지사 보수교육 위탁기관으로 보수교육의 운영 · 관리 업무를 맡고 있다. 첫 단추를 꿰는 작업은 복잡한 이해관계들이 충돌하는 격전지에 다름 아니었지만, 조율을 이끌어낸 한국사회복지사협회는 실시기관과 사회복지사들을 대상으로 세부지침에 대한 설명회를 개최했다.

부터 현재까지 대상자 파악에 심혈을 기울이고 있다. 사회복지사 보수교육 시행 초년도인 2009년부터 2012년까지 매년 대상자 전수조사를 실시하는 것은 그 노력 중 하나다.

아울러 '사회복지 법인 또는 시설 종사 사회복지사'라는 통상적 대상자 범위를 점차적으로 확대해 왔다. 사회복지사 보수교육 법제화가 Human Service의 중요한 영역을 담당하는 사회복지사들의 자질을 높이고 전문성을 강화하는데 큰 의미가 있기 때문이다. 또한, 정신보건사회복지사, 의료사회복지사, 학교사회복지사, 군사회복지사, 교정사회복지사 등 다양한 영역의 사회복지사들이 개별법령이나 지침을 통해 전문사회복지사업을 활발히 시행하고 있는 것도 이유다.

**사이버 보수교육과정 개발** 한국사회복지사협회가 실시기관으로 참여하며 돋보이는 것이 '사회복지사 사이버 보수교육과정'이다.

한국사회복지사협회는 집합교육의 한계를 극복하고 상시 학습체계를 구축하기 위해 사회복지사 보수교육 사이버 교육과정을 개발했다. 이를 통해 시간 및 장소에 구애받지 않으면서도 양질의 교육콘텐츠를 제공하는 데에 기여했다. 전문성 제고라는 보수교육 본래 목적은 물론, 참여기회를 확대하는 의미도 개발 취지 중 하나다.

실제 평가도 긍정적이다. 보수교육 시행 초년도인 2009년에는 총 4천645명 수료, 2010년에는 총 2천28명 수료, 2011년에는 총 2천227명 수료, 2012년에는 총 3천472명이 수료했다. 사회복지사 사이버 보수교육과정은 4평점 집합교육 개설과 함께 교육 참여 기회를 확대했다는 긍정적인 평가를 얻고 있다.

**모니터링** 한국사회복지사협회는 전국 보수교육 실시기관을 객관적으로 감독 · 평가하기 위한 평가틀을 개발해 모니터링을 실시했다. 2009년 7월 24일부터 9월 30일까지 한국사회복지사협회 직원이 직접 참여해 총11회에 걸쳐 운영지침 준수 여부 등을 확인했으며, 이를 다음해 사업 운영에 반영했다. 이듬해 모니터링은 2010년 10월 18일부터 11월 30일까지 총9회로 진행했으며, 한국사회복지사협회 보수교육과(현 교육훈련과) 직원 1명과 다른 부서 직원 1명이 2인1조로 현장 의견수렴까지 받는 등 좀 더 세밀히 분석했다. 평가틀을 개발해 모니터링에 도입한 것은 2011년부터다. 이때부터 전문 평가단을 구성해 상시 모니터링을 진행하고, 결과를 운영시스템에 반영해 교육생 만족도 향상 및 보수교육 제도 개선에 반영하고 있다는 게 한국사회복지사협회 교육훈련과 박숙미 대리의 말이다.

**만족도 온라인 평가로 전환** 2010년부터 만족도 평가를 온라인으로 전환하기 위한 준비를 시작했다. 설문조사 결과에 대한 전산입력 및 통계처리 업무 등이 보수교육 실시기관에 큰 부담이라는 인식 때문이었다. 자료입력 및 결과보고 양식도 일관적이지 않아 종합 결과 도출도 어려웠다. 게다가 오프라인 설문조사 방식의 비공정성 우려 목소리도 제기됐다. 한국사회복지사협회는 설문조사의 객관성, 신뢰성을 담보하기 위해 '사회복지사 보수교육 평가를 위한 연구'를 진행하고, 이를 토대로 온라인 작업을 추진했다. 2010년 9월 16일 사회복지사 보수교육 관리운영위원회 회의에서 책임연구교수를 선정하면서 평가틀 체계화를 위한 기초연구인 '보수교육 관련 연구계획'을 논의했고, 2010년 12월 28일 최종 연구 결과 보고서가 나오기까지 수차례의 토론을 거친 끝에 오프라인 설문조사 방식은 중앙집중식 온라인 설문조사로 전환하는 시대가 열렸다. 설문조사 온라인화에 따라 전산체계를 전면적으로 개편해 2013년 4월 11일부터 시행 관련 홍보를 진행하고 있다는 게 한국사회복지사협회 교육훈련과 남가현 주임의 말이다.

**법정 보수교육 5년, 발전방안 모색** 한국사회복지사협회는 국회 보건복지위원회 소속 남윤인순 의원(민주, 비례)과 공동으로 '사회복지사 보수교육 발전방안 모색을 위한 정책 토론회'를 개최했다.

2013년 6월 25일(화) 오후 2시 국회 의원회관 제1소회의실에서 열린 토론회는 사회복지사 보수교육 시행 5주년을 맞아 운영성과를 발표하는 취지도 있었다. 또한 성과에 부합한 제도 개선 방안을 모색하고 장기적으로 미래도 내다보는 발전 방안 수립 시간이었다. 100여명이 참석해 보수교육 대상자의 교육 욕구, 보수교육의 실효성 및 전문적 수준, 보수교육 실시기관의 운영역량, 보수교육 운영여건, 보수교육의 관리체계 등을 토론했다.

'사회복지사 보수 교육 운영성과와 발전방안'을 주제로 홍선미 한신대학교 사

한국사회복지사협회는 국회 보건복지위원회 소속 남윤인순 의원(민주, 비례)과 공동으로 '사회복지사 보수교육 발전방안 모색을 위한 정책 토론회'를 개최했다. 2013년 6월 25일(화) 오후 2시 국회 의원회관 제1소회의실에서 열린 토론회는 사회복지사 보수교육 시행 5주년을 맞아 운영성과를 발표하는 취지도 있었다. 또한 성과에 부합한 제도 개선 방안을 모색하고 장기적으로 미래도 내다보는 발전 방안 수립 시간이었다. 보수교육 대상자의 교육 욕구, 보수교육의 실효성 및 전문적 수준, 보수교육 실시기관의 운영역량, 보수교육 운영여건, 보수교육의 관리체계 등을 토론했다.

회복지학과 교수가 주제발표 했으며, 이용준 전라북도사회복지사협회 사무국장, 조현순 경인여자대학교 사회복지학과 교수, 윤귀선 서대문종합사회복지관장, 윤태기 보건복지부 복지정책과 사무관이 지정 토론했다고 한국사회복지사협회 교육훈련과 배진영 주임은 전했다.

**운영성과** 2012년 기준 전체 의무대상자 4만1천206명 가운데 교육을 완료한 인원은 3만9천177명(95.1%). 43개 교육기관이 진행한 총 850개 과정을 소개하며 토론회는 분위기가 고조됐다. 당해연도 보수교육 참여자 60%를 대상으로 실시한 설문조사 결과도 소개했는데, '운영 만족도'가 가장 높게 나타났고,

'교육비'가 가장 낮게 나타났다.

발전 과제로 강조된 것은 대상자 욕구를 우선시해야 한다는 것이었다. 대부분 기초 필수 영역 중심으로 동일한 강좌를 반복 개설하는 경향이 나타났기 때문이다. 법정 의무교육이더라도 다양한 개인적 특성과 욕구를 파악해 적합한 학습기회를 부여할 때 실천적 가치와 기술을 향상시킬 수 있다는 의견이었다. 이를 위한 교육 과정 전문화도 제기됐다. 회기별로 대상별, 분야별, 주제별 다양한 교육과정을 개설할 필요가 있다는 것. 또한 의무 교육 대상자임에도 불구하고 교육을 이수하지 않은 사회복지사에게는 과태료 부과 내용을 알리는 것 이외에 전문자격을 유지하기 위한 개인의 책임기준을 보다 명확히 전달해야 한다는 평이 지배적이었다.

대학에서의 사회복지 교과과정과 임상실천 과정 중의 전문보수교육과정은 역할분담이 필요하며 학부과정에서 부족한 구체 지식과 기술반영을 위해 현장 욕구를 수렴해야 한다는 의견도 나왔다.

한국사회복지사협회는 조성철 회장 임기 중 첫 시행한 사회복지사 법정 보수교육의 준비부터 현재까지 정부당국과 실시기관의 이해관계를 조율하며, 무엇보다 대상자들의 입장을 고려해 사회복지사 보수교육을 개편해 나아갈 것이라는 게 한국사회복지사협회 정책교육국 남기룡 국장의 말이다.

2010년 4월 9일, 행정안전부(현 안전행정부) 지방이양추진위원회에 한국사회복지사협회 임직원이 달려갔다. 보수교육을 지방에 이양하려는 움직임과 관련한 항의방문이었다. 그렇지 않아도 지방이양된 사회복지사업을 중앙으로 환원하기 위해 사회복지계가 한 몸처럼 움직이고 있는데, 중앙 차원으로 진행하는 보수교육마저 지방으로 이양한다는 소식은 청천벽력과도 같았다.

# 사회복지인적자원연구소 설립

그동안 사회복지 정책이나 실천 분야 관련 연구를 실시하는 기관은 다양하게 있었으나 사회복지영역에서 활동하는 주된 인력인 사회복지사에 대해 연구하는 곳은 없었다. 이런 연구 현실을 반영해 한국사회복지사협회는 사회복지인적자원연구소를 설립했다. 사회복지사를 포함한 사회복지분야 인적자원 연구를 중심으로 특성화 · 전문화된 연구소의 필요성을 인지하는 한편, 전국 사회복지사의 권익옹호 및 처우 향상을 위해 노력하는 한국사회복지사협회의 미션에 부합하는 연구소를 설립함으로써 사회복지분야 인적자원에 대한 체계적인 연구가 가능하도록 했다. 이로써 한국사회복지사협회 특성에 맞는 사회복지 인적자원에 대한 전문적인 연구는 물론, 국고 지원 사업 및 기타 외부 연구용역의 직접적인 수행이 가능해졌다.

사회복지인적자원연구소는 2012년 2월 1일 '사회복지정책실천연구소'라는 명칭으로 시작했으며, 같은 해 6월 22일 연구소 목적을 살려 '사회복지인적자원연구소'로 명칭을 변경했다. 2013년 1월 1일에는 초대 사회복지인적자원연구소장으로 부산대학교 사회복지학과 이기영 교수가 취임했다.

사회복지인적자원연구소는 사회복지사 제도 선진화, 사회복지사 복지증진 및

## 사회복지인적자원연구소의 기능

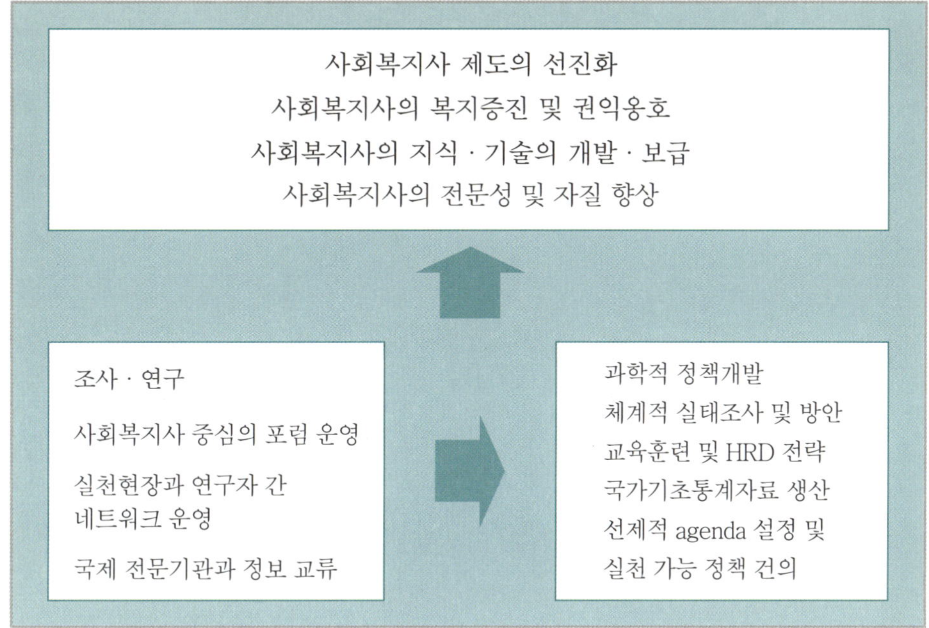


## 사회복지인적자원연구소의 사업체계도

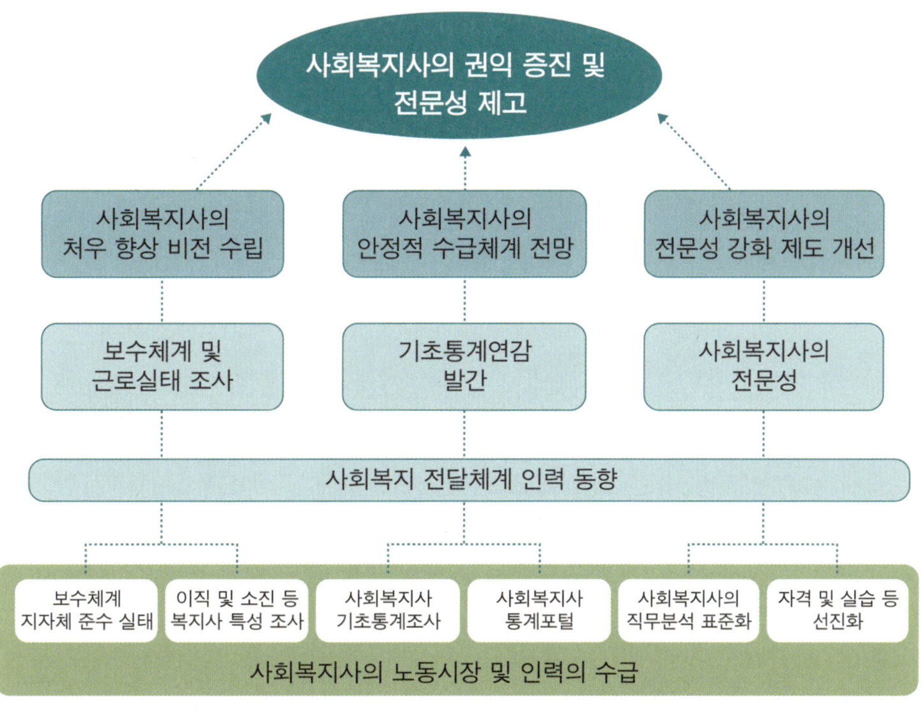

권익옹호, 사회복지사 지식 · 기술 개발 및 보급, 사회복지사 전문성 및 자질향상을 목적으로 각종 조사 · 연구와 포럼 및 네트워크 운영, 정보 교류를 통해 과학적인 정책을 개발하고, 체계적인 실태조사와 사회복지인적자원에 대한 통계자료를 생산하며, 사회복지 인적자원에 대한 선제적인 아젠다를 선정해 사회복지사 권익을 증진하며 전문성을 제고하고 있다.

주요 연구로는 '한국사회복지사 기초통계연감'이 있다. 이는 국고를 활용해 2010년부터 한국사회복지사협회 조사연구사업으로 진행해 오던 것으로서 사회복지인적자원연구소 설립 뒤에는 좀 더 체계적인 연구가 가능하게 됐다. 2012년에는 사회복지생활시설을 대상으로 조사를 실시했으며, 2013년에는 사회복지이용시설을 대상으로 조사를 진행했다.

또한 2012년에는 '사회복지사의 클라이언트 폭력 피해실태 및 안전방안 연구'를 진행했으며, 안전매뉴얼을 제작해 사회복지사들에게 보급하고 있다. '사회복지시설 종사자 보수실태 연구'에서는 「사회복지사 등의 처우 및 지위 향상을 위한 법률」 규정에 따라 3년마다 실시하는 사회복지시설 종사자 보수실태조사를 위한 기준 및 방법을 제시했다.

2013년부터는 사회복지사 리서치패널단을 조직해 사회복지사 실태변화를 파악하고 각종 조사사업 효율성과 엄격성을 높여 인적자원관리를 위한 데이터 수집 및 조사 신뢰도를 향상시키고 있으며, 사회복지분야의 국가직무능력표준(NCS) 개발 사업에 참여해 사회복지사 직무를 체계적으로 정리하고 있다. 그 밖에 사회복지사 전문성 측정을 위한 척도를 개발 중이며, 사회복지사 쉼 프로그램 진행과 협회 내 각종 사업수행 관련 기초자료 수집, 외부기관 설문대행 등 다양한 연구 사업을 진행하고 있다.

**사회복지인적자원 연구를 위한**

**'사회복지사 리서치 패널단' 구성** 한국사회복지사협회는 김제선 선임연구원을 필두로 유재윤 연구원을 영입했고, 김효정 연구원, 경승구 연구원도 차례로 영입하는 한편, 소장으로 부산대학교 사회복지학과 이기영 교수를 세워 부설 사회복지인적자원연구소의 골격을 갖췄다. 또한, '사회복지사 리서치 패널단'도 구성했다. 이는 사회복지사 실태변화를 동태적으로 파악하고 조사하기 위한 작업이었다. 사업 효율성, 엄격성 향상 및 인적자원관리, 사업수행을 위한 기초자료 등에 기대효과가 컸다.

2013년 1월 한국사회복지사협회 공식 홈페이지 및 회원 이메일을 통해 사회복지사 리서치 패널단 모집을 홍보하기 시작했으며, 같은 해 2월부터 7월까지는 한국사회복지사협회 기관지인 월간 '소셜 워커'를 통해 홍보를 진행했다. 이를 통해 모집한 패널단 494명은 '인적자원뷰' 및 각종 조사사업에 응답자로 활동하고 있다.

# NASW(전미사회복지사협회)와 국제협약 체결

한국과 미국, 두 나라의 전문가단체인 한국사회복지사협회(한사협, KASW, Korea Association of Social Workers)와 전미사회복지사협회(미사협, NASW, National Association of Social Workers)가 양해각서에 서명하고 정보 교환 및 공동사업 등과 관련된 협약(MOU)을 체결했다.

2008년 8월21일, 오후1시30분(미국시간), 미사협 8층에 위치한 이사회실에서

2008년 8월, 한국과 미국, 두 나라의 전문가단체인 한국사회복지사협회(KASW, Korea Association of Social Workers)와 전미사회복지사협회(NASW, National Association of Social Workers)가 양해각서에 서명하고 정보 교환 및 공동사업 등과 관련된 협약(MOU)을 체결했다.

미사협 사무총장이자 재단 회장인 클라크(Elizabate J. Clark) 박사는 한국대표단을 반갑게 맞았다. 양국 간의 만남은 여러 번 있었지만, 협약 체결은 당시가 처음이었다. 협약 체결의 물꼬는 2008년 6월 중순부터 주고받은 서신 교환으로 열렸다. 한사협이 보낸 편지를 클라크 총장으로부터 전달 받은 미사협 신임 회장 켈리(James J. Kelly) 박사는 기쁜 마음을 감추지 못했다는 게 한사협 국제교류과 김수정 차장의 전언이다. 그렇게 차곡차곡 만남의 열기는 무르익어갔다. 클라크 총장은 조성철 한사협 회장이 미사협의 방미 초청을 수락한 것과 관련, 조 회장이 직접 대표단을 인도하는 것에 방점을 찍어 감사의 마음을 전하기도 했다. 한국대표단은 조 회장을 단장으로 이영분 수석부회장, 최원규 부회장, 조성희 부회장이 함께 했다.

**MOU 주요내용** 방문 주요 목적은 한-미 사회복지사협회간의 관계를 증진시킬 수 있는 방안을 모색하는 데에 있었다. 클라크 총장이 원한 "단순히 친밀한 관계뿐만 아니라 특정 분야의 관심사에 대해 상호 참여를 이끌 수 있는 논의과정"은 조 회장도 바라는 바였다. 한사협과 미사협은 그간 서신을 통해 논의했던 양해각서대로 특정 분야에서의 상호 이익과 관심사에 대해 확인하는 한편, MOU 체결에 적극 합의했다.

"이번 방문을 통해 한국과 미국에서 사회복지의 목적과 목표들이 어떻게 성취될 수 있었는지에 대한 이해를 넓힐 수 있는 길을 모색할 수 있을 것"이라는 게 클라크 총장의 말이었다. 조 회장은 "한- 미의 양 기관이 전문적이고 정책적인 이슈들에 대한 관심을 공유하고 있는데다 유사한 윤리 원칙과 전문 가치에 대해 헌신하고 있으므로 상호 관심이 있는 정보에 대한 지속적인 교환을 함으로 얻어지는 혜택을 실현하기 위해 MOU를 체결한 것"이라고 밝혔다. 양 기관이 각각 상대 기관 및 개인, 가족, 공동체, 사회복지전문직의 발전 등에 잠재적으로 도움

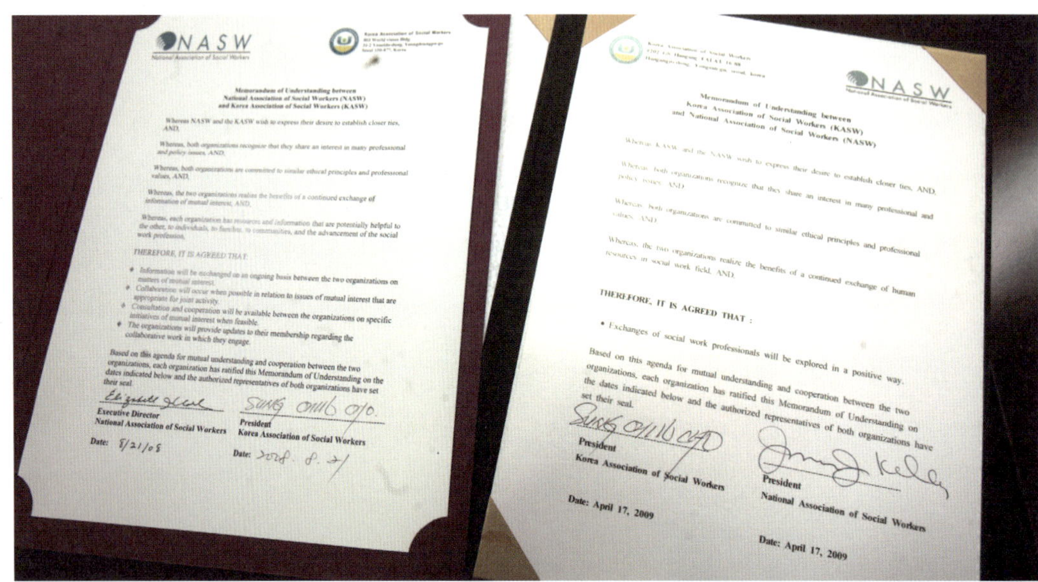

Memorandum of Understanding between
National Association of Social Workers (NASW)
and Korea Association of Social Workers (KASW)

Whereas NASW and the KASW wish to express their desire to establish closer ties, AND,

Whereas, both organizations recognize that they share an interest in many professional and policy issues, AND,

Whereas, both organizations are committed to similar ethical principles and professional values, AND,

Whereas, the two organizations realize the benefits of a continued exchange of information of mutual interest, AND,

Whereas, each organization has resources and information that are potentially helpful to the other, to individuals, to families, to communities, and the advancement of the social work profession,

THEREFORE, IT IS AGREED THAT:

- Information will be exchanged on an ongoing basis between the two organizations on matters of mutual interest.
- Collaboration will occur when possible in relation to issues of mutual interest that are appropriate for joint activity.
- Consultation and cooperation will be available between the organizations on specific initiatives of mutual interest when feasible.
- The organizations will provide updates to their membership regarding the collaborative work in which they engage.

Based on this agenda for mutual understanding and cooperation between the two organizations, each organization has ratified this Memorandum of Understanding on the dates indicated below and the authorized representatives of both organizations have set their seal.

Executive Director
National Association of Social Workers
Date: 8/21/08

President
Korea Association of Social Workers
Date: 2008. 8. 21

Memorandum of Understanding between
Korea Association of Social Workers (KASW)
and National Association of Social Workers (NASW)

Whereas KASW and the NASW wish to express their desire to establish closer ties, AND,

Whereas, both organizations recognize that they share an interest in many professional and policy issues, AND,

Whereas, both organizations are committed to similar ethical principles and professional values, AND,

Whereas, the two organizations realize the benefits of a continued exchange of human resources in social work field, AND,

THEREFORE, IT IS AGREED THAT :

- Exchanges of social work professionals will be explored in a positive way.

Based on this agenda for mutual understanding and cooperation between the two organizations, each organization has ratified this Memorandum of Understanding on the dates indicated below and the authorized representatives of both organizations have set their seal.

President
Korea Association of Social Workers
Date: April 17, 2009

President
National Association of Social Workers
Date: April 17, 2009

한국사회복지사협회(KASW)와 전미사회복지사협회(NASW)가 맺은 협약은 미국 현지 언론의 관심을 받았으며, 한인 사회에도 반향을 일으켰다. 협약 주요 내용은 ▲양 기관 사이의 상호 이해 사항에 따라 진행 중인 기반 위에 정보를 교환 ▲시기적 가능성을 고려해 공동사업(활동)에 적합한 이슈를 공동 추진 ▲실행가능성을 고려해 구체적 사항에 대해 양 기관 사이에 협의 · 협력 실행 ▲공동사업(활동)에 대해 해당 기관의 회원들에게 최신 정보를 제공하는 것 등 네 가지였다.

중앙일보

# 한·미 사회복지사 교류 활발해진다

## DC서 국제협약 체결

<관계기사 7면>

을 주는 자원과 정보를 갖고 있는 것도 사실. 이로써 한사협과 미사협간의 긴밀한 관계 구축에 대한 열망이 담긴 MOU가 성립했다.

이번 MOU의 주요 내용은 ▲양 기관 사이의 상호 이해 사항에 따라 진행 중인 기반 위에 정보를 교환 ▲시기적 가능성을 고려해 공동사업(활동)에 적합한 이슈를 공동 추진 ▲실행가능성을 고려해 구체적 사항에 대해 양 기관 사이에 협의 · 협력 실행 ▲공동사업(활동)에 대해 해당 기관의 회원들에게 최신정보를 제공하는 것 등 네 가지였다.

**자매결연 제안에서 성공적 MOU** 조성철 회장은 취임 직후 미사협과의 자매결연을 추진했다. 이 자매결연 제안서를 받은 건 미사협의 직전 회장인 실바(ELVIRA Craig de Silva) 박사였다. 현재의 미사협 회장인 켈리박사는 회신이 늦어진 점에 양해를 구하는 한편, "자매결연 제안을 영광스럽게 생각 한다"고 전한 바 있다. 켈리 회장은 "제안대로, 양국 간 전문기관간의 교류와 협력을 증진할 것"이라며, MOU 추진을 요청했다. "서로 배울 것이 많은 양 기관간의 MOU는 사회복지전문직에 대한 협력과 정보 교류를 증진시키는 중요한 이정표를 세울 것"이라는 내용이었다.

**한-미 사회복지전문가 인적교류 추진** 한사협과 미사협은 '한-미 사회복지전문가 간 인적교류 추진'을 골자로 하는 양해각서도 체결했다. 2008년 8월 21일 조성철 회장이 미사협에 방문해 '정보교환 및 공동사업 등과 관련한 협약'을 체결한 지 8개월만의 일이었다.

2009년 4월 17일(금) 서울 용산 소재 한사협 사무실에서 만난 양 기관 대표는 서로가 여러 전문적이고 정책적인 이슈에 대한 관심사를 공유하고 있고, 유사한 윤리원칙과 전문적인 가치에 헌신하고 있으며 사회복지 분야에서의 지속적인 인적 교류의 유익함을 인지하고 있는 점을 들어, '인적교류'를 골자로 하는 협약을 체결했다. NASW와의 두 차례에 걸친 국제협약은 한국사회복지사협회 국제교류과 김수정 차장(당시 과장)의 NASW 파견근무로 이어졌다. 양국협회는 지속적인 정보와 인적교류를 통해 상호이해를 확대해 왔으며 현재도 긴밀한 협력 및 연대관계를 구축하고 있다.

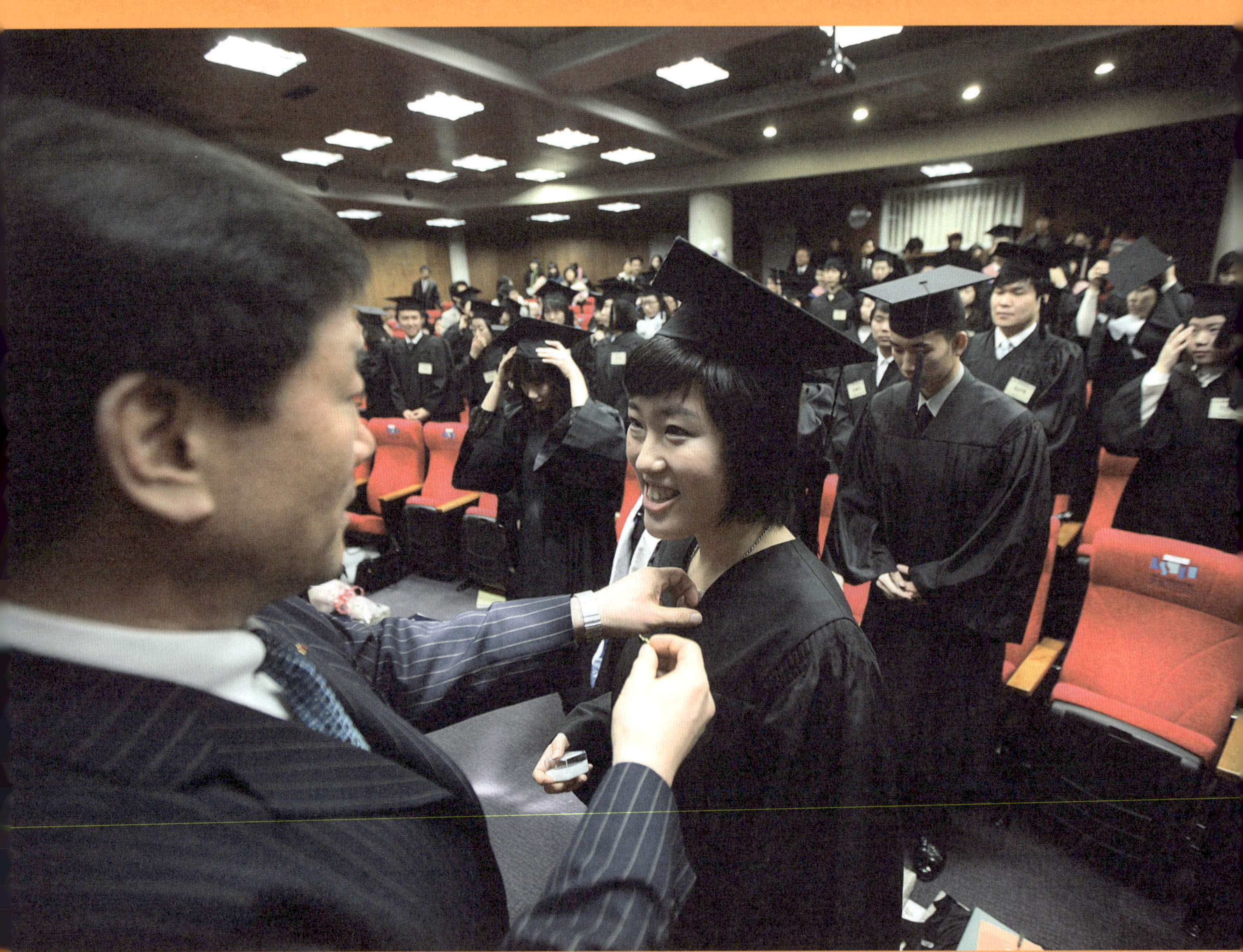

한국사회복지사협회는 사회복지사의 행복을 위해 힘쓰고 있다. 사진은 2009년 2월 20일(금) 오전 진행한 '사회복지사 배지' 수여식 이벤트. 숭실대 형남공학관 115호에서 진행한 숭실대학교 사회복지학과 학생 졸업식에 한국사회복지사협회 조성철 회장이 방문해 'Power Social Worker' 배지를 직접 달아줌으로써 졸업생들을 격려하고 사회복지사로서의 자긍심을 고취시켰다. 이벤트는 한국사회복지사협회가 '예비사회복지사 배지 달기 캠페인' 일환으로 시행한 행사였다.

# 테마별 성과

## 행복한 사회복지사

### 사회복지사 전문성 향상 및 권익증진 위한 활동 _

# 사회복지사 자격제도 개선 추진

사회복지사 전문성 향상, 인력배치에 대한 수요 · 공급 조절 등을 위해 2003년부터 사회복지사 1급 국가시험을 실시하고 있다. 하지만, 사회복지사 자격급수는 '취업 전선'에서나 변수로 작용할 뿐, 실제 직무 범위나 역할에 큰 차이를 두지 못한다는 지적이 잇따랐다. 학과제도가 아닌 학점제로 자격을 취득할 수 있다 보니, 평생교육법 개정 뒤 기하급수적으로 증가하는 2급 사회복지사 자격증 배출자를 막을 방법이 없다는 것이 근본적 문제다. 교육당국이 교사나 의사처럼 배출인원 대비 대학 입학 정원을 관리하는 것도 아니다.

한국사회복지사협회는 사회복지사 1급 국가시험을 최초로 시작한 2003년부터 실태조사와 함께 정기적으로 공청회와 토론회를 개최하고 법령 개정안을 입법기관에 제안해 왔다. '전문성 향상'이라는 국가시험운영 본래 취지를 되살리기 위해 관계 기관과 연석회의를 펼치고 사무국에도 TFT를 구성하는 등 제도 개선을 위한 노력을 기울여 왔다. 전문성에 악영향을 주는 과잉 배출을 막기 위한 한국사회복지사협회의 노력에도 불구하고 어려움은 크다는 게 한국사회복지사협회 자격지원국 김경화 차장의 말이다. 어려움에는, 자격제도를 관리하는 복지부와 교육과정을 관리하는 교육부의 핑퐁게임은 물론, 사회복지인력에 대한 사회

한국사회복지사협회는 사회복지사 1급 국가시험을 최초로 시작한 2003년부터 실태조사와 함께 정기적으로 공청회와 토론회를 개최하고 법령 개정안을 입법기관에 제안해 왔다. '전문성 향상'이라는 국가시험 운영 본래 취지를 되살리기 위해 관계 기관과 연석회의를 펼치고 사무국에도 TFT를 구성하는 등 제도 개선을 위한 노력을 기울여 왔다. 사진은 2008년 11월, 사회복지사 1급 국가시험 심사 서류 접수 모습. 이때까지만 해도 한국사회복지사협회가 국가시험을 주관했다.

적 확대 요구까지 다종다양하다. 게다가 이미 크게 개방해 놓은 문호를 닫는 것은 규제라는 식의 다른 지적도 나오고 있다.

이런 과정 속에 2014년 제12회 1급 시험을 앞둔 상태에서도, '사회복지사 자격제도 개선' 목소리는 여전히 높다.

**전문성 향상 위한 노력** 최근 한국사회복지사협회가 사회복지사 전문성 향상을 위해 노력해 온 과정은 국회 막후협상부터가 시작이다. 2010년 10월, 국회가 국정감사를 통해 사회복지사 자격제도를 문제 삼은 것이다. 과잉 배출 문제, 등급별 실효성 문제, 교육과정 부실 문제 등이 공식적으로 제기됐다. 정부를 움직이기 위한 전략이었다. 한국사회복지사협회는 2011년 5월 '사회복지사 자격제도, 이제는 개선하자!'라는 주제로 12일 영남권, 13일 호남권, 19일 제주권, 20일 중부권 등 4개 권역에서 전국릴레이 세미나를 열어 이를 이슈화 했다. 2011년 6월 29일(수) 보건복지부도 '사회복지사 교육과정 및 자격제도 개선방안 연구' 공청회를 열어 용역 결과를 발표하는 등 개선 의지를 적극적으로 표명하기에 이르렀다. 2012년 9월 사회복지교육기관 간담회도 열렸으며, 2012년 11

한국사회복지사협회 조성철 회장은 매년 사회복지사 1급 국가시험일에 시험장에 들러 수험생을 격려했다. 사진은 제7회 사회복지사 1급 국가시험일인 2009년 2월 8일(일) 부산에 들러 2급사회복지사 회원, 졸업을 앞둔 예비사회복지사 등 고시생들의 합격을 응원하는 모습. 부산 동의공업고등학교에 도착한 조 회장은 시험 감독을 맡은 교사들과 한국산업인력공단 부산지부 직원들도 차례로 만나 격려했다. 당시 부산광역시사회복지사협회 오흥숙 회장과 사무국 직원, 경상남도사회복지사협회 사무국 직원도 함께 했다.

월 1일에는 국회 보건복지위원회 소속 김용익 의원(민주, 비례)과 공동으로 '사회복지사 제도 개선 방안 마련을 위한 토론회'를 개최했다는 게 한국사회복지사협회 대외협력국 박찬선 국장의 설명이다. 이를 토대로 한국사회복지사협회는 2013년 2월 19개 직능단체 및 학회와 공동명의로 '사회복지사 자격제도 개선 정책건의서'를 정부기관에 제출하는 한편, 2013년 6월 「사회복지사업법 일부개정 법률안」을 국회 보건복지위원장인 오제세 의원(민주, 청주흥덕갑)을 통해 대표발의하기에 이른다. 1, 2급 모두 국가시험을 도입함으로써 현행 법정 교과목 이수시 발급하는 사회복지사자격증의 과잉 공급을 제한하는 것을 골자로 하는 법안이다. 또한 결격사유에 해당하거나, 거짓 또는 그 밖의 부정한 방법으로 자격증을 취득한 경우와 자격증을 양도 또는 위조 변경한 경우, 다른 사람에게 대여한 경우 등에 자격정지 및 취소를 할 수 있는 요건도 담았다고 자격관리과 김영란 대리는 전한다.

아직 갈 길은 멀다는 게 한국사회복지사협회 자격지원국 천윤경 국장의 말이다. 현재 등급별 교육의 질 관리, 대학 등 교육기관에 대한 관리감독 제한, 다양한 자격취득과정, 등급별 직무구분이 없는 현장 상황 등 이해관계도 복잡하게 얽혀 있다. 합리적 개선을 위해 한국사회복지사협회는 문제에 대한 진단과 개선방안 논의를 충분히 형성해 놓은 상태다.

# 사회복지사 교육과정 개선 추진

한국사회복지사협회는 2012년 기준 사회복지 교과목 개설 현황을 조사했다. 사회복지사 교육과정을 개선하기 위한 작업이었다. 법정 필수교과목은 학부 기준으로 10개 교과목으로서 사회복지개론, 인간행동과사회환경, 사회복지정책론, 사회복지법제, 사회복지실천론, 사회복지실천기술론, 사회복지조사론, 사회복지행정론, 지역사회복지론, 사회복지현장실습이다.

사회복지사 교육과정 개선은 사회복지사 과잉공급 문제를 해결하고 자격제도 강화 등 전문성을 향상시키기 위한 한국사회복지사협회 정책에 큰 영향을 미치고 있다. 한국사회복지사협회는, 급히 학과제로 선회하는 것이 복잡하게 얽혀 있는 정치사회적 이해관계들로 인해 매우 어려운 일임을 이미 경험해 왔다. 하지만 학점제를 유지하더라도 필수과목과 이수 학점 확대는 놓을 수 없는 끈이다. 이를 위한 다각적 노력과 함께 자격제도에 대한 법률 개정도 병행 추진하고 있다.

이 중, 사회복지현장실습 교과목에 대한 '필수', '선택' 운영 여부는 물론, 이수를 위한 선결 교과목을 정하고 있는지도 파악했다. 지도교수 유무와 그의 직위, 사회복지사 자격증 소지여부, 현장경력도 중요한 실태조사였다.

한국사회복지사협회는 인간을 다루는 학문인 사회복지학의 특성에 따라 사회복지현장실습을 매우 중요하게 인식하고 있다. 이에 따라 발간하는 사회복지현장실습 지침서 준수 여부도 파악했으며, 슈퍼비전, 실습내용, 실습계획(교육과정), 실습생 수, 실습비, 윤리성 등도 조사했다.

**교육과정과 자격발급 요건에 대한 학계와 임상실천계의 시각도 각각 조사** 현재 사회복지교육과정에 대한 학계와 임상실천계 각각의 시각도 조사했고, 이와 관련 법정 이수 교과목 개편 필요성에 대한 견해도 들어봤다. 「사회복지사업법 시행령」이 규정하는 현행 사회복지사 자격발급요건은 학부 기준 필수 42학점이지만, 확대해야 한다는 응답이 주를 이뤘다. 한국사회복지사협회는 학과제가 아닌 학점제로 운영하는 현행 사회복지사 자격제도가 사회적으로도 여러 문제를 발생시키는 만큼 학과제에 준하는 학점 이수제를 개선 과제로 삼고 있다. 또한, 실태조사 결과에서도 나타나듯, 필수 교과목 중 확대개편해야 하는 과목은 단연 '사회복지현장실습'이었다. 이외 '사회복지윤리와 철학', '사례관리론', '사회복지프로그램 개발과 평가' 등은 필수교과목으로 신규 편성해야 할 기초과목으로 나타났다.

또한, 기초영역, 실천영역, 정책 및 제도 영역 등 3개 영역에, 총 8개 교과목을 검정하는 현행 1급 사회복지사 국가시험에 대한 장기적 개편 의지도 갖고 실태를 조사했다. 민간과 공공이 각각 인식하는 스스로의 전문성 수준도 조사꺼리였다.

**과제** 사회복지사 교육과정 개선은 사회복지사 과잉공급 문제를 해결하고 자격제도 강화 등 전문성을 향상시키기 위한 한국사회복지사협회 정책에 큰 영향을 미치고 있다. 학과제가 아닌 학점제 운영으로 인해 온라인 · 오프라인 할 것 없이 학점은행제를 통한 자격 취득이 가능한 상태이며, 사회복지 제도와 서비스의 양적 팽창과 함께 인력도 대거 양산된 상태다. 시대적 흐름으로 볼 수 있다는 견해와 달리, 한국사회복지사협회는 이들의 질적 수준을 높여야 한다는 의지를 강하게 갖고 있다는 게 자격관리과 황의태 주임의 말이다.

한국사회복지사협회는, 급히 학과제로 선회하는 것이 복잡하게 얽혀 있는 정치사회적 이해관계들로 인해 매우 어려운 일임을 이미 경험해 왔다. 하지만 학점제를 유지하더라도 필수과목과 이수 학점 확대는 놓을 수 없는 끈이다. 이를 위한 다각적 노력과 함께 자격제도에 대한 법률 개정도 병행 추진하고 있다고 자격관리과 송광성 주임은 전한다.

# 사회복지사 기초통계연감 발간

한국사회복지사협회는 국고 지원 정책연구 사업으로 '사회복지사 기초통계연감'을 발간하고 있다. 전수조사는 불가능한 상태지만, 부족한 지원 금액 여건에 맞춰 최상의 통계를 내고 분석해 재직 중인 사회복지사들의 신분보장을 위한 기초자료로 삼고 있는 것이다. 특히, 부설기관으로 사회복지인적자원연구소를 설립한 뒤 내부의 정규 연구원이 2012년(조사년도 기준)부터 발간한 기초통계연감들은 투입 재원에 비해 해가 갈수록 질적 우수성을 담보하고 있다는 평이다.

사회복지 환경 변화와 사회복지사의 급속한 증가로 사회복지사에 대한 인적자원관리가 필요하나 이와 관련한 근로환경 및 근로실태에 대한 기초조사가 미비한 실정이라는 인식에서 기존 기초통계연감보다 강화 · 발전시키기 위해 노력해왔다는 게 사회복지인적자원연구소 김제선 선임연구원의 말이다. 동 연구소 유재윤 연구원도 사회복지사의 지위향상, 권익옹호, 처우개선을 위한 다각적인 정책개발 자료로 활용하고 사회복지기관이 제공하는 서비스의 질적 향상을 주목적으로 연구했다고 전했다.

각 1천부씩 발간했던 2010년과 2011년은 보수교육 대상 사회복지사 6만여명을 대상으로 웹설문을 실시해 약 2천500여명의 응답을 받았고, 500부 발간했던

2012년은 사회복지생활시설 종사 사회복지사를 대상으로 표본 추출 뒤 우편설문조사를 실시해 196개 시설 1천209명의 응답을 받았다.

기존 설문지를 보완해 시설용과 개인용으로 나누어 조사한 2012년에는 다음과 같은 내용을 담았다. 시설용 설문은 시설의 일반적 특성과 보수수준 및 지급실태, 사회복지사의 처우개선 등의 분야, 개인용 설문은 인적사항과 직무분석, 근로환경, 건강상태, 업무소진 및 이직, 사회복지사의 전문성, 사회복지사의 처우개선 및 제언 등의 분야였다.

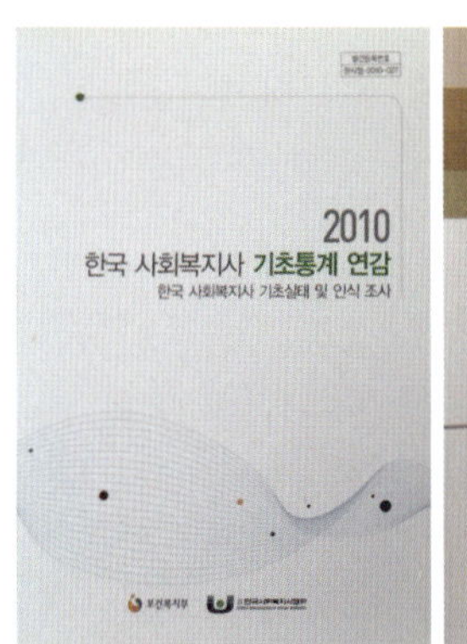

한국사회복지사협회가 부설기관으로 사회복지인적자원연구소를 설립한 뒤 내부의 정규 연구원이 2010년(조사년도 기준)부터 발간한 기초통계연감들은 투입 재원에 비해 해가 갈수록 질적 우수성을 담보하고 있다는 평이다. 기초자료 누적으로 빅데이터를 마련하려는 한국사회복지사협회의 노력은 계속될 것이다.

**향후 사회복지인적자원 관련 조사 확대 의지** 한국사회복지사협회는 향후 사회복지시설 종사 사회복지사는 물론, 종사자 전반에 대한 인적자원 특성을 포괄적으로 조사해 그들의 처우 및 지위 향상에 기여할 기초자료를 제공할 것이다. 이는 사회복지서비스를 제공하는데 필요한 전문지식과 기술을 개발 · 보급하는데에도 영향을 미쳐 궁극적으로 국민복지 향상에 기여하는 일이다. 기초자료 누적으로 빅데이터를 마련하려는 한국사회복지사협회의 노력은 계속될 것이다.

# 사회복지시설 종사자 보수 실태조사 기준마련 연구

한국사회복지사협회는 「사회복지사 등의 처우 및 지위 향상을 위한 법률」 제정으로 신분보장에 대한 국가적 선언을 얻어낸 것은 물론, 사회복지사업이 지방 이양된 2005년부터 보건복지부가 매년 발간하는 '사회복지시설 관리안내'를 개선하기 위한 작업도 진행해 왔다. 특히, 후자에는 급여 가이드라인도 제시하고 있는데, 한국사회복지사협회는 이를 개선하기 위한 요청 근거를 구체화하기 위해 보수실태조사 기준마련 연구도 진행했다.

**선행연구 검토** 국내 '보수실태조사' 및 '보수관련 현황분석'에 한해 사회복지시설 관련 연구대상, 조사항목, 조사방법 등을 선행연구 자료로 살핀 결과, 시설유형은 생활시설과 이용시설로 구분하는 게 보통이었다. 이는 1960년대 초반 생활시설중심에서 1980년 이후 이용시설중심으로 전환된 우리나라 사회복지시설 특성을 잘 반영하는 문항이다. 최근에는 생활 및 이용시설에 포함되지 않은 사회복지사, 사회복지재단 본부 근무자, 재가방문형센터(재가방문형 노인요양센터, 재가방문형 바우처 기관 등) 등 근무 분야도 증가하고 있다. 따라서 이에 대한 항목 추가 및 기타 항목을 추가해 이 분야에 종사하는 사회복지사가 누락되는 경우를 예방해야 한다는 게 한국사회복지사협회 사회복지인적자원연구소 김제선 선임연구원의 말이다.

기존 연구들은 서비스 실천대상자별 및 실천분야별 문항을 혼용해 측정하고 있는데, 전자는 인구학적 측정문항이고, 후자는 문제중심접근 문항이므로 이를 분리해 조사항목을 구성할 필요가 있었다. 조사지역 및 운영주체에 관한 공통측정문항이 있었는데, 이는 우리나라의 경우 운영법인에 따라 재무상태, 전문성, 투명성, 비전, 운영방식 등이 다르기 때문으로 보였다. 다수 논문이 전국을 대상으로 조사하고 있어, 구체적이고 정확하게 파악하려는 노력도 엿보였다.

고용분야는 국외 연구에서 개인, 영리, 비영리, 공공부문으로 우리나라보다 다양하게 구분해 조사하고 있지만, 우리나라는 개인, 개인-영리, 개인-비영리, 정부-연방, 정부-군영역, 정부-주정부 등의 다양한 경우를 아직 찾아보기 어렵기 때문에 그대로 적용하는 데에 한계가 있었다. 운영형태는 다수 국내논문이 직접운영, 위탁운영, 민간운영으로 구분하고 있으나, 공공관점에서 보는 관리중심 시각을 탈피해 '정부직접운영', '민간위탁운영', '민간직접운영'으로 문항을 수정했다.

**어떤 기준이어야 하나** 이를 토대로 연구한 결과, 다음과 같은 기준을 측정도구로 제시할 수 있었다. 첫째, 사회서비스 확대에 따라 민간 운영 영리 사회복지 시설이 증대할 것이다. 이들은 다수가 재가방문형 사회서비스를 제공하고 있으므로 이들을 조사하기 위한 항목 개발이 필요하다. 둘째, 서비스 실천대상별 및 실천분야별 문항을 혼용해 측정하고 있다. 서비스 대상자별 문항은 인구학적 측정문항이고, 실천분야별 측정항목은 문제 중심의 실천분야다. 따라서 측정 시 대상자와 대상자 문제 혼용으로 중복응답 및 측정 혼돈이 있을 수 있기에 서비스대상자와 실천분야는 분리해 조사항목을 구성할 필요가 있다. 셋째, 사회복

한국사회복지사협회는 「사회복지사 등의 처우 및 지위 향상을 위한 법률」 제정으로 신분보장에 대한 국가적 선언을 얻어낸 것은 물론, 사회복지사업이 지방이양된 2005년부터 보건복지부가 매년 발간하는 '사회복지시설 관리안내'를 개선하기 위한 작업도 진행해 왔다. 특히, 후자에는 급여 가이드라인도 제시하고 있는데, 한국사회복지사협회는 이를 개선하기 위한 요청 근거를 구체화하기 위해 보수실태조사 기준마련 연구도 진행했다.

지사 및 사회복지시설 종사자 급여수준에 대한 정기적인 조사를 진행해 사회복지사 급여 및 복리후생에 대한 현황을 파악할 필요가 있다. 넷째, 문제중심별 서비스 영역(아동학대, 성폭력, 여성학대, 약물중독)에 대한 조사항목을 사용해 그 문제에 몇 명의 사회복지사가 개입하고 있는지, 현재 활동하는 사회복지사 숫자가 문제를 해결하고 있는지를 파악해 사회복지사의 실천적 개입 효과를 파악하는 것도 바람직할 것이다. 다섯째, 측정문항에 직무권한에 포함되는 직원 수, 위임 예산액 정도 등을 묻는 항목을 통해 직위가 갖는 권한 등을 조사하고 있었다. 즉 단순히 보수를 통해 사회복지사 현황을 파악하는 것에 초점을 두기보다는 예산운용범위, 슈퍼비전을 받는 직원 수 등을 파악해 사회복지 기관 및 인력에 대한 다차원적 이해를 하도록 돕고 있다. 따라서 본 실태조사에도 예산 위임범위, 위임 권한에 속한 직원 수 등을 파악해 우리나라 사회복지시설 종사자를 다차원적으로 이해하고 측정할 필요가 있다.

이런 기준 마련 성과는 향후 실제 보수수준 개선을 위한 한국사회복지사협회의 노력이었다.

# 클라이언트 폭력실태 조사 및 안전매뉴얼 제작

2011년 11월 한 아동보호전문기관을 찾은 아동학대 가해자가 사무실 바닥에 휘발유를 뿌리고 불을 질러 11명이 중경상을 입는 사고가 발생했다. 경찰조사 결과 가해자는 자신의 아들을 방임 아동으로 관리하는 것에 불만을 품고 사고를 저지른 것으로 나타났다.

2012년 2월 29일(수) 한 노인전문기관에서 근무하던 한 사회복지사가 피상담자의 칼에 찔려 중태를 입은 사건이 발생했다. 이 사회복지사는 병원으로 이동 중 의식을 잃었으며 응급 수술 뒤 중환자실에서 의식을 되찾았다. 한국사회복지사협회 조성철 회장 등 임직원이 곧바로 달려갔다. 다행히 생명에 지장은 없었다. 사건 당일 가해자는 흉기를 미리 준비해가는 치밀성을 보여 충격을 주었지만, 의식을 되찾은 피해 사회복지사는 오히려 가해자를 걱정하고 있었다. 혹시 본인을 칼로 위해한 것 때문에 범법자로 전락하진 않았을까 하는 걱정이었다.

한국사회복지사협회와 한국노인보호전문기관협의회는 긴급 성명도 발표했다. "2011년 3월 30일 제정해 2012년 1월 1일부터 시행하는「사회복지사 등의 처우 및 지위 향상을 위한 법률」은 사회복지사 등의 복지증진을 위해 적극적인 노력을 기울여야 하는 것이 국가와 지방자치단체의 의무 사항임을 명시하고 있

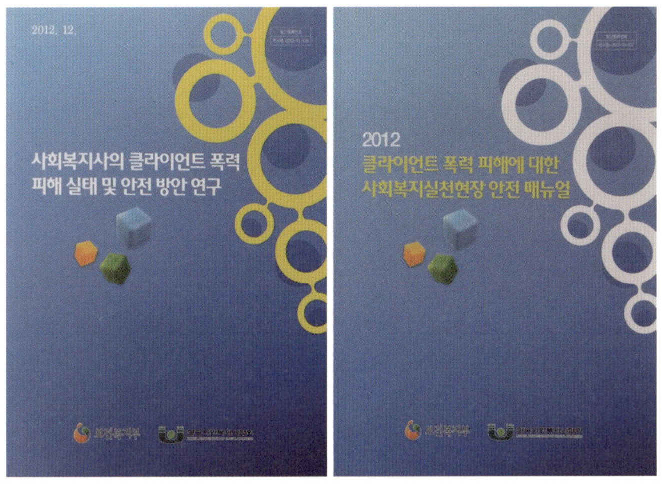


2007년 미국이 '테리 제너 사건'을 계기로 사회복지사 안전법률에 대한 사회적 인식이 환기됐듯, 우리나라 역시 사회복지사 신변 안전을 위한 법적 근거 마련은 중요 과제다. 다행히 한국사회복지사협회의 노력으로 2011년 「사회복지사 등의 처우 및 지위 향상을 위한 법률」을 제정했지만, 여기에는 안전에 대한 구체 조항이 없는 상태다. 게다가 사회복지사업 지방이양으로 인해 중앙정부 뿐만 아니라 지방정부 차원의 개별적 접근도 필요한 게 사실이다. 중앙정부는 처우법 시행령 개정 또는 시행규칙 제정을 통해, 지방정부는 관련 조례 제정을 통해 사회복지사 위해시 가중 처벌 조항 등을 추가함으로써 신변 안전을 규정할 수 있다. 한국사회복지사협회는 이런 정책적 접근 이외에도 클라이언트 폭력실태 조사와 함께 안전매뉴얼을 제작해 배포했다.

다. 하지만 이번 사건은 법률 시행 만 2개월을 경유하는 시점에 발생한 것으로써, 국가와 지방자치단체가 법률 시행에 얼마나 안일하게 대처하고 있는지 방증하는 실례가 되고 있다"는 게 요지다.

그로부터 두 달 뒤인 2012년 4월 4일(수) 사회복지담당공무원이 근무 도중 칼에 찔려 병원에 긴급 이송되는 사건도 발생했다. 상해를 입은 사회복지사는 이 사고로 목 신경접합수술과 안면, 왼손가락 3개 신경 및 인대 접합 수술 등 2차에 걸친 큰 수술을 받았다. 가해자는 국민기초생활수급권자로 사건 당일, 올 1월부터 생계 급여가 적게 나온 것을 항의하기 위해 담당 사회복지사를 찾아갔다. 조회 결과 국세청에 신고하지 않은 일용 근로소득이 확인돼 올해부터 생계 급여가 깎여서 지급된 것. 이에 진단서를 가져와야 근로무능력자로 판정받아 최저생계비를 받을 수 있다는 설명에 돌연 칼을 휘둘렀다. 사회복지사는 생명에는 지장이 없으나 오른쪽 손가락 하나가 신경회복이 어려운 상태이고 수차례의 성형 수술도 필요하다는 의사 소견을 받았다.

업무 중 사회복지사의 안전을 위협하는 사건이 민 · 관 시설 모두 다양하게 발생하고 있지만, 이렇다 할 안전대책이 전무한 실정이었다는 게 한국사회복지사협회 사회복지인적자원연구소 유재윤 연구원의 말이다.

**직무환경 위험 진단 및 안전 대책 방안 찾기** 2012년 초, 사회복지사의 생명에 위협적인 사건이 연달아 발생하자 한국사회복지사협회는 다시 한 번 단독 성명을 발표했다. "「사회복지사 등의 처우 및 지위 향상을 위한 법률」 시행 3개월을 갓 지난 시점에 우리 사회복지사들은 생명이 위태로울 정도의 사건을 두 차례나 겪었다. 사회복지사들의 업무사기 저하가 전방위적으로 사회복지서비스 제공에 구조적 모순을 동반하여 장기적으로 전체 사회복지서비스의 질을 하락시키는 요인으로 작용 될 것을 우려하지 않을 수 없다."며 "보건복지부장관과 지방자치단체장은 사회복지사의 생활안정과 복지증진을 위해 안전을 위한 가이드라인과 보상제도 등을 마련하고 지방자치단체 역시 관련 조례를 시급히 제정하라"는 요구였다.

또한 2012년 4월 6일(금) 한국사회복지사협회 회장단 및 상임위원장 긴급 연석회의를 개최해 '생명과 안전 대책 특별위원회'를 구성했다. 인권위원장인 허준수 교수(숭실대학교 사회복지학과)가 위원장, 윤리위원장인 한혜빈 교수(서울신학대학교 사회복지학과)가 부위원장을 맡았다. 보건복지부장관 및 16개 광역자치단체장 항의 방문, 대국민 인식개선을 위한 언론광고 게재 등도 추진하기로 결정했다. 이밖에도 '사회복지사의 클라이언트 폭력 피해실태 및 안전방안 연구'도 진행해 '사회복지사 안전사고 예방 매뉴얼' 4,000부를 제작 · 보급하고, 온라인상에도 게시해 누구나 내려 받아 활용할 수 있도록 조치했다. 이를 위해 '사회복지사의 직무환경 위험 진단 및 안전 대책 방안을 위한 FGI'는 물론, 웹설문, 심층인터뷰, 우편설문조사 등 다양한 방법을 기획, 현실 진단과 자구책 마련에도 나섰다는 게 한국사회복지사협회 사회복지인적자원연구소 김제선 선임연구원의 말이다.

**신변안전을 위한 법적 근거 마련** 2007년 미국이 '테리 제너 사건'을 계기로 사회복지사 안전법률에 대한 사회적 인식이 환기됐듯, 우리나라 역시 사회복지사 신변 안전을 위한 법적 근거 마련은 중요 과제다. 다행히 한국사회복지사협회의 노력으로 2011년 「사회복지사 등의 처우 및 지위 향상을 위한 법률」을 제정했지만, 여기에는 안전에 대한 구체 조항이 없는 상태다. 게다가 사회복지사업 지방이양으로 인해 중앙정부 뿐만 아니라 지방정부 차원의 개별적 접근도 필요한 게 사실이다. 중앙정부는 처우법 시행령 개정 또는 시행규칙 제정을 통해, 지방정부는 관련 조례 제정을 통해 사회복지사 위해시 가중 처벌 조항 등을 추가함으로써 신변 안전을 규정할 수 있다.

「사회복지사업법」 제34조의 3, 동법 시행령 제18조의 3 등에 시설 안전 점검 사항이 있지만, 이는 초점이 시설물과 클라이언트 안전에 있을 뿐, 사회복지사의 안전 특히 클라이언트에 의한 폭력 위험 상황 관리에 대한 언급은 전혀 없다. 이는 직장 내 폭력 문제가 상당 수준 발생하고 있음에도 불구하고 여전히 국내에서는 크게 이슈화되고 있지 못하는 현실을 반영한다. 「노인복지법」 등에도 노인학대 현장 출동시 업무 방해자에 대한 과태료 부과 조항이 있긴 하나 처벌이 약하고 사후약방문인데다가 안전 보장 내용으로 보기도 어렵다.

**지침 개선 작업도 병행해야** 법령 개선이 어렵다면 지침을 개선하는 방법도 있다. 사회복지사업이 지방이양 된 2005년 이후 보건복지부가 지방자치단체를 대상으로 매년 공고하는 '사회복지시설 관리 안내'를 고치는 방법이 가장 실효성 있어 보인다. 한국사회복지사협회는 '2012년 사회복지시설 관리 안내' 개정시 1월 1일부터 「사회복지사 등의 처우 및 지위 향상을 위한 법률」 시행 시점임을 강조하며 해당 법률을 근거로 조례를 제정하도록 요청한 바 있다. 이외 여려 요청사항들을 10여개 사회복지 직능단체와 함께 요구한 결과 모두 받아들여진 건 아니지만, 항의방문 등의 노력으로 처우조례 제정 권고 문구를 비롯해 한국사회복지공제회 관련 내용을 싣는 성과를 냈다. 이후 파급효과 역시 구체적으로 나타났다는 게 한국사회복지사협회 박용오 사무총장의 설명이다.

**상해보험가입 의무 규정 등 기타 사항** 한국사회복지사협회는 「사회복지사업법」에 따른 시설 및 법인 근무 사회복지사에 대해 '상해보험가입에 관한 규정'을 의무화할 것을 정책과제로 요구해 왔다. 이는 2013년 7월 1일부터 한국사회복지공제회가 내놓은 상해보험을 통해 현실화됐다. 비용 역시 한국사회복지사협회가 주장해 온대로 중앙정부와 지방자치단체가 부담하는 형식이었다. 정부와 사회복지시설이 5:5로 각 1만원씩 부담하지만, 시설이 부담하는 비용도 정부가 지원하는 운영비로 납부가 가능했기 때문이다.

이외, 사회복지사 보수교육시 사회복지사 안전에 관한 내용을 포함시켜 문제의 심각성에 대한 당사자의 인식을 높이는 것, 위험 발생 가능성이 높은 상황이나 위협적인 것으로 알려진 클라이언트와 만날 경우 2인 1조 방문 또는 경찰 대동으로 사고발생 위험을 최소화하는 것 등도 한국사회복지사협회는 지속적으로 요구하고 있다. 사회복지 시설 및 법인 운영 규정에는 사회복지종사자 가해사건에 따른 기관의 조치 규정을 신설하고, 국가의 공공업무를 수행하는 사회복지사에 대한 범죄 행위를 가중 처벌할 수 있도록 법제화 하는 것도 한국사회복지사협회의 요구사항이다. 피해 사회복지사에 대한 트라우마 관리와 더불어 주변 클라이언트와 동료에 대한 심리적 개입과 소진 방지에 대한 대책 마련도 주요 이

# 사회복지사 국가직무능력표준 개발사업 진행

국가직무능력표준(NCS) 개발 사업은 2002년부터 진행해 왔지만 좀처럼 진척이 없던 상태였다. 그러나 박근혜 정부 들어 능력중심사회를 만들자는 목적으로 정부 중점사업으로 삼았다. 사회복지분야는 그동안 통일된 직무분석 자료가 부족한 것이 문제였지만, 이번 기회를 통해 사회복지 직무분석을 할 수 있는 통로가 열린 것이다.

한국사회복지사협회는 부설 사회복지인적자원연구소 소장인 이기영 교수(부산대학교 사회복지학과)를 책임연구원으로 삼고, 동 연구소 김제선 선임연구원과 유재윤 연구원, 경승구 연구원, 한국사회복지사협회 회원지원국 박용득 차장을 사업인력으로 삼아 2013년 6월 3일 한국산업인력공단에 사회복지 3개 분야(사회복지개발, 사회복지행정, 사회복지프로그램운영)를 신청했다.

**3개월 간의 개발사업** 2013년 7월 10일 착수보고회를 거쳐 본격적으로 개발사업을 시작했으며, 각 분야별 12명의 사회복지분야 전문가들(사회복지시설 기관장, 사회복지공무원, 사회복지학 교수, 의료사회복지사 등)을 구성해 8월 1일부터 3일까지 2박3일간 첫 번째 워크숍을 진행했다. 서울 금천구 독산동 노

국가직무능력표준(NCS) 개발 사업은 2002년부터 진행해 왔지만 좀처럼 진척이 없던 상태였다. 그러나 박근혜 정부 들어 능력중심사회를 만들자는 목적으로 정부 중점사업으로 삼았다. 사회복지분야는 그동안 통일된 직무분석 자료가 부족한 것이 문제였지만, 이번 기회를 통해 사회복지 직무분석을 할 수 있는 통로가 열린 것이다.

보텔에서 진행한 워크숍에는 한국사회복지사협회 조성철 회장도 참석해 개발위원들을 격려하고 사기를 북돋웠다. 8월 29일부터 31일까지 경기도 용인시 골드훼미리 콘도에서 열린 두 번째 워크숍 때는 연구의 80%를 완성했으며, 9월 26일부터 28일까지 제주도 라마다플라자 호텔에서 열린 세 번째 워크숍 때는 사회복지분야 발전이라는 무거운 책임감으로 개발을 완료했다.

현장목소리를 듣기 위해 3개 분야 30개 기관 설문을 받았으며, 현장적용 가능성을 평가받은 결과 4.0 이상의 매우 높은 점수를 받아 연구의 질적 수준도 높음을 증명 받았다. 이번에 한국사회복지사협회가 개발한 사회복지 3개 분야의 국가직무능력표준은 그 이전에 개발한 부분들과 함께 향후 사회복지분야 직무를 통일하는 기회를 열었다는 게 한국사회복지사협회 사회복지인적자원연구소 경승구 연구원의 말이다.

# 훈 · 포상제도 도입

'행복한 사회복지사가 행복한 사회를 만든다'는 슬로건처럼 한국사회복지사협회는 이를 위한 입법지원을 끊임없이 지속해 왔다. 2011년 「사회복지사 등의 처우 및 지위 향상을 위한 법률」 제정과 2012년 한국사회복지공제회 설립 등은 처우 개선을 위한 전략의 성공사례들 중 하나라고 한국사회복지사협회 대외협력국 박찬선 국장은 말한다. 이외에도 한국사회복지사협회가 추진하는 여러 가지 처우 개선 전략 중 하나가 바로 사회복지사 훈 · 포상제도 마련이다.

**사회복지사 훈 · 포상제도, 누가 입법 발의했나** 이 제도는 국회 안전행정위원회 소관이다. 18대 국회 때는 윤석용 전 의원(당시 한나라)과 백원우 전 의원(당시 민주)이 「상훈법 일부개정법률안」을 발의해 상임위 소위에서 찬반토론까지 거쳤으나 결국 폐기된 바 있다. 훈장 숫자, 특히 근정훈장 숫자를 줄이려는 게 주무부처인 안전행정부의 의지라는 걸 파악하는 계기였다. 최근 7년간 근정훈장 비율은 정부 의지가 그렇듯 줄어들고 있었고, 그만큼 19대 국회 때는 기대와 우려가 교차했다.

19대 국회에 사회복지사 관련 훈 · 포상제도 도입을 골자로 하는 「상훈법 일부개정법률법안」은 현재까지 모두 두 건이다. 2012년 6월 28일 발의한 김현 의원(민주, 비례)안은 18대 국회 당시 백원우 전 의원이 발의했다가 폐기된 내용과 대동소이하다. 자세히 살펴보니 제안서를 작성한 보좌진이 동일인물이라는 게 한국사회복지사협회 대외협력과 추주형 과장의 설명이다. 2012년 8월 29일 발의한 김희정 의원(새누리당, 부산 연제구)안 역시 18대 때 폐기됐던 윤석용 전 의원안을 기초로 하고 있었으나, 폐기 사유를 검토해 그것과는 다른 방식의 개정안을 제안했다. 윤 전 의원안은 기존의 '근정훈장'에 사회복지사를 포함하는 것에 초점을 맞췄지만, 김희정 의원은 '사회복지사 훈 · 포장'을 신규 훈격으로 추가하는 것이 초점이었다.

**험난한 경로** 18대 국회 때 법안을 검토한 국회 안전행정위원회 수석전문위원은 사회복지시설 직원을 공무원과 교원처럼 근정훈장 대상에 포함하는 것에 대해 신중론을 제기했다. 사적근로계약에 따라 채용된 신분으로 채용, 징계, 복무(영리, 정치활동 등)에 있어 공무원과 다른데다, 퇴직포상 주요기준인 재직기관 등 복무실태 확인이 곤란하다는 게 이유였다. 19대 국회 역시, 현행「상훈법」체계에서도 국민훈장 수여 대상인 만큼 굳이 신규 훈격을 추가할 필요는 없다는 견해가 지배적이었다.

한국사회복지사협회는 전직 한국사회복지사협회 회장(제15대)이었던 최성균 사회복지사를 위원장으로 하여 사회복지사 훈포장제도 특별위원회를 구성하는 한편 국회와 정부를 상대로 막후협상 활동을 주도적으로 벌여왔다는 게 한국사회복지사협회 대외협력국 박찬선 국장의 말이다. 하지만, 정부부처 의지가 큰 역경으로 다가온 상태다. 극복과제가 남았지만, 훈격의 기준을 제시하고 마중물을 놓은 것이야말로 한국사회복지사협회의 성과다.

# 사회복지사 해외연수

한국사회복지사협회는 2001년부터 13년간 사회복지사 해외연수사업을 추진해오고 있다. 해외연수사업은 사회복지사 및 사회복지지도자 역량강화와 해외 선진 사회복지 지식과 기술의 국내 적용 · 전파를 통해 사회복지 실천 전문성 증진과 사회복지서비스 질적 수준 향상을 목적으로 한다.

2001년 삼성과 사회복지공동모금회 지원으로 '사회복지사 해외연수'를 시작했으며, 2003년부터는 '사회복지지도자 해외연수'를 추가로 진행했다. 2001년부터 2013년까지 매년 37명에서 80명까지 132개팀 1,021명의 사회복지사와 사회복지지도자들이 참여했는데, 선발과정 경쟁률은 4:1 정도로 높은 수준이며, '사회복지계의 로또'라고 불릴 만큼 선발되기 어렵다는 게 한국사회복지사협회 대외협력국 박찬선 국장의 말이다.

사회복지사 해외연수사업은 프로그램 공모를 통해 선정한 연수주제에 대해 개별 신청자가 참여하는 제시형 연수와 자체적으로 연수 프로그램과 팀을 구성해 참여하는 공모형 연수 2가지 유형이 있다. 2007년부터는 연수의 질적 재고를 위해 슈퍼바이저 1인을 포함해 연수팀을 구성하고 있다.

한국사회복지사협회는 2001년 삼성과 사회복지공동모금회 지원으로 '사회복지사 해외연수'를 시작했으며, 2003년부터는 '사회복지지도자 해외연수'를 추가로 진행했다. 2001년부터 2013년까지 매년 37명에서 80명까지 132개팀 1,021명의 사회복지사와 사회복지지도자들이 참여했는데, 선발과정 경쟁률은 4:1 정도로 높은 수준이다

**사회복지사와 지역사회 모두 역량 변화 경험** 해외연수 참여를 통해 연수 참가자 개인은 사회복지사로서의 전문성 및 역량 강화를 경험했다. 2008년 진행한 '해외연수 8년의 성과와 향후 발전방향' 연구 결과, 응답자의 96.4%가 해외연수 참여를 통해 전문성과 역량이 강화되었다고 응답한 것에서도 그 성과를 알 수 있다. 소진예방은 95.9%, 국제적 안목 확대는 97.1%가 도움이 되었다고 응답했다. 2010년 진행한 '사회복지 해외연수 프로그램 평가모델 연구'에서도 응답자의 96.6%가 해외연수 참가를 통해 전문가로서의 역량이 강화되었다고 응답했고, 97.2%가 국제적인 안목과 인식이 확대되었다고 응답했다.

기관 및 지역사회 측면 변화도 나타났다. 2008년 진행한 '해외연수 8년의 성과와 향후 발전방향' 연구 결과, 응답자의 78.5%가 해외연수 프로그램이 한국 사회복지 현장 적용가능성이 있다고 응답했으며, 43.3%는 프로그램 개발, 19.1%는 스터디 모임, 9.25%는 '학술발표 등 연수를 통해 얻은 지식과 기술을 전파하려는 노력'을 하고 있다고 응답해 전체적으로는 71.65%의 응답자가 '연수 참여 후 실천현장에서의 적용을 위해 1가지 이상의 노력을 하고 있는 것'으로 나타났다.

개인 측면의 전문성과 역량강화는 물론, 연수 참여 뒤에도 계속된 실천현장에서의 적용 노력은 클라이언트에 대한 서비스의 질적 향상을 이룬 것으로 평가할 수 있다. 2011년에는 10개 참가팀 중 9개 팀, 2012년에는 8개 참가팀 모두가 지역사회 내에서 팀별 소규모 나눔 세미나 개최를 통해 연수 성과를 동료 사회복지사들과 나누고, 지역사회(서울, 경기, 경북, 부산, 제주 등) 실천현장에서의 적용 방안을 모색하는 성과도 있었다. 이는 연수를 통해 얻은 전문지식과 기술이 연수 참가자 개인에게 그치는 것이 아니라 기관과 지역사회로 확대 재생산되고 현장에서 적용되는 과정을 보여준 것이다.

일례로, 2010년 진행한 '사회복지사 해외연수 프로그램 평가모델 개발연구'에서 연수 참가 응답자의 82.3%가 해외연수가 한국 사회복지서비스의 질적 향상에 도움이 되었다고 응답했다. 또한, 89.7%는 해외연수 프로그램이 삼성과 모금회의 이미지 향상에 도움이 되었다고 응답했으며, 79.2%는 해외연수 프로그램이 삼성의 해외 인지도 향상에 기여했다고 답했다.

연수단원들은 한국 사회복지 실천현장 곳곳에서 핵심인재로 자리매김하고 있다. 학계 · 실천현장 · 국회 · 언론계 등 다양한 분야의 사회복지지도자들도 연수단원으로 참여함으로써, 매해 사회복지 영역 확대와 전문화에 영향을 미치고 있다. 연수 종료 뒤에도 지속적인 네트워크 구축 등 긴밀한 협력관계를 유지하며 사회복지 질적 수준 제고에 크게 기여하고 있다는 게 한국사회복지사협회 국제교류과 김수정 차장의 말이다.

# 사회복지사 전문교육

한국사회복지사협회는 사회복지사 전문성 향상을 위해 자격제도 개선은 물론 전문교육과정 개발에도 박차를 가하고 있다는 게 한국사회복지사협회 기획정책과 신하샘 주임의 말이다.

2010년부터 한국사례관리학회와 MOU를 체결하여 '사례관리 전문가교육'을 실시하고 있으며, 사회복지현장실습 체계 확립과 전문성 향상을 위한 '사회복지현장실습 지도자 기초교육과정'을 개발해 운영하고 있다. 또 청소년 반부패 교육강사 양성교육, 전문가 성년후견인 양성교육 등 사회복지현장의 요구를 적극 반영한 전문 교육과정을 계속해서 개발해 나아가고 있다.

특히 이들 교육은 중앙협회 교육으로만 그치지 않고 16개 지방협회로도 보급하고 있으며, 이를 통해 전국적으로 확산돼 사회복지사 전문성 향상에 기여하고 있다.

한국사회복지사협회는 앞으로도 사회복지현장 욕구를 적극 반영해 업무 영역별로 세분화된 전문 교육과정을 개발할 예정이라고 한국사회복지사협회 교육훈련과 이수연 주임은 전한다.

# 온라인 권익지원센터 운영

한국사회복지사협회는 사회복지 실천현장에서 일어나는 노무 문제 및 권익침해 사례들에 대한 상담을 온라인 권익지원센터를 통해 지원하고 있다.

먼저 노무 관계는 전문 노무사들이 직접 상담함으로써 「근로기준법」 적용을 받지 못하는 많은 사회복지사들에게 노무에 대한 구체적인 해결책을 제시하고 있으며, 사회복지사로 일하며 겪은 직장 내 노무 문제 요청에도 도움을 제공하고 있다.

다음으로, 인권, 윤리적 권익침해는 사회복지사들이 일을 하며 직접 침해 받은 윤리, 인권 문제를 인권, 윤리 위원회를 통해 해결하고 있다. 해당 침해 사례에 대한 내용을 1차 접수 뒤 관련 위원회로 이첩하며, 관련 위원회는 해당 내용이 윤리적, 인권적 침해 사례인지 위원회 의결을 통해 공식적으로 안내하고 있다고 한국사회복지사협회 회원SNS과 박용득 차장은 말한다.

2013년에는 권익지원센터 기능을 노무와 권익으로 구분해 노무 상담은 전문 노무사를 통해 진행하고 있으며, 권익상담은 사회복지사뿐만 아니라 그 대상이 되는 클라이언트의 권익문제까지 다루고 있다.

한국사회복지사협회는 현장 사회복지사들 간 소통 및 화합을 위해 활동하고 있다. 사회복지사는 물론 의사, 간호사, 변호사 등 다른 직능은 물론 사회와의 소통도 추진했다. 사진은 2009년 '용산 철거민 참사' 현장인 남일당 건물의 2월말 모습. 건물 안쪽은 경찰이 진입을 막고 있다. 뒤쪽 멀리, 오래 전 개발이 끝난 고층빌딩도 보인다. 한국사회복지사협회는 그해 신년인사회를 기점으로 지역사회 분쟁조정위원회(이후 갈등예방위원회로 변경)를 구성하겠다고 선포하고 이를 추진해 왔다.

## 테마별 성과

# 소통하는 사회복지사

### 현장 사회복지사 간 소통 및 화합 위한 활동 _

# 사회복지사 재충전을 위한 쉼 프로그램 '비타민'

한국사회복지사협회는 아산사회복지재단의 지원으로 2013년 총 5회에 걸쳐 전국 사회복지사 490명을 대상으로 '사회복지사의 재충전을 위한 쉼 프로그램 비타민'을 진행했다. 이런 쉼 프로그램을 적극적으로 수행한 계기는 2012년 클라이언트 폭력문제 및 2013년 사회복지사 자살 문제 등 사회복지사의 열악한 근로 환경과 낮은 처우에 관한 문제들이 대두한 것에 기인한다고 한국사회복지사협회 사회복지인적자원연구소 유재윤 연구원은 전한다.

**소진 예방 및 극복을 위한 인적자원개발** 당시, 열악한 근로조건 속에서 사명감만으로 일해 온 사회복지사들의 복지에도 관심을 가져야 한다는 사회적 인식이 더욱 커져 있는 상태였고, 사회복지서비스 전달자로만 인식돼 온 사회복지사를 수혜자 개념으로 전환할 수 있는 기회였다. 이런 맥락에서 사회복지사 소진예방 및 극복을 위한 새로운 인적자원개발 프로그램으로 준비했다는 게 한국사회복지사협회 사회복지인적자원연구소 김효정 연구원의 말이다.

'비타민' 프로그램은 일방적인 주입식 교육이 대부분이었던 기존 워크숍과 차별화를 뒀다. 소그룹 자유여행 등 자율적인 휴식과 자기점검 시간도 제공했고,

전국 단위로 참여자들을 모집해 다른 지역 사회복지사들과 교류하는 정보공유의 장도 마련했으며, 이를 통한 새로운 인적네트워크 형성 기회도 제공했다.

**'비타민'은 어떤 프로그램?** 첫 시작은 2013년 5월 경주현대호텔에서의 프로그램이었고, 80여명의 사회복지사가 참가했다. 매 회기마다 참여대상자와 세부 프로그램을 다양화해 만족도를 비교하는 등 새로운 시도를 많이 했다.

2회기는 2013년 6월 개인운영 장애인거주시설에 종사하는 사회복지사 90여명을 대상으로 경주현대호텔에서 진행했다. 개인운영 거주시설은 대부분 경제적 자립도가 낮고 직원수급도 원활하지 않아, 종사자들이 휴가 한 번 가기가 쉽지 않은 환경이다. 부부 사회복지사로 참여한 이는 결혼 뒤 28년만에 처음으로 갖는 휴가라고 말하는 등, 이런 프로그램이 있다는 것 자체만으로도 위로와 격려가 된다는 분위기가 주를 이뤘다.

3회기는 2013년 8월 학교사회복지사 100여명을 대상으로 경주 The-K호텔에서 진행했다. 학교 혹은 교육지원청이라는 특수한 현장에서 대부분 1인으로 근무하던 전국의 학교사회복지사들이 한 자리에 모여 소통하는 자리였다. 한국학교사회복지사협회와 공동으로 주최하면서 탄생한 '밴드'(SNS 프로그램 중 하나)를 활용한 신규 모임은 현재도 지속적인 소통의 장이 되고 있다. 3회기 만족도는 5점 만점에 평균 4.90점으로 가장 높게 나타났다.

4회기는 2013년 10월 여성사회복지사 100여명을 대상으로 부산 해운대에서 진행했다. 둘째 날 전체 일정은 소그룹별로 부산 자유여행을 할 수 있도록 자유시간을 주었고, 부산국제영화제 기간을 활용해 참여자들에게 영화의전당 야외극장에서 영화 관람 기회도 제공했다. 이렇게 '쉼과 재충전' 시간을 제공하는 것뿐만 아니라, 여성사회복지사로서의 삶에 대한 특강을 진행해 여성사회복지사로서의 고충과 어려움들을 함께 나누고, 도전의식도 심는 시간을 마련했다.

한국사회복지사협회는 아산사회복지재단의 지원으로 2013년 총 5회에 걸쳐 전국 사회복지사 490명을 대상으로 '사회복지사의 재충전을 위한 쉼 프로그램 비타민'을 진행했다. 이런 쉼 프로그램을 적극적으로 수행한 계기는 2012년 클라이언트 폭력문제 및 2013년 사회복지사 자살 문제 등 사회복지사의 열악한 근로 환경과 낮은 처우에 관한 문제들이 대두한 것에 기인한다.

마지막 5회기는 2013년 11월 경주현대호텔에서 사회복지사 130여명을 대상으로 진행했다. 참여자들은 2박3일의 짧은 일정이지만 특급호텔에서 지내며 대접받는 느낌을 받았다며 흡족해 했고, 여행 다니기 좋은 가을날에 경주 여행을 통해 재충전하며 사우나와 스파로 피로도 회복했다고 평했다.

단순한 '쉼'을 넘어 다양한 서비스를 제공했다는 게 '비타민'의 특징이다. 한국사회복지사협회장 특강을 통해 사회복지사로서의 자부심과 정체성을 되찾고, 유대감도 강화시켰다. 2013년 한 해에만 전국 사회복지사 총490명을 대상으로 5회기로 진행한 '비타민'의 만족도는 5점 만점에 평균 4.71점으로 매우 높게 나타나, 사회복지사에게 필요한 프로그램이라는 게 입증됐다.

# 신년인사회

한해를 마무리하고 새해를 새롭게 설계하는 신년인사회를 한국사회복지사협회는 매년 개최하고 있다.

2009년에는 사무국의 탄력적 운용과 위원회 활성화 등 내실을 기할 것, 사회복지사의 살림살이를 촘촘하게 살피는 따뜻한 공제회 사업을 추진할 것, 보수교육을 통한 사회복지사 전문성 확보와 세력화를 진공적으로 추진할 것, 국내 · 외 사회복지관련 전문가단체와의 교류 등 대외협력에 박차를 가할 것, 사회복지사 인식조사와 대외홍보 역량을 강화하는 데에 주력할 것 등을 주요목표로 삼았었다. 부대행사로 한국사회복지사협회 역사사진 20여점과 2008년 활동사진 60여점 등 총 80여점의 사진을 장외에 전시해 눈길을 끌었다.

2010년 신년인사회는 국민행복을 위한 계획을 공유했다. 역점추진과제로 조직연대와 전문직 위상 강화를 위해 사회복지사 공제회 추진, 자격제도 개선과 사회복지사의 사회적 기능강화를 위해 지역사회 분쟁조정위원회 설치, 사회복지사의 정치적 기능강화를 위한 사회복지 정치참여 네트워크 운영, 그린섹터 녹색복지 증진, 대외정보 수집 및 홍보강화 등을 제시했다. 2010년부터는 사회복지사를 대표하는 4자성어를 공모하기 시작했는데, 최우수로 '태산양목(泰山梁木'을

한해를 마무리하고 새해를 새롭게 설계하는 신년인사회를 한국사회복지사협회는 매년 개최하고 있다. 덕담을 나누고 성과를 보고하는 것을 넘어, 회장이 직접 나서 새해 계획을 선포하는 것이 다른 직능단체들과 다른 한국사회복지사협회 신년인사회만의 특징이다.

선정했다. '큰 산처럼, 큰 기둥처럼 여러 사람 앞에 의지가 되는 사람'이라는 뜻이다. 포춘 쿠키 속에 있는 행운번호를 추첨해 'power social worker' 순금배지 증정도 진행했는데, 김옥심 서울특별시 가정분과위원회 위원장(사회복지사 공제회 추진위원)이 행운을 얻었다.

2011년 대표 4자성어는 '요원지화(燎原之火)'. 무섭게 번져가는 벌판의 불처럼 세력이 대단하여 막을 수 없음을 뜻하는 고사성어로, 많은 사회복지사들이 목소리를 모으고 힘을 합하여 사회복지 공제회 설립 등을 위해 함께 나서자는 의미를 담고 있다. 대표 4자성어처럼 사회복지계 및 다양한 내 · 외부 인사가 문전성시를 이뤘던 해였다. 사회복지사 선서 대표기관 모집을 통해 시립서대문농아인복지관 사회복지사를 선정했고, 수화와 카드섹션을 곁들인 사회복지사 선서로 이목을 집중시켰다. 2010년 전국 사회복지사 장기자랑대회 대상 수상 그룹 '한젊사건청'(한국 사회복지계를 짊어지고 갈 4명의 건강한 청년들)의 힘찬 축하공연도 '행복한 사회복지사'의 앞날을 밝히는 전주곡이었다.

2013년은 여러 사람의 마음이 모이면 성처럼 견고해질 수 있다는 뜻의 '중지성성(衆志成城)'이 대표 4자성어였다. 사회복지사가 뜻을 모으면 사회복지 발전을 위해 큰 뜻을 이룰 수 있다는 의미다. 현장 사회복지사 4명이 사회복지사 선서 및 세배 퍼포먼스를 펼쳤고, 국회 보건복지위원회 오제세 위원장(민주, 청주 흥덕갑) 등이 참석해 사회복지사들과 덕담을 나눴다. 특별순서로 '테너 박인수와 함께 하는 소리연구회' 소속 테너 가수들도 흥을 돋웠다.

덕담을 나누고 성과를 보고하는 것을 넘어, 새해 계획을 선포하는 것이 다른 직능단체들과 다른 한국사회복지사협회 신년인사회만의 특징이라고 한국사회복지사협회 정책교육국 남기룡 국장은 전했다.

# 사회복지사 체육대회

한국사회복지사협회는 2007년 '제1회 사회복지사의 날 기념 보건복지가족부 장관기 축구대회'를 진행한 이래 현재까지 사회복지사 체육대회를 매년 성황리에 운영하고 있다.

| 개최년도 | 개최지 | 우승지 | 경기장소 | 참석인원 | 특이사항 |
|---|---|---|---|---|---|
| 제1회 (2007년) | 경기 | 대구 | 과천정부청사 앞 운동장 | 600여명 | 보건복지부장관 참석 |
| 제2회 (2008년) | 대구 | 강원 | 강변축구장 | 400여명 | 여자 계주대회 시작 |
| 제3회 (2009년) | 강원 | 경남 | 춘천 공지천구장 | 700여명 | 강원도 차원 닭갈비 지원 |
| 제4회 (2010년) | 경남 | 전북 | 창원축구센터, 마산종합운동장 | 1,200여명 | 사회복지사의 날 기념식 병행. 장기자랑 대회 및 단체 줄넘기 시작. 1박2일 진행 시작 |
| 제5회 (2011년) | 전북 | 경북 | 전주대학교, 전주비전대학 | 1,200여명 | 큰 솥에 전주비빔밥 500인분 마련해 나눔 |
| 제6회 (2012년) | 경북 | 강원 | 경주황성축구공원, 동국대학교 | 1,200여명 | 폭우로 인한 긴급진행 |
| 제7회 (2013년) | 강원 | 충남 | 원주종합운동장, 원주양궁장 | 1,200여명 | 유일하게 강원도에서만 2번째 진행(우승팀) |
| 제8회 (2014년) | 충남 | | 아산 이순신 공원 (예정) | 1,200여명 | |

첫 대회는 2007년 한국사회복지사협회 40주년을 맞이하여 전국의 사회복지사들이 한자리에 모일 수 있는 행사를 구상하면서 시작됐다. 당시 제16대 회장은 전 보건복지가족부 장관을 지낸 김성이 사회복지사였다. 제1회 대회는 보건복지부가 있던 과천정부종합청사 옆 공터에서 개최했다. 축구대회 뿐 아니라, 우유 많이 마시기, 고리걸기, 이어달리기 등 다채로운 이벤트도 함께 했다. 유시민 당시 보건복지부 장관도 참석해 대회기를 전달하고 시축에 참여하면서 참여한 사회복지사들을 격려했다.

**당일 행사였던 '축구대회'가 전야제까지 낀 '체육대회'로** 남자 축구대회의 경우 1회와 2회 대회는 토너먼트 방식으로 진행했고, 3회 대회부터 예선전은 풀리그 형식으로 8강 이후부터는 토너먼트 형식으로 전환됐다. 3회 대회까지는 당일 행사로 진행했으나 선수들의 체력문제로, 이동문제 등을 고려해 4회 대회부터는 1박 2일로 연장했다. 여자 계주대회는 2회 경기부터 정식종목으로 채택, 운영하고 있다. 단체 줄넘기는 4회부터 시작했다.

'보건복지가족부 장관기 전국 사회복지사 축구대회'였던 대회 명칭도 사회복지사들이 함께 어울려 즐기기 위한 행사라는 취지를 강조하기 위해 4회부터 '전국 사회복지사 체육대회'라는 명칭으로 변경했다고 한국사회복지사협회 회원지원국 홍재식 국장은 전한다. 매년 급증하는 여성 사회복지사들의 참여 확대를 위한 변경이기도 했다. 이때부터 사회복지사 장기자랑을 진행해 각 지역 사회복지사들이 끼와 재능을 겨뤘다. 2011년 5회부터 체육대회에 참석한 모든 사회복지사들이 어울리는 자리를 만들고자 전야제를 저녁식사와 함께 진행했으며, 특별히 참가자들을 위해 전주비빔밥 500인분을 큰 솥에 준비해 나눴다.

**해가 갈수록 규모와 시스템 풍부** 해를 더할수록 행사규모가 커지고 참

응원전, 북까지 동원해 흥을 돋웠다.

페어플레이 선서식. 장관기 체육대회 시작이다.

선수단 입장.

군악대를 앞세우고 선수단 입장식을 진행하는 경우도 있다.

진지한 심판의 목소리가 허공을 가른다. “목걸이, 반지, 시계 빼시고, 안경 조심하세요. 정강이 보호대도 착용하셔야 합니다.”

전술 지도 중인 감독.

치열한 접전.

스루패스, 땅볼을 이용해 상대 팀의 수비 공간을 뚫는다.

항의해 봐야 소용없다. 심판의 손은 이미 공격 방향을 정했다.

승부차기. '슛' 하는 순간, 골키퍼에게 눈빛을 보이지 않았다.

축구는 몸으로 하는 격한 운동이다 보니 부상자도 발생한다.

프리킥의 묘미. 공이 아치를 그리며 골대를 향해 날아가면 공 · 수 모두 긴장한다.

선수교체.

골~인! 와아아아~ 골인 장면을 연출하고 싶었는데, 카메라를 들이대자 정말 골인이다.

2009년 제3회 축구대회 우승팀의 헹가래. 김상업 경상남도사회복지사협회 회장이 떴다.

승부를 가르는 황금골에 선수들이 고무된다.

넷북, LCD TV 등 참여 사회복지사에 대한 경품 추천도 진행했다.

여자 800미터 계주대회, 간발 차로 우승한 지역의 사회복지사들은 만세를 불렀다.

강원도에서 열린 제3회 대회 부대행사. 춘천시는 사회복지사들을 위해 닭갈비 무료 시식 코너도 마련했다.

우승기 휘날리다. 장관기는 이듬해 대회까지 축구대회 우승팀 지역에서 보관한다.

쓰레기 분리수거 중. 대회의 꽃은 단연 우승팀이겠지만, 자원봉사에 나선 사회복지사들 역시 큰 박수를 받아야 할 이들이다.

줄다리기.

대회 규모는 갈수록 커져 제4회 대회부터 1박2일로 진행했다. 사진은 2013년 제7회 대회 현수막.

제4회 대회부터는 '사회복지사의 날 기념식', '체육대회 전야 장기자랑대회' 등을 추가해 1박2일로 진행했다. 줄다리기, 줄넘기 대회 등 부대행사도 다채로워졌다.

마산MBC홀에서 열린 제4회 체육대회 전야제 장기자랑대회 모습.

체육대회 중 '축구대회'는 장관기로 열리기 때문에 공인 심판진이 참여한다. 사진은 대회 개최를 알리는 시축 장면.

장기자랑 대회는 응원전도 열정적이다.

체육대회 개최는 사회복지사 가족들과 원로사회복지사 등 남녀노소가 참여하는, 한국사회복지사협회 연중 최대 규모 행사다

응원단도 소중한 선수들이고 참여자다.

전라북도 전주에서 열린 제5회 체육대회. 큰 솥에 500인분의 비빔밥을 비벼 함께 나눴다.

체육대회 입장식 뒤 응원단을 포함한 지역별 선수단이 정렬해 있다.

시작할 때도, 경기 중에도, 대회를 마무리하면서도 지역 사회복지사들은 모둠별로 모여 파이팅을 외쳤다.

지역 군악대가 함께 했다.

축구대회 참여 선수들도 단체줄넘기에 참여 한다.

선수단 입장. 지역별로 플래카드와 각양각색의 응원도구를 제작해 다채롭다.

여성1인을 반드시 포함해야 하는 단체줄넘기. 많이 넘는 것보다 많은 사람이 참여하는 것이 관건이다.

장관기를 앞세우고 선수단이 입장한다.

가자 수도 늘고 있다. 치열함도 더해져 경기 중 주먹다짐이나 소동이 연례행사처럼 일어나기도 하지만, 축제 분위기에 맞게 해결하고 있다. 경기가 격렬해지면서 가벼운 타박상부터 인대파열까지 여러 부상이 발생하기도 해 지역 의료진과 미리 협의하는 한편, 사전 보험가입도 진행하고 있다.

6회 대회에는 역대 경기 중 유일하게 우천으로 경기도중 장대비가 내렸다. 한국사회복지사협회 체육대회 운영본부는 긴급회의를 열어 경기진행이 어렵다는 판단 속에 승부차기 진행을 결의했다. 그러나 꼭 경기를 진행하고 싶다는 참가팀 선수들의 요청으로 경기시간만 단축해 진행하는 해프닝도 있었다.

**시상식과 경품 추첨도** 모든 대회가 끝나면 시상식을 진행한다. 경기에 직접 참여하지 않은 응원단도 한국사회복지사협회가 준비한 경품추첨에 함께 한다. 16개 시 · 도 사회복지사협회 회장들과 이사회 임원들도 경품을 협찬하고 있다. 경품은 LCD TV부터 다리미, 각 지방 특산물까지 매우 다양하다.

**개최지 선정 및 대회 의미** 다음 개최 지역은 전년도 우승지회로 선정하고 있다. 2013년은 충청남도사회복지사협회가 우승을 해서 2014년 개최지는 충청남도다. 현재까지 강원도사회복지사협회가 유일하게 2회 우승 영예를 안았다.

전국 사회복지사 체육대회는 전 지역 사회복지사들이 참여하고 한국사회복지행정연구회도 팀을 꾸려 참여하는 등 민 · 관이 모두 함께 하는 행사라는 점에서 의미가 크다. 사회복지사 사기진작은 물론, 전국 사회복지사들이 한자리에 모여 어울리는 문화를 형성함으로써 공동체 의식을 고취시키는 행사다. 매년 1천여명이 넘는 사회복지사들이 참여하는 등 반응이 뜨겁다. 앞으로도 새로운 도약을 위해, 사회복지사 체육대회만의 특색을 갖춰야 한다는 게 한국사회복지사협회 회원SNS과 오진규 사회복지사의 말이다.

# 사회복지사의 날 기념식

사회복지사의 날 기념식'은 수상자가 가장 많은 날인만큼 축하와 격려의 장이다. 사회복지현장에서 활동하는 사회복지사들에게 포상함으로써 사회복지사로서의 자긍심을 북돋는 날이다.

2007년 창립 40주년을 맞이해 사회복지사들의 권익증진 및 자긍심 향상을 위해 한국사회복지사협회 창립기념일인 4월 22일을 '사회복지사의 날'로 삼아 기념식을 진행한 게 시작이었으며, 2011년 3월 30일「사회복지사 등의 처우 및 지위 향상을 위한 법률」제정 뒤, 3월 30일로 기념일을 변경해 지금에 이르고 있다. 날짜를 변경해 기념식을 치른 것은 2012년부터다.

기념식 하이라이트는 '시상식'이다. 보건복지부장관상, 한국사회복지사협회장상, 한맥사회복지사대상, 명예사회복지사 위촉, 공로상 등 시상 내용도 다섯 가지다. 주요행사를 '시상'으로 잡은 이유는 '사회복지사의 노력에 대한 격려' 때문이다. 1년 간 수고한 사회복지사가 다함께 모여 단합하고, 전문직업으로서 대국민 인식개선을 경주하며, 처우개선과 권익옹호에 나서는 날이 바로 '사회복지사의 날'이니, 자축하고 서로 다독이는 것이 가장 큰 의미라 할 수 있다.

명예사회복지사로는 일찌감치 경기도사회복지공제회를 설립해「사회복지사

사회복지사는 윤리강령에 철저한 직업군인만큼 모든 행사에서 '사회복지사 선서'는 빠질 수 없는 주요 순서다. 사회복지사의 날 기념식에선 더더욱 중요한 순서다.

등의 처우 및 지위 향상을 위한 법률」 제정 및 한국사회복지공제회 설립의 단초를 제공한 김문수 경기도지사, 한국사회복지사협회 윤리강령 사업 자문위원장으로 활동한 문형구 고려대학교 교수, 국회 보건복지위원회에서 활동하며 사회복지사 전문성 향상과 위상강화에 기여한 오제세 보건복지위원장(민주, 청주 흥덕갑)과 유재중 의원(새누리, 부산 수영) 등을 위촉했다.

1년의 수고를 하루에 표현할 수는 없지만 1년에 단 하루만이라도 서로의 수고와 고단함을 따뜻하게 품는 이 자리가 사회복지사들에게는 가장 큰 축제의 장이기도 하다는 게 한국사회복지사협회 회원SNS과 오진규 대리의 말이다.

올해는 특히 순직 사회복지사들을 격려하는 차원으로 참여자들 모두 가슴에 추모리본을 걸었으며, 진영 보건복지부 장관도 참석했다.

2010년 제4회 사회복지사의 날 기념식에는 사회복지사 장기자랑대회 우승팀이 공연도 진행했다. 2009년 서울국제사회복지대회 기간 중 개최한 제3회 기념식 때는 양미경 사회복지사(배우)를 홍보대사로 위촉하는 등 매년 특색도 갖췄다.

'사회복지사의 날 기념식'은 수상자가 가장 많은 날인만큼 축하와 격려의 장이며, 사회복지현장에서 활동하는 사회복지사들에게 포상함으로써 사회복지사로서의 자긍심을 북돋는 날이다.
하지만 2013년엔 연초부터 사회복지사들의 자살이 잇따르면서 '사회복지사의 날 기념식'도 추모분위기 속에 진행했다. 보건복지부 진영 당시 장관도 참석해 함께 했다.

# 한맥사회복지사대상

2007년 4월, 봄꽃이 겨울의 혹독한 흔적을 지우고 막 나와 존재를 알릴 즈음 제정된 한맥사회복지사대상. 출발은 어느 독지가의 굳은 의지와 함께 꽃을 피웠다. 가난과 외로움에 고통 받는 사람들 편에서 국민 복지 증진을 위해 노력한 사회복지사들의 노고를 격려하고 사회를 빛낸 사회복지사의 자긍심을 고취해 사회복지사 위상을 강화하고자 만든 상이다. 타인의 행복과 안정을 위해 노력하는 사회복지사들에게 정작 국가나 사회가 주는 상과 격려는 그리 많지 않다.

'사회복지사는 슈퍼맨이 아니다'. 한맥사회복지사대상을 만든 장본인 류시문 한맥도시개발 회장의 발언은 사회복지사에 대한 사회적 인식을 반영한다. 지금은 '기부천사' 혹은 '노블레스 오블리주'의 대표적 인물로 알려진 류시문 회장은 처음 이 상을 제정할 때만 해도 그런 이슈로 이름이 나 있지는 않았다. 어릴 적 사고로 다리를 다쳐 장애인이 되었고, 그 후 청력까지 잃어 중복장애를 갖게 됐지만, 장애와 가난이라는 인생의 불운 앞에 굳게 맞서며 한 기업을 일으키기까지 했다.

**사회복지사만을 위한 최초의 상** '한맥사회복지대상'의 가장 큰 특징은 '사회복지사만을 대상으로 하는 최초의 상'이라는 점이다. 2007년 류시문 회장이 사회복지전문가단체인 한국사회복지사협회 주관 아래 '한맥사회복지사대상'을 10년간 진행할 것을 부탁했고, 2008년 시상금으로 2억원을 기탁했다. 한국사회복지사협회는 매년 15년 이상 근무한 사회복지지유공자 4명을 뽑아 격려하고, 류시문 회장은 이들에게 각 500만원씩 상금으로 수여한다.

본인 스스로도 사회복지사인 류 회장은 평생을 통해 가장 보람 있고, 자부심이 가는 사업이 무엇인가라는 질문에 서슴없이 '한맥사회복지사대상 제정'이라고 말할 만큼 이 상에 깊은 애정을 드러낸 바 있다.

다른 상과의 차별점은 또 있다. 국무총리상이나 훈장 같은 큰 상을 받거나, 언론에 많이 알려진 사회복지사는 서류심사에서 보류시킨다는 점이다. 이유는 제정자인 류시문 회장의 남다른 철학 때문이다. 남들이 봐주지 않는 곳에서 긴 시

'한맥사회복지대상'의 가장 큰 특징은 '사회복지사만을 대상으로 하는 최초의 상'이라는 점이다. 본인 스스로도 사회복지사인 한맥도시개발 류시문 회장(가운데)은 평생을 통해 가장 보람 있고, 자부심이 가는 사업이 무엇인가라는 질문에 서슴없이 '한맥사회복지사대상 제정'이라고 말할 만큼 이 상에 깊은 애정을 드러낸 바 있다. 사진은 2008년 5월 27일 사회복지공동모금회에서 지원금을 약정하는 모습.

간 묵묵히 헌신한 영웅을 깊은 바다 아래에 숨겨진 보물선을 찾듯 꼼꼼히 찾고자 하는 뜻이 깃들어 있다. 숨은 공로를 인정해 대중에게 새로운 사회복지계의 영웅을 소개하는 취지다.

**심사 공정성** 한맥사회복지사대상은 분야와 상관없이 네 개의 상을 시상하지만, 노인아동, 여성, 지역사회, 사회복지 일반, 인권 전체분야로 나눠 폭넓게 아우르고 있다. 심사위원은 1, 2회 때 사회복지사들로만 꾸렸지만, 3회부터는 공정성을 강화하기 위해 사회복지사와 함께 한국사회복지사협회 수석부회장, 언론인, 변호사 등 각계 전문가들이 참여하고 있다. 2013년에는 한국소아당뇨인협회 회장이 본인 스스로 소아당뇨계의 권위를 위해 지원하기도 했다.

매년 초 수상요강을 발표하면 심사자료가 수북히 쌓이기 때문에, 심사위원들은 며칠 간 엄청난 양의 서류들에 파묻혀 지낸다는 게 한국사회복지사협회 회원

2013년 한맥사회복지사대상 수상자와 함께.

SNS과 박용득 차장의 말이다. 서류조사가 끝이 아니다. 현지조사팀도 꾸리고, 한국사회복지사협회 윤리위원회와 인권위원회 위원장도 배석해 심사위원들이 놓칠 수 있는 문제를 다시 한 번 심사한다.

2008년 5월 2일 지영옥 풀잎마을 부원장, 유영덕 장안종합사회복지관 관장, 이철우 한빛종합사회복지관 부장, 황명준 경기도사회복지사협회 회장은 사회의 그늘이 진 곳에서 긴 세월을 사회복지를 위해 힘써준 수훈(受勳)을 인정받아 한맥사회복지대상의 첫 포문을 열었으며, 2013년 제7회 사회복지 날 기념식에서 6회 수상자가 나온 상태다.

**다른 상에도 영향주고,**
**10년 아닌 '죽어서도 지원'으로 변경** 류시문 회장의 사회복지를 위한 바람이 전국적 영향력을 미치고 있다. 한맥사회복지사대상 정신처럼 '사회복지사만을 위한 상'이 부산 세정복지사상, 시원사회복지사상 등으로 이어지고 있기 때문이다.

10년을 약정했던 류시문 회장은 최근 '내가 죽어서라도 자식들을 이 사업에 이어받게 만들어 평생 이 상을 지원하겠다'고 약속했다. '한맥사회복지사대상'으로 보여준 류시문 회장의 철학은 이후에도 아름다운 사회를 만드는 데에 기여할 것이다.

# 월간 소셜 워커 발간 및 증면, 시각장애인 위한 바코드 시스템 도입

2000년 기타간행물로 등록한 한국사회복지사협회 기관지(당시 〈복지사회 2000〉, 46배판, 계간)는 2003년 4월(12호)부터 제호를 〈Social Worker〉(한글명 소셜 워커)로 변경하고 발행주기를 월간으로 늘렸으며, 그해 6월(14호)부터는 유가 판매를 시작해 납품을 공식화함으로써 공중에 인정받고자 했다.

2005년 5월(37호)부터는 판형을 국배판(210×275)으로, 2007년 4월(60호)

2008년 5월 24일 학생기자단 발대식에서 인사하는 한국사회복지사협회 조성철 회장. 월간 소셜 워커 발행인이다. 월간 소셜 워커는 전국 사회복지 관련 학과 학생들을 선발, 1박2일 워크숍을 진행하는 등 예비 사회복지사에 대한 투자도 과감히 진행했다. 학생기자단 출신은 일선 사회복지관은 물론, 국방부 대변인실 등 각계에 진출했다.

에는 발행일을 10일에서 1일로 앞당기면서 차츰 현재의 모습을 갖췄다. 그 해 5월(61호)에는 공채를 통해 외부 경력기자인 추주형을 전문기자로 영입하고, 6월(62호)에는 면허종별을 기타간행물에서 잡지로 변경(당시 언론관계법상 신문법 적용을 받았으며, 현재는 2008년 제정한 잡지법 적용)하면서 언론으로서의 기본 골격을 세웠다. 이때부터 단순 정보지가 아니라 주장이 담긴 칼럼 게재가 가능해졌고, 시사성을 담아내기 시작했다. 이처럼 전문기자 영입과 면허변경은 한국사회복지사협회 6년사는 물론, 우리 잡지 14년사에 있어서도 유가 전환만큼이나 큰 변화 중 하나였다.

곧이어 7월(63호), 판형을 변형규격(200×275)으로 바꾼 뒤 콘텐츠 및 편집배열을 지속 정비했다. 인력과 조직 등이 언론사 시스템과 현저히 다른 영세한 형태였고, 기관지와 시사지 경계를 넘나드는 외줄타기였지만 한계를 극복하려는 고민과 노력은 계속됐다. 증면과 인터넷신문 창간 준비, 시각장애인용 바코드 탑재 등은 2008년 조성철 한국사회복지사협회 17대 회장 취임 뒤 이룬 성과다.

고질적 문제는 기사를 생산할 기자의 절대수가 부족하다는 것이었다. 2007년 전문기자 1명이 정보수집, 취재파일 작성, 원고 교정 · 교열, 사진촬영, 편집에 잡지 관련 위원회도 관리하고 독자확충에 배송서비스까지 맡고 있으니 소진현상이 극심했다. 더불어 협회장 연설기록이나 성명 발표, 외부기자 관리 등 홍보관리 업무까지 차츰 병행하게 되자 발상의 전환이 필요했다. 그래서 도입한 것이 칼럼니스트와 학생기자 등 외부자원 동원이었다. 2008년 초, 영업부문에 직원 송선경을 충원해 전문기자가 정보수집에 매진할 수 있는 여건을 마련했지만 다른 업무들이 추가되면서 도리어 역부족 현상은 심화됐다. 조성철 회장은 당시 전문기자 제안에 따라 취임 이듬해인 2009년 1월(81호) 외부에서 취재기자 이은경을 영입해 기자수를 늘린 뒤 그 해 2월(82호) 처음으로 증면(60면→68면)을 단행했다.

특히 2010년 들어 10주년을 기념할만한 일을 찾던 중, 그해 5월(97호)부터 시

월간 소셜 워커는 인력과 조직 등이 언론사 시스템과 현저히 다른 영세한 형태였고, 기관지와 시사지 경계를 넘나드는 외줄타기였지만 한계를 극복하려는 고민과 노력은 계속됐다. 2010년 8월에는 지령 100호를 맞아 진행한 '새로운 도약'을 위한 자축 행사. 증면과 인터넷신문(socialworker.or.kr) 창간 준비, 시각장애인용 바코드 탑재 등은 2008년 조성철 한국사회복지사협회 17대 회장 취임 뒤 이룬 성과다.

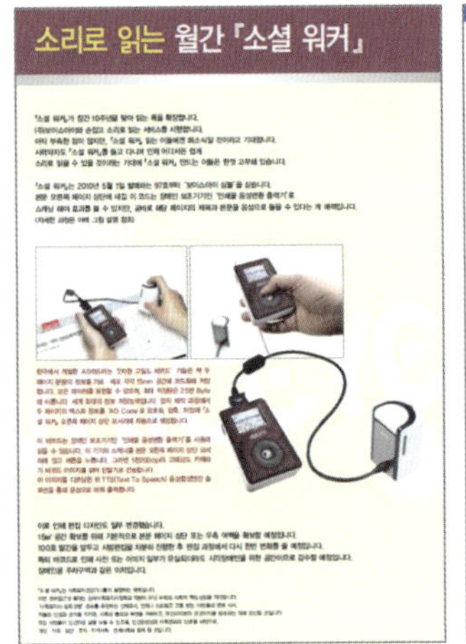

## 소리로 읽는 월간 『소셜 워커』

각장애인용 바코드 '보이스아이'를 탑재했다. 한국사회복지사협회 회원SNS과 박용득 차장의 제안이었다. '공중에의 인정'을 상기해 '읽는 폭'을 확장하려는 의지였는데, 우연치 않게 '사회복지계 잡지 사상 최초'로 기록됐다. 시각장애인을 위한 바코드로 인해 사진 또는 이미지 일부가 유실되더라도 시각장애인을 위한 공간이므로 감수하기로 했다. '사회복지전문잡지'다운 발상으로, 장애인용 주차구역과 같은 이치로 개념화했다. 2010년 7월(99호)부터 한글 제호인 〈소셜 워커〉로 변경한 것도 유사한 의지 표현이었다.

17대 한국사회복지사협회 마지막 해였던 2010년 8월, 지령 100호를 맞은 우리

2000년 기타간행물로 등록한 한국사회복지사협회 기관지는 계간 〈복지사회2000〉에서 월간 〈Social Worker〉(한글명 소셜 워커)로 변경했으며, 2007년 면허종별을 잡지로 변경해 현재에 이르고 있다. 이때부터 단순 정보지가 아니라 주장이 담긴 칼럼 게재가 가능해졌고, 시사성을 담아내기 시작했다. 유가 전환, 전문기자 영입, 면허변경 등은 한국사회복지사협회 6년사는 물론, 기관지 14년사에 있어서 큰 변화들이었다.

잡지는 사회복지전문가그룹인 한국사회복지사협회 공식기관지로서의 원칙을 견지하면서 일반인에게도 인정받는 대중언론으로서의 도약을 준비했다. 2차 증면(68면→84면)과 함께 콘텐츠 및 편집배열을 재정비하고 인터넷판(socialworker.or.kr) 구축도 준비하는 등 대중과의 접점을 넓히는 노력이 그 일환이었다.

〈소셜 워커〉는 정부보조금이나 영리기업 광고료가 아닌 정기구독료에 전적으로 의존하고 있다. 그간 매호 제작시 적자가 쌓임에도 독자들의 잡지 구독료 부담을 줄이려는 생각을 고수해 왔으나 점차 체계를 유지하는 것조차 위협받는 상황이 되어 불가피하게 정가 인상을 단행(2010년 9월, 101호부터)했다. 2003년 6월(14호) 유가 전환 이후 최대 모험이었지만, 우리 잡지가 접점을 넓히면 사회복지사의 광장도 넓어질 것이라는 확신 속에 동지적 의기로 당시 39만 사회복지사의 동참을 호소했었다.

하지만 인터넷매체 발달과 인쇄출판업계 위축은 오프라인 발간을 주로 하고 있는 <소셜 워커>의 위기이기도 했다. 전문기자 영입과 매체 혁신 단행으로 점차 늘어가던 독자도 다시 제자리를 걷게 되면서 영리기업 광고를 받을 수밖에 없는 상황까지 도래하자 기자도 다시 1명으로 줄이고 시사보다는 기관지 성격을 강조하기 시작한 건 2011년 7월부터의 일이다.

최근 6년 동안 월간 소셜 워커 기자로 활동한 이들은 박용득(2001년 협회 일반직원으로 입사, 전 편집장), 추주형(2007년 전문기자로 입사, 전 편집장, 현 논설위원), 이은경(2008년 취재기자로 입사, 선임기자 거쳐 현 편집장), 황영일(2008년 협회 일반직원으로 입사, 현 편집기자) 등이 있다. 송선경(2008년 독자관리로 입사, 퇴직), 박선영(독자관리, 퇴직), 유다연(취재기자, 퇴직), 서영화(취재기자, 퇴직) 등도 함께 한 직원이며, 최근 6년사 이전(2007년 이전)에는 박숙미(2006년 기자로 입사) 기자 등이 활동했다.

<소셜 워커> 기자들이 앞으로도 "우리 이웃들의 목소리를 외면하면서 사회정의 구현을 저해하는 집단 이기주의자들의 대변자가 되어서는 안 된다는 신념에 철저"(창간사)할 수 있기 위해서는 <소셜 워커> 정기구독이 필요충분조건이다.

# NGO Cloud Day

한국사회복지사협회는 2008년부터 현재까지 사회복지사들의 IT 역량 강화 사업을 진행하고 있다. 한국마이크로소프트와 함께 진행하는 'NGO Day'가 그것. 매년 약 2~300명의 사회복지사들이 참여하고 있다. MVP(Microsoft Most Valuable Professional)가 오피스 프로그램 적용 사례와 사용 기술 등을 안내하고, 사회복지사들 중 IT에 능통한 사회복지사들도 참여해 업무 역량을 강화하고 있다.

2013년 'NGO Cloud Day'는 '오! 365일 행복한 NGO'라는 주제로 오피스 365를 바탕으로 하는 스마트워크 구현을 함께 고민하기도 했다. 보건복지부가 후원하는 성과도 있었다. 스마트워크란 언제 어디서나 효율적으로 일할 수 있는 업무개념으로 클라우드를 기반으로 다양한 디바이스를 활용해 관련 정보를 확인하고 처리함으로서 기존의 시 · 공간적 제한에서 벗어나 자유롭게 일할 수 있도록 한다. 이런 IT 트렌드를 사회복지사들이 업무에 어떻게 활용하는지 사례발표를 진행하고 전국 사회복지시설을 대상으로 조사한 '사회복지시설(기관) IT활용 및 수용 현황'도 발표했다. 사회복지현장도 다른 부문과 같이 사회복지사 직무에 IT 등이 빠르게 적용되고 있으며, 일부에서는 다양한 유형의 IT 및 정보화를 이미 보급하고 더불어 활용을 시도하고 있다는 결과였다. 물리적 환경 및 인적자원

한국사회복지사협회는 2008년부터 현재까지 사회복지사들의 IT 역량 강화 사업을 진행하고 있다. 한국마이크로소프트와 함께 진행하는 'NGO Day'가 그것. 매년 약 2~300명의 사회복지사들이 참여하고 있다.

기술 활용도가 낮아 직무에 필요한 IT 기술과 교육 훈련이 절실하다는 진단과 함께 체계적 훈련 시스템 도입에 대한 제언도 있었다.

이는 2008년 한국사회복지사협회 조성철 회장 취임부터 진행된 성과다. 한국사회복지사협회 회원SNS과 박용득 차장과 한국마이크로소프트사 직원과의 우연한 인연을 계기로 시작했으나, 이후 지속적 개최로 현재까지 총 11회, 1천391명의 사회복지사가 참여하는 성과가 있었다. 비영리조직 근무자들이 주로 참여하고 있는데, 지난 6년 간 참여자 중 사회복지사 비율이 80% 이상인 것도 한국사회복지사협회가 얼마나 큰 투자를 하고 있는지 알 수 있는 대목이다.

마이크로소프트사와의 파트너십을 바탕으로 성공적인 사회공헌 프로그램으로 정착했다는 게 한국사회복지사협회 회원SNS과 김동현 대리의 말이다. 이 대회를 마이크로소프트사 입장에서 보면 특정국가 정부로부터 공로패를 받는 이례적인 성과도 얻어, 2013년의 경우 마이크로소프트사 본사에서 로리 할닉 대외협력담당자(기업시민정책본부 사장, 전세계 MS 기업사회공헌 총괄 담당, MS 법률 및 공공정책 총책임자)가 직접 특강을 오기도 했다.

# 사회복지홍보담당자 세미나 '소셜프리즘'

2011년 10월 31일(월) 전국 사회복지기관 홍보담당자 300여 명이 한곳에 모였다. '전국 사회복지기관 홍보담당자를 위한 2011 소셜프리즘 세미나'가 열렸기 때문이다.

세미나는 전국 사회복지사들이 '사회복지기관에서 어떻게 홍보를 해야 할지?', '홍보담당자로서 홍보를 통해 어떻게 사회복지 실천을 할지?', '어떻게 하면 보다 재미있고 가치 있는 홍보를 펼칠 수 있을지?'를 한곳에서 고민하는 자리였다. 이 자리는 국내 최초 '홍보'를 주제로 사회복지를 어떻게 실천할지에 대해 고민하고 토론하는 장을 마련했다는 점에서 의의가 크다. 소식지, 홈페이지 등 분주한 홍보 활동에도 불구하고 실제 '사회복지사가 홍보를 하는 것이 맞는지?', '홍보업무가 사회복지사의 정체성에 맞지 않아 보이는' 등의 고민으로 어려움을 호소하는 경우가 많이 있기 때문이다.

'소셜프리즘'은 소셜미디어의 하나인 페이스북 안에 사회복지기관에서 일하는 홍보담당자들이 모여 만든 그룹이다. 이 그룹은 사회복지 홍보 관련 지식, 정보, 사례들을 함께 나누며 홍보로 사회복지를 실천하기 위해 노력하고 있다.

실제 세미나는 두 개의 주제 강연, 네 개의 선택 강좌와 사례발표로 구성했다.

주제 강연은 박일준 인컴브로더 CEO가 'WHY 사회복지와 커뮤니케이션의 만남'을 주제로, 김종원 사회복지사가 '홍보로 사회사업하기'를 주제로 진행했다. 선택 강좌는 양원석 푸른복지사무소 소장의 '공감커뮤니케이션', 이옥겸 도서출판 소야 대표의 '홍보기획, 인쇄물 중심', 신철민 서부장애인종합복지관 사무국장의 '소셜미디어로 홍보할 것인가? 소통할 것인가?', 김호중 위키트리 운영본부장의 '소셜하고 뉴스하라'가 있었다. 실제 사회복지현장에서 홍보가 어떻게 실천되고 있는지 사례를 나누기 위해 김기완 용인시장애인복지관 사회복지사, 김병의 부안종합사회복지관 팀장, 강호철 서귀포장애인종합복지관 사무국장, 추주형 한국사회복지사협회 과장이 사례발표를 진행했다.

**참가자가 곧 주체** 소셜프리즘 세미나는 주관 기관이 일방적으로 모든 것을 준비하는 방식이 아니라, 참가자들이 주체가 되어 세미나를 함께 준비하는 소통의 장이라는 차별성이 있었다. 한국사회복지사협회는 세미나 기획부터 소셜프리즘 그룹 멤버들의 의견을 취합했으며, 강연자들의 영상을 사전에 촬영해 공개함으로써 지속적 관심과 참여를 유도했다. 또한 참가자들이 세미나에 대한 기대와 관심을 직접 담은 영상을 상영해 참가자들이 주체가 되는 세미나가 될 수 있도록 했다. 세미나를 생중계해 참여하지 못한 사람들까지도 참여할 수 있도록 했으며, 강연 진행시 각 강연마다 교육에 참여하는 자원봉사자들이 직접 녹화를 진행했다.

**새로운 시도들** 세미나를 준비하고 진행하는 것 자체가 '사회복지 홍보'에 대해 다시금 생각하는 시간이었다는 게 한국사회복지사협회 회원SNS과 김동현 대리의 말이다. 단순히 홍보차원을 넘어 당사자를 주체로 세우고, 소통하는 관계 중심적 '홍보'를 새로운 패러다임으로 제시했다는 의의가 있다.

# 사회복지사 전산관리

한국사회복지사협회 전산 관리 역사는 오랜 일이다.

2008년 특징은 사회복지사 자격관리 및 전문성 향상을 위한 사업으로 방화벽 구축을 진행했다는 점이다. 네트워크 보안 강화로 전산시스템 안정성을 강화했고, 온 · 오프라인 보수교육 통합관리 시스템 구축을 통해 변화하는 사회적 욕구와 문제에 대처하고 양질의 사회복지서비스를 제공하기 위한 사회복지사 교육 기반을 마련했다.

2009년에는 사회복지사 회원 증가로 회원 데이터베이스 확장과 함께 사회복지사에 대한 배치현황, 전문 영역별 근무 현황, 전문인력풀 등을 안정적으로 유지 · 관리하기 위한 장비개선에 힘썼다. 그 결과 웹사이트 로드밸런싱 처리로 신속하고 안정적인 웹서비스를 제공하게 됐다. 또한 기존 사무국 오프라인 업무관리를 웹기반에서 처리할 수 있도록 시스템을 구축함으로써 업무효율성도 개선했다.

2010년에는 사회복지사 1급 국가시험 응시인원 및 자격증 발급자가 지속적으로 증가하는 추세를 고려해 안정적인 전산시스템 유지 · 관리와 사회복지실습 인증에 대비한 실습기관 및 실습지도자 데이터베이스 구축이 선결과제였다. 이를 위해 DB 관리 프로그램인 DBMS(오라클) 및 미들웨어(JEUS, WebtoB) 1회 차 구입을 완료했다.

2011년에는 사회복지사 자격관리 전산시스템의 지속적 유지 및 보수를 통해 관리운영의 안정성 확보와 복지인력 관리서비스에 대한 대정부 신뢰도 및 복지 서비스 성과 향상에 기여했다. 자격관리시스템 유지관리, 서버용 백신구입, 노후 서버 교체용 서버구입, 데이터베이스 통합변경 및 시스템 개편 등을 추진했다.

2012년에는 회원 개인정보보호 솔루션 운영관리로 개인정보보호 강화 및 온라인 증명서 위변조 방지 솔루션 운영을 통한 온라인 증명서에 대한 위 · 변조 시도 차단과 공적 문서로서의 공신력을 가질 수 있게 했다. 또한 자격관리 통계시스템 구축으로 통계자료를 편리하게 추출할 수 있게 했고, 자격관리 홈페이지는 이용자 편의성을 중심으로 시스템을 개선했다.

2013년에는 자격관리 사회복지 현장실습사이트 구축으로 실습기관 및 지도자 등록을 통한 기관의 책임 있는 실습 실시 유도와 현장실습기관에 대한 정보 제공을 강화했고 「장애인차별금지법」에 따른 웹 접근성 강화도 시행했다. 이로써장애인, 고령자 등을 포함한 모든 이용자가 신체적, 기술적 여건과 관계없이 협회 자격관리 및 보수교육 홈페이지에서 제공하는 정보를 편리하게 이용하도록 하는 등 매년 전산 관리의 진보된 개선과 보완을 위한 노력을 쏟아 왔다고 한국사회복지사협회 회원SNS과 홍난숙 주임은 설명한다.

한국사회복지사협회는 각양각색의 행동을 통해 사회복지사 진출을 위한 새로운 영역을 구축했다. 사진은 2009년 1월 13일(화) 오후 서울 광화문 서울역사박물관 강당에서 개최한 '찾아가는 사랑나눔 교육연극 사업결과 보고대회'에서 교육뮤지컬 '춤추는 나무' 공연 뒤 나눔실천 그림대회 본선시상팀이 함께 촬영한 모습.

# 테마별 성과

## 행동하는 사회복지사

### 새로운 영역 및 사회복지사 진출 위한 활동 _

# 학교사회복지사 활동 법적 근거 마련

한국사회복지사협회는 의료사회복지사, 정신보건사회복지사, 학교사회복지사 단체를 산하단체로 두고 있다. 군사회복지사, 교정사회복지사에 대한 조직화도 지속적으로 연계하고 있다. 전문사회복지사 시대를 열기 위한 장기 프로젝트일 수도 있고, 거대담론이기도 하다.

의료와 정신보건 분야는 산하단체 사무국이 한국사회복지사협회 사무국과 같은 공간을 사용하고 있는 상태다. 반면 학교 분야는 따로 사무국을 꾸려 활동하는 상태다. 유망했고, 사업성과가 컸음에도 법적 근거가 없다는 이유로 지지부진할 수밖에 없었던 학교사회복지. 이를 제도화시키고 학교사회복지사의 활동을 명확히 하려고 한국사회복지사협회는 6년 간 끈질기게 입법지원을 진행해 왔다.

1990년대 중반은 우리나라에서 학교사회복지가 막 태동한 시기다. 1997년 삼성복지재단이 실시한 프로그램 공모사업에 학교사회복지사업이 공식 지정 사업으로 선정된 것이 최초로 전국 단위 사업으로 확대하는 계기였다. 2000년부터 서울시 교육청이 직접 사업으로 학교사회복지 시범사업을 시작했다. 2002년 사회복지공동모금회는 학교사회복지사업을 3년 기획 사업으로 채택해 전국 14개

학교를 지원했다. 2003년부터 2008년까지 교육복지투자우선지역지원사업을 비롯해, 위스타트 사업, 희망스타트, 드림스타트 등의 형태로 학교사회복지사업을 운영했다. 2007년부터 보건복지부가 주관하고 교육인적자원부가 지원하는 '학교사회복지사 파견사업'도 16개 시 · 도 96개 학교를 대상으로 진행했다. 그러나 이 사업이 2009년 갑작스레 종결되면서 96개 학교에 있던 학교사회복지실이 문을 닫아야 했다. 예산 삭감이 이유였고, 우려했던 복지부와 교육부의 핑퐁게임은 현실이 됐다.

한국사회복지사협회가 당사자 단체이자 산하단체인 한국학교사회복지사협회와 공동대책위를 구성했다. 한국학교사회복지학회까지 학교사회복지제도화추진위원회에 참여했다. 그렇게 입법지원은 시작됐다.

**학교사회복지사 법적근거 마련** 그간 사회복지사가 초 · 중 · 고교 사회복지실 등에서 교육복지 업무를 맡아온 역사는 벌써 10년도 훨씬 넘는 일이다. "학교사회복지사업은 이미 미국, 영국, 독일, 호주 등 서구 선진국에서도 도입하였고, 우리나라에서도 1990년대 이후 도입돼 다양한 시범사업을 거쳐 2004년부터 2008년까지 중앙정부에서도 채택돼 성과가 입증되었"다는 검토 결과(국회 교육과학기술위원회)도 있다.

하지만 전국적이고 구체적인 시행 근거가 없어서 제도적 시행에는 여전히 어려움을 겪고 있다. 한국사회복지사협회의 6년간의 노력 과정 속에 경상남도와 경기도 성남시, 용인시, 안양시 등은 지방자치단체 조례를 제정해 자체 시행하는 노력을 보이고 있지만, 일부 지자체는 상위 법률 부재로 인해 '근거 없다'는 이유로 조례 제정에 실패하기도 했다.

사회복지사 처우개선 제도화는 「사회복지사 등의 처우 및 지위 향상을 위한 법률」 제정 뒤 이를 근거로 한 지자체 조례 제정과 준비 소식이 속속 들려오는데, 학교사회복지(사) 제도화는 지자체 조례를 제정하기 위한 근거 법률이 없다는 이유로 오히려 조례 제정 실패 소식이 들려오니 난감할 따름이다.

**지자체 조례 제정 근거 될 「학교사회복지법안」** 그래서 필요한 것이 「학교사회복지법안」이다.

이는 지난 18대 국회 당시 이주영 의원(새누리당, 경남 창원시마산합포구)이 법률제정안으로 발의했으나, 임기 만료 때까지 국회 본회의에 상정되지 못한 채 폐기된 안타까운 사연이 있다. 2010년 2월 4일 이주영 의원 등 10인 제안으로 이튿날인 2월 5일 국회 교육과학기술위원회에 회부됐고, 이듬해인 2011년 4월 14일 위원회 검토와 토론을 거쳤지만, 소위로 회부된 뒤 임기만료까지 재검토되지 못 한 것이 못내 아쉬움으로 남아 있다.

법률제정안은 학교사회복지의 필요성을 시대적 상황으로 인식하고 있다. 해결과제도 그간의 문제 학생에 대한 개별적 접근이 아닌 통합적 관점의 새로운 패러다임을 제시하는 등 사회복지사들에게 매우 고무적이다.

### 건강과 복지증진 책임 규정한 「교육기본법」…<br>이에 따라 「학교보건법」은 있는데,<br>「학교사회복지법」은 없는 아이러니

하지만 사회복지사가 생태체계적 접근으로 통합적 학교사회복지 서비스를 제공하기엔 걸림돌이 있다. '현재 「교육기본법」 제27조는 학생들의 건강과 복지증진을 위한 국가 및 지방자치단체의 책임을 규정하고 있고, 이에 따라 학생들의 건강을 위해 이미 「학교보건법」도 마련했지만, 학생들의 복지증진을 위한 법은 마련되어 있지 않기 때문'이다.

게다가 "「초 · 중등교육법」에는 초 · 중등학교 교직원으로 교장, 교감, 교사, 직원 외에 다른 전문인력을 둘 수 없게 되어 있어 사회복지사가 학교 안에 상근(常勤)하며 학생복지 및 교육복지를 위하여 활동할 수 있는 법적 근거가 없"는 것도 문제다.

"따라서 학교, 가정 및 지역사회 간의 유기적 협력관계를 구축하여 교육환경을 개선 · 회복시키고, 학생의 권리를 증진시키는 동시에 그들이 자신의 능력을 최대한 발휘할 수 있도록 제도적 기반을 마련하려는 것"이야말로 법률제정안의 이유이자, 지금도 유효한 조건이다.

1990년대 중반은 우리나라에 학교사회복지가 막 태동한 시기다. 1997년 삼성복지재단이 실시한 프로그램 공모사업에 학교사회복지사업이 공식 지정 사업으로 선정된 것이 최초였다. 이후 2000년 서울시 교육청 직접 사업, 2002년 사회복지공동모금회 기획 사업, 2003년부터 2008년까지 교육복지투자우선지역지원사업을 비롯해, 위스타트 사업, 희망스타트, 드림스타트 등으로 이어졌다. 2007년부터 보건복지부가 주관하고 교육인적자원부가 지원하는 '학교사회복지사 파견사업'은 2009년 갑작스레 종결되면서 96개 학교에 있던 학교사회복지실이 문을 닫는 상황도 도래했었다. 예산 삭감이 이유였고, 우려했던 복지부와 교육부의 핑퐁게임은 현실이 됐다.

**19대 국회엔 누가 발의했나** 그래서 19대 국회 초반에도 「학교사회복지법안」 제정에 관심이 컸다. 이번엔 어느 의원이 발의할지, 제 정당과 정부입법까지 눈과 귀를 열어 놓고 주목하고 있었는데, 8월 27일 한국학교사회복지사협회가 신의진 의원(새누리당, 비례)과 함께 연 '아이들이 행복한 학교 만들기를 위한 사회복지사의 역할 제고방안 토론회'에서 힌트를 얻었다. 토론회에 참석한 이주영 의원(18대 국회 때 「학교사회복지법안」 대표발의)이 공식발언을 통해, 본인이 준비했던 제정법안이 19대 국회 때도 이어지길 바라는 마음을 전한 것이다. 토론회를 주최한 신의진 의원은 새누리당 '아이가 행복한 학교 만들기 특위' 간사로 활동 중이니, 뭔가 소득이 나올 것 같다는 견해였다. 아니나 다를까, 김세연 의원(새누리당, 부산 금정구)이 법률제정안을 검토 중이라는 소식도 들려왔다.

물론, 특위는 학교폭력문제 담당기구에서 활동할 전문 인력을 사회복지사만 검토하지는 않을 것이었다. 여러 전문직군을 두고 고심할 게 뻔했다. 이미 몇 차례 문제가 터질 때마다 경찰 등을 투입하는 것도 거론됐으니 말이다. 어쨌건 결론은, '법률제정안 발의는 된다'인만큼, 이제는 제정 요지가 무엇일지 관심의 끈을 놓쳐선 안 된다.

사실 처음 검토 소식이 들려 온 건 박성호 의원(새누리당, 경남 창원시의창구)에게서다. 박성호 의원은 이미 「학교폭력예방 및 대책에 관한 법률 일부개정법률안」('12.7.12. 제안)을 대표발의한 상태였었는데 고마운 일이었다.

이렇듯, 매끄럽고 단계적인 협력 과정들이 가능했던 건 2012년 8월 2일(목) 한국사회복지사협회와 새누리당 정책위원회가 만나 간담회를 진행한 결과도 영향이 있었다. 당 정책위 차원으로 한국사회복지사협회에 직접 방문한 것은 역사상 처음 있는 일이었다. 보건복지, 교육과학기술, 여성가족 등 세 가지 분과를 맡고 있는 김희정 의원(새누리당 정책위 부의장, 부산 연제구)이 박인숙 의원(서울 송파구갑), 민현주 의원(비례)과 함께 한국사회복지사협회를 방문했는데, 이 때 박

2012 교육복지우선지원사업·학교사회복지사업
초등 학생운영단 연합 '별별캠프'
▶기간 : 2012. 11. 9(금) ~ 11.10(토) ▶장소 : 서울유스호스텔, 한국잡월드
▶참여학교 : 광정초, 군포양정초, 금정초, 의왕부곡초, 군포의왕교육지원청

병방치 탐방 안내도

표 창 장

내가 행복할 때!
오!C!
chance, challenge,
change, champion
1. 우리들의 약속

꿈꾸는

2013년 춘천시 청소년 문화존
체험존
춘천시청소년수련관

Merry Christmas

성호 의원도 함께였기 때문이다. 세 가지 분과에 소속된 각각의 전문위원들도 함께였는데 이때 방문했던 이영찬 전문위원이 현재 보건복지부 차관이다.

**학교사회복지도 사회복지사업** 여당 얘기가 주를 이뤘는데, 19대 국회의원들 중 한국사회복지사협회를 처음 방문한 의원은 야당 의원이었다. 김용익 의원(민주통합당, 비례)이 그 주인공인데, 김 의원이 한국사회복지사협회에 방문해 현안 정책 과제를 청취한 날은 2012년 5월 31일(목), 그러니까 19대 국회의원 임기 시작(공식 임기 시작일은 5월 30일(수)), 그 바로 이튿날이었다. 몹시 빨랐다.

김 의원에게는 학교사회복지도 사회복지사업으로 인정받을 수 있는 근본적인 변화를 일궈 줄 것을 기대하고 있다. 이는 한국학교사회복지사협회가 면밀히 준비하는 추진 과제이기도 하다.

안타깝게도, 현재 학교나 교육청 등에서 근무하는 사회복지사들은 사회복지관 등 사회복지시설 및 법인으로 이직할 경우 경력을 공식적으로 인정받지 못한다는 게 한국학교사회복지사협회의 토로다. 「사회복지사업법」이 정의한 '사회복지사업'에 '학교사회복지'가 실천현장으로 명시돼 있지 않기 때문이다. 그래서 「사회복지사업법」을 개정해 '학교사회복지'라는 단어를 명시하는 게 학교사회복지사들의 숙원 과제이기도 하다.

「학교폭력예방 및 대책에 관한 법률 일부개정법률안」은 박성호 의원 이외에 서영교 의원(민주통합당, 서울 중랑구갑)도 대표 발의했다. 제안일도 박성호 의원이 제안한 날짜('12.7.12.)와 동일하다. 두 개정안에 모두 "학교폭력문제를 담당하는 전담기구에 사회복지사 등의 전문 인력을 추가"하는 내용이 담겨 있으니, 사회복지전문가들로서는 기대가 크다.

**무엇보다 「학교사회복지법안」이 필요** 앞서 설명했듯, 학교사회복지사들은 이미 초 · 중 · 고교에 있는 사회복지실 등에서 활동해 왔고, 정부 사업 결과 성과를 인정받는 등 공식적으로도 긍정적인 평가를 받아 왔다. 공교육을 지키기 위해 무엇보다 「학교사회복지법안」이 필요하다는 것은 법안 검토보고서(국회 교육과학기술위원회)가 잘 설명하고 있다. 이 보고서에 따르면, "학교사회복지사업은 학생, 그 보호자, 또는 가족과 교원에 대한 상담 및 지원서비스를 제공하는 체계별 서비스, 학교사회복지전문인력, 담임교사, 상담교사, 지역사회관련 기관의 담당자 등이 포함된 회의에서 진단 · 해결하는 통합적인 서비스, 학교사회복지위원회, 학교사회복지협의체 등을 두어 지역사회와의 협력체계를 구축하는 사업"이다.

현재 "학교는 학생들을 가르치는 교육적 기능과 학생들이 건강하게 자랄 수 있도록 하는 복지적인 기능을 수행하여야 하고, 학생들이 경험하는 문제와 욕구가 매우 복잡해지고 심각해지고 있으므로 학교가 학생들의 이러한 문제를 해결하기 위해서는 여러 전문가들의 협력이 필요한 실정"이다. "따라서 빈곤이나 학교부적응 등으로 인해 위기에 처한 학생들을 보호하고 회복할 수 있도록 돕는다는 점, 동시에 건강한 학생들이 문제 상황에 노출되지 않도록 돕는 예방적 활동을 한다는 점에서 학교사회복지사업은 학교에 추진할 필요가 있는 것으로 보인다"는 게 검토보고서의 논지다.

**현재 전문인력만으로는 사각지대 발생** 다만, 'Wee Center사업'(위기상황에 노출된 학생의 문제를 해결하고 학교폭력 학생에 대한 선도 · 치유를 위해 추진하는 Wee Project사업), '교육복지투자우선지역지원사업'(이하 교복투) 등과 유사하기 때문에 상호 연계성을 분석해 기존 교육조직 인력과 연계 운영할 수 있도록 하고, 연계성을 반영해 학교사회복지 기본계획과 시행계획을 통합적으로 수립할 필요가 있다는 지적도 있다. "이미 「초 · 중등교육법」과 「학교폭력예방 및 대책에 관한 법률」에 따라 전문상담교사를 학교현장에 배치하여 학생들의 문제에 대한 학생 상담 지원, 학부모 상담, 학생에 대한 각종 조사, 생활지도교사 및 상담교육 관련자 직무연수 지원, 지역네트워크 구축 , 교육복지투자우선지역 사업 등 교육복지사업 등을 추진하고 있으므로 이 법 제정의 필요성은 적다는 견해도 있음"을 보고서(국회 교육과학기술위원회)가 적시하고 있는 것이다.

하지만, "현재 전문상담교사와 생활지도부교사의 경우, 학생개별 상담을 주로 하여 지역사회와 연계 · 조정하는 역할이 부족한 실정이며, 주민센터 사회복지사의 경우, 주로 성인위주 서비스를 하므로 학생 문제는 방치돼 사각지대가 발생하고 있"다는 것 역시 놓쳐선 안 된다. 특히, 현재 교복투 등의 사업수행을 위해 일부 학교에 배치된 사회복지사들이 법적근거 없이 활동하고 있다는 문제는 해소될 수 없으며, 이 또한 「학교사회복지법안」 제정의 필요성이어야 한다고 한국사회복지사협회 대외협력과 추주형 과장은 전한다.

**환경 속의 인간** 미국은 학생 800명당 1명, 스웨덴과 핀란드 등은 학생 400명당 1명 배치를 원칙으로 하고 있는 등, 이미 학교규모와 학생수를 고려하여 사회복지사를 배치하고 있는 나라들이 있다. 학교에 사회복지사를 배치해 기존 교육복지사업을 종합적으로 관리하는 제도를 실행하는 것, 즉 「학교사회복지법안」 제정은, 생태체계적 관점으로 전국적 차원에서 시행해야 할 시대적 과제다.

현대사회의 인간은 홀로 존재하지 않고 환경 속에서 삶을 영위한다. 문제학생에 대한 개별적 접근으로 '범죄자'라는 스티그마를 씌우기 이전에, 우리 사회가 학생집단을 문제 집단으로 만들고 있는 건 아닌지 그 구조부터 고쳐야 한다고 생각한다면, 이미 생태체계적 관점으로 학교 구성원을 바라보는 「학교사회복지법안」에 동의하고 있는 것이다.

# 성년후견제도 추진

성년후견제는 크게 법정후견제와 임의후견제 두 종류가 있다. 법정후견제는 이미 정신적 제약으로 사무처리 능력이 결여된 사람을 법원이 선고하는 형태다. 임의후견제는 본인이 충분한 판단능력을 갖고 있는 동안, 장래 판단능력이 떨어진 상태가 될 경우를 상정 · 대비해 미리 본인이 선정한 대리인(임의후견인)에게 본인의 생활, 요양간호, 재산관리에 관한 사무에 대한 대리권을 주는 계약(임의후견계약)이다. 후자의 계약은 공증인이 작성하는 공정증서로 맺는다.

한국사회복지사협회는 2009년 '성년후견추진연대' 공동대표로 참여하고 이들을 중심으로 2011년 해외연수 프로그램으로 '독일의 성년후견제 서비스 전달체계 및 운영방식 벤치마킹'을 진행했다. 2013년에는 '성년후견제도 시행 준비위원회'를 발족해 운영을 시작했고, 법원 행정처 성년후견제도 전문가단체 간담회 참석, 전문가 성년후견 양성 시범교육을 실시했다고 한국사회복지사협회 기획정책과 문영임 대리는 설명했다.

**성년후견제 정착을 위해** 개정 이전 「민법」에는 판단 능력이 불충분한 성인을 위한 후견제도인 '한정치산, 금치산' 제도가 있었다. 하지만 이는 「민법」

을 제정한 1958년 만든 제도로, 시대 흐름에 맞지 않을 뿐만 아니라 여러 가지 문제를 갖고 있었다. 예를 들어 후견인에 대한 감독이 불충분해 제도를 악용할 우려가 있었고, 제도 이용자의 재산보호에만 치중해 신상보호 어려움도 있었다. 제도 이용 절차상 어려움과 용어가 갖는 부정적 의미로 인해 제도 이용이 매우 저조한 실정이기도 했다.

제도 보완을 위해 관련 단체, 국회의원 등이 「민법」 개정을 추진했다. 보건복지부와 한국보건사회연구원은 '성년후견제 사회복지분야 지원방안 연구'를 진행하기도 했다. 한국사회복지사협회와 26개 단체가 함께 발족한 '성년후견제추진연대'의 노력으로 '금치산 · 한정치산제도' 대신 '성년후견제'를 도입하고, "성년 연령을 만 20세에서 만 19세로 낮추는" 「민법 일부개정법률안」이 2011년 2월 18일 국회 본회의를 통과했다. 개정 「민법」은 20여일 뒤인 2011년 3월 7일 공포됐으며, "사회복지적 관점에서 기존 금치산 · 한정치산 제도를 현재 정신적 제약을 가지고 있는 사람은 물론 미래에 정신적 능력이 약해질 상황에 대비하여 후견제도를 이용하려는 사람이 재산 행위뿐만 아니라 치료, 요양 등 복리에 관한 폭넓은 도움을 받을 수 있는 성년후견제로 확대 · 개편"하는 것을 골자로 하고 있다.

**성년후견제 실시와 사회복지사 역할** 「민법」 개정 뒤 성년후견인이 될 수 있는 자는 가족 · 친족 · 제3자 후견인, 법인이다. 이 중 제3자 후견인은 변호사, 법무사, 사회복지사 등 전문가 자연인과 일반시민 자연인이 있다. 성년후견인은 가정법원의 심판에 의해 선임되며, 크게 후견인의 소송, 증여, 기증, 매매, 계약 등 재산 관련 중요 법률행위를 하는 재산관리업무('성년후견제 사회복지분야 지원방안 연구보고', 한국보건사회연구원 · 보건복지부)와 의료처치, 본인 주거 확보 계약, 양로원 등 복지시설 입 · 퇴소 계약 및 처우 감시나 이의 신청, 예금 · 적금의 해약이나 환불에 관한 사항, 교육 및 재활에 관한 계약, 장애인 활동보조 서비스 사회복지 수급권 계약 등의 신상보호 업무를 하게 된다.

우리 사회의 문화와 가치관을 고려했을 때 시행초기에는 친족 선임이 높은 비율을 차지할 것으로 전망한다. 그러나 우리보다 먼저 성년후견제를 도입한 일본의 경우(일본 최고재판소 사무총국 가정국 성년후견사건의 개황), 친족 이외의 제3자 후견인의 수임비율이 2006년 약 17%에서 2008년 32%, 2010년에는 41%까지 높아졌다. 우리나라도 제3자 후견인 비율 증가를 대비해 제3자 후견인 양성 및 관리체계를 구축해야 한다.

이에 한국사회복지사협회는 책임과 의무를 갖고, 변호사 · 법무사 등과 함께 많은 비중을 차지하게 될 사회복지사의 역할 정립 및 추후 진행 방안에 대해 고민해 왔다. 한국사회복지사협회는 정책교육국 남기룡 국장이 참여해 왔다.

사회복지사는 사회복지 전달체계의 중추적인 역할을 담당하는 전문가다. 또한 윤리적 직업 사명을 갖고, 성년후견인의 역할을 책임 있게 수행하고 피후견인의 복지 향상에 기여할 수 있는 전문 인력이다. 성년후견인으로서 사회복지사는 '신상보호'가 주요 직무 범위다. '성년후견제 사회복지분야 지원방안 연구'(한국보건사회연구원 · 보건복지부)에 따르면, '일상생활유지에 관한 사항, 주택관계, 복지시설 등에서의 생활, 의료에 관한 사항, 교육 · 노동 · 여가 · 활동 등'을 신상보호 업무 내용으로 제시하고 있다.

**우리나라의 성년후견제 도입 추진 배경** 선진국의 경우 고령화로 인한 치매 등의 이유로 판단능력이 미흡한 사람의 신상보호와 재산관리 필요성에 따라 성년후견제를 시행하고 있다. 우리나라 도입 배경은 조금 도특한데, 지적장애를 가진 부모들이 자신의 사후에 합법적으로 지적장애 자녀의 신상을 보호받을 수 있도록 방안을 요구하면서부터다. 성년후견제 도입을 추진했던 2004년에 지적장애를 둔 가족이 겪은 대표적인 사례가 '핸드폰요금 폭탄'이었다. 그리고 지적장애를 가진 가족이나 주변에서 돌봐줄 가족이 없는 경우 노동력을 착취당하거나 이들의 명의를 도용해 자신들의 재산상 이득을 취하는 사례가 적지 않았다. 이런 문제를 해결하기 위해 장애인단체, 여성단체, 노인단체 시민단체 등으로 구성한 성년후견추진연대가 출범했고 성년후견제 도입에 영향을 미쳤다.

**피성년후견인의 자기결정권 존중** 한편 사회복지사가 성년후견인으로 활동하는 것은 사회복지 인력시장 수급조절에도 기여할 것으로 예측한다. 현재 사회복지 노동시장은 최소 약 2.7배에서 최대 약 5.8배 수요대비 공급초과 상태이기 때문이다. 사회복지정책 발전을 위한 사회복지사의 새로운 활동 영역 창출 및 중장기 인력활용 계획 수립 방안 중 하나로 봐도 무방할 것이다. 따라서 사회복지계는 권역별 후견인 발굴 · 양성이 가능하다는 것을 고려해 지역별 전달체계에서부터 사회복지사들과 대응책을 마련해야 한다.

피성년후견인의 자기결정권 존중이라는 「민법」 개정 취지에 맞도록 성년후견제 시행 · 정착을 위한 준비에 박차를 가해야 하며, 국민을 위한 제도로 실질적인 운영을 하기 위해 제도적 보완 근거와 장치를 마련해야 한다. '성년후견제 관련 시행령 · 시행규칙 제 · 개정 논의' 시, 사회복지사 역할 정립 및 관련 단체와의 협력도 중요하다. 사회복지 종사자 및 일반시민의 적극적인 관심 역시 제도 안정화를 위한 주춧돌이다.

**여전히 남아있는 관제 피성년후견인의 자기결정권** 성년후견제는 피성년후견인의 자기결정권을 제한할 수밖에 없다. 피성년후견인의 복리를 극대화하는 방안을 강구하면 자기결정권으로 인한 피해를 최소화할 수 있을 것이다. 이 제도는 철저하게 피성년후견인 입장에서 설계하고 시행해야 비로소 지역사회 안전 장치로 작용할 것이다.

성년후견인은 피후견인 재산관리에 관한 법률적인 사항뿐만 아니라 당사자 본인의 신상과 관련 고령자나 장애인의 신체적, 정신적 특성, 각종 시설의 처우와 상황, 이용 가능한 공공 및 민간 복지서비스의 내용 등도 인지해야 한다. 재산관리에 치우쳤던 과거 행위무능력자제도(금치산 · 한정치산제도)와 달리 성년후견제도는 피후견인의 신상보호에 중점을 두고 있다. 클라이언트의 신상보호가 주요 직무 범위인 사회복지사들의 활동이 기대되는 이유다.

**한국사회복지사협회, 총 200여명 성년후견인 양성** 성년후견제도는 현재 지적 · 자폐성장애와 정신장애, 치매를 갖고 있는 당사자뿐만 아니라 미래에 정신적 능력이 부족할 수 있는 국민 모두를 위한 제도이다. 새로운 성년후견제도의 안정적 정착과 성공적인 운영을 위해 사회복지계는 윤리적 직업 사명으로, 성년후견인 역할을 책임 있게 수행할 수 있는 전문 인력을 확보하고 지원해야 한다. 한국사회복지사협회는 2013년부터 시작한 성년후견인 양성교육을 통해 한 해 총 200여명의 성년후견인을 양성했다. 사회복지 실무경력 5년 이상 1급 자격증 소지자를 대상으로 기본 40시간 교육을 편성했으며, 성년후견인으로 활동 시 추가 8시간의 보수교육을 받아야 한다.

성년후견제도를 성공적으로 운영하기 위해서는 사회복지종사자 및 시민의 적극적인 관심과 참여가 필요하다. 한국사회복지사협회는 성년후견제도를 적극적으로 소개하고 홍보해 왔으며, 법제 개선 노력도 지속할 것이다.

# 북한이탈주민 전문가 양성사업

우리나라에 입국하는 북한이탈주민수가 폭발적으로 증가하고 있다. 2009년 현재 1만6천명을 넘어섰으며, 북한이탈주민이 우리 사회에 정착하는 과정에서 주민간 갈등을 포함한 여러 가지 사회 부적응 문제도 발생하고 있다. 문제해결을 위한 전문 인력과 기관은 절대적으로 부족한 상태. 한국사회복지사협회가 북한이탈주민에 관심을 가진 이유는 이 때문이다.

북한이탈주민은 일시적 관심이 아닌 장기적 지원이 절실하다는 것을 고려해 '북한이탈주민 지역사회통합 프로그램 개발과 서비스 전문 인력 양성' 사업을 사회복지공동모금회에 제안했다. 이후 3년간 진행하며 주민통합기획단 사업 운영을 통한 지역사회통합과 북한이탈주민 전문 인력 양성사업에 중점을 두었다. 궁극적으로 북한이탈주민의 SRV(Social Role Valorization) 실현 및 북한이탈주민 전문가 양성이 목적이었다.

한국사회복지사협회는 3개 기관(가양7, 공릉, 한빛종합사회복지관)과 주민통합기획단을 운영하며 지역사회 내에서 북한이탈주민들이 지역주민으로서 주체적으로 활동하도록 지원했다. 또한 실무자들을 대상으로 '북한이탈주민 조직화 교육'을 실시해 북한이탈주민들이 스스로 문제를 해결할 수 있도록 조직화 활동

북한이탈주민은 일시적 관심이 아닌 장기적 지원이 절실하다는 것을 고려해 한국사회복지사협회는 ‘북한이탈주민 지역사회통합 프로그램 개발과 서비스 전문 인력 양성’ 사업을 사회복지공동모금회에 제안했다. 이후 3년간 진행하며 주민통합기획단 사업 운영을 통한 지역사회통합과 북한이탈주민 전문 인력 양성 사업에 중점을 두었다. 궁극적으로 북한이탈주민의 SRV(Social Role Valorization) 실현 및 북한이탈주민 전문가 양성이 목적이었다.

을 도왔으며, 사회복지사 역량 강화를 위한 교육도 개발해 운영했다. 사회복지학과 학생 및 사회복지사를 위한 기초 교육과 심화 교육 등 체계적인 교육이었다.

**매뉴얼 배포, 통일부도 벤치마킹** 무엇보다 ‘북한이탈주민 지역사회정착 매뉴얼’을 만들어 배포함으로써 북한이탈주민이 지역 내에 적응하기 위한 단계별 적응방법과 북한이탈주민의 특성을 이해할 수 있도록 했다. 이 매뉴얼은 통일부도 적극 활용하는 등 현재까지 북한이탈주민이 지역사회에 정착하는 데에 기여하고 있다는 게 한국사회복지사협회 회원SN과 박용득 차장의 말이다.

# 소규모 사회복지기관 희망디딤돌 사업

한국사회복지사협회는 사회복지공동모금회 지원으로 「소규모 사회복지기관(시설) 통합지원사업-희망디딤돌」을 2009년(2008년도 테마기획사업)부터 2010년까지 진행했다. 희망디딤돌은 소규모 사회복지기관을 멘티 기관으로 모집 · 선정해 교육을 거친 뒤 포트폴리오를 작성해 제출하는 사업(자유공모사업)이다. 선정 기관(시설)은 지원금을 전달해 프로그램을 수행할 수 있게 하고 사회복지사 중 역량을 갖춘 이들을 멘토로 투입(멘토링 사업)해, 사업 운영에 도움을 제공했다고 한국사회복지사협회 대외협력과 한정희 대리는 말한다.

희망디딤돌 사업 대상 기관은 전국 10인 미만 종사자로 구성된 사회복지시설(기관)이며, 멘토는 사회복지기관 경력 8년 이상인 사회복지사를 기준으로 선정했다. 370여 사업수행기관과 150명의 멘토를 선정해, 멘토 1명이 2~3개 기관을 담당했다.

2009년부터 2년간 실시한 희망디딤돌 사업은 참여기관과 멘티 등 사회복지사들의 높은 호응을 얻었다. 행정능력과 다양한 실무경험을 갖춘 멘토가 5인 미만 종사자로 구성된 사회복지시설 등 소규모 기관 실무자를 대상으로 멘토링 활동을 진행하고, 행정 · 회계 업무 역량을 갖추도록 하는 것이 주요 사업내용이다.

희망디딤돌은 소규모 사회복지기관을 멘티 기관으로 모집 · 선정해 교육을 거친 뒤 포트폴리오를 작성해 제출하는 사업이다. 선정 기관은 지원금을 전달해 프로그램을 수행할 수 있게 하고 사회복지사 중 역량을 갖춘 이들을 멘토로 투입해, 사업 운영에 도움을 제공했다.

135명의 멘토와 321개의 멘티기관이 동참해 사회복지사 업무 능력 강화와 네트워크 형성에 구심체 기능을 했다는 게 한국사회복지사협회 미디어전략과 황영일 대리의 말이다.

# 사회복지기관 윤리경영 사업

윤리경영사업은 2006년 테마기획사업으로 정식명칭은 '사회복지종사자 역량강화와 투명성확립을 위한 교육 · 지원사업'이다.

사회복지분야는 재정 기반이 공공에 있고, 사회적 취약계층에 대해 휴먼서비스를 제공한다는 측면에서 그 어떤 분야보다 높은 윤리경영의식(재무회계의 투명성, 이용자의 인권존중 등)을 요구받는 분야다. 한국사회복지사협회는 사회복지 분야에서도 투명경영 또는 윤리경영 실천을 위한 체계적인 사업수행기반을 구축하고자 했다. 인식개선을 위한 교육과정과 캠페인 방안 개발 · 운영, 각 기관이 시스템으로 윤리경영 도입 · 정착시킬 수 있는 전문인력 육성, 윤리강령과 실천계획 수립 등이 그것이다.

2006년 사회복지공동모금회 테마기획 사업으로서 사회복지종사자 역량강화와 투명성 확립을 위한 교육 · 지원사업 일환이었고, 2007년부터 2009년까지 3년 간 진행했다. 사업 목표는 사회복지분야 윤리경영 사업기반 구축 및 보완, 지속적인 윤리경영 통한 체계화, 홍보 통한 윤리경영 중요도 인식 확산, 지역별 윤리경영 협의체 구성 통한 지역적 확산이었다. 이를 위해 사회복지분야 윤리경영 매뉴얼을 제작 · 보급했으며, 사회복지윤리경영 강사를 확보해 교육을 진행했다.

사회복지분야는 재정 기반이 공공에 있고, 사회적 취약계층에 대해 휴먼서비스를 제공한다는 측면에서 그 어떤 분야보다 높은 윤리경영의식(재무회계의 투명성, 이용자의 인권존중 등)을 요구받는 분야다. 한국사회복지사협회는 사회복지 분야에서도 투명경영 또는 윤리경영 실천을 위한 체계적인 사업수행 기반을 구축하고자 했다. 또한 각 지역 우수기관을 윤리경영 대표기관으로 양성했다.

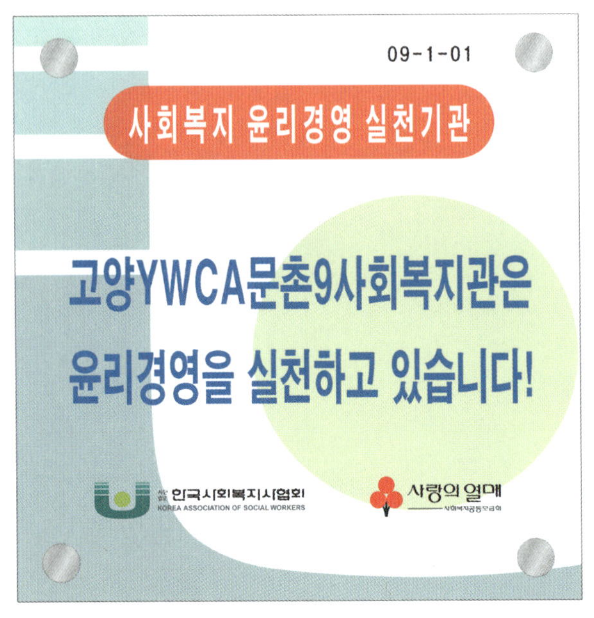


또한 윤리경영 온라인 정보센터를 제작하고 운영(2009년 누적 접속자수 12만여 명)해 윤리경영에 대한 자료와 진행사항을 공유했다. 또한 각 지역 우수기관을 윤리경영 대표기관으로 양성했다.

윤리경영 사업기관에는 사회복지분야 윤리경영을 수행하기 위해 꼭 필요한 과업들(공통과업)과 기관의 특성에 맞는 과업들(자율과업)을 진행할 수 있도록 지원했다. 또한 지역별 윤리경영기관을 중심으로 한 소모임을 구성하도록 했다. 나아가 사업참여 기관 중 윤리경영 강사를 육성해 교육을 진행했다. 그 결과 1기 기관(2007년)은 실천기관에서 선도기관으로 자리매김했으며, 2기 기관(2008년)은 윤리경영 내면화 단계를 수행했고, 끝으로 3기 기관(2009년)은 사업수행기관으로 선정돼 사업을 전국적으로 확대하는 계기를 마련했다. 또한 소모임을 통해 사업을 종료하더라도 지속적으로 추진하도록 자리를 마련했다.

# 시각장애인 바다낚시 대회

바다낚시는 시각장애인 특유의 탁월한 '감(感)'으로 즐기는 스포츠 중 하나다. 한국사회복지사협회는 시각장애인들에게 문화 체험 기회를 제공하고, 여가 활

한국사회복지사협회는 국내 최초 시각장애인 국회의원으로 유명한 정화원 전 의원(당시 한나라, 비례) 제안으로 시각장애인 바다낚시대회 사업을 시작했다. 사진은 2008년 5월 17일로, 시각장애인 및 사회복지사 등 100여명이 참여했다. '시각장애인들이 무슨 낚시냐'라는 비장애인들의 반응은 예년과 같았지만, 바다낚시는 시각장애인에게 모험 대상이 아니라 특유의 탁월한 '감(感)'으로 즐길 수 있는 스포츠임을 확인할 수 있었다. 한국사회복지사협회 주최, 인천광역시사회복지사협회 주관, 우정사업본부 지원 사업이었다. 1은 출항 전, 2는 낚시 뒤 입항해 찍은 사진.

동 의미로 이 사업을 시작했다. 2007년과 2008년, 2010년 세 차례에 걸쳐 인천 지역 시각장애인 및 비장애인(사회복지사)을 2인 1조로 편성해 바다낚시 대회를 진행했으며 선상에서 레크리에이션 및 다어상, 대어상, 화합상 등을 수여했다. 시각장애인 및 사회복지사 등 100여명이 참여하는 대규모 사업이었다. 특히 이 사업은 시각장애인들의 여가활동으로 진행한 한국사회복지사협회 최초 사업이기도 했다.

시각장애인 바다낚시 대회를 처음 제안한 이는 국내 최초 시각장애인 국회의원으로 유명한 정화원 전 의원(당시 한나라, 비례)이다. '시각장애인들이 무슨 낚시냐'라는 비장애인들의 반응은 예년과 같았지만, '낚시는 손맛'이라는 말이 있듯, 시각장애인들에게 낚시는 모험 대상이 아니었다. 시각장애인의 문화생활 향유와 재활의지를 고취하기 위해 마련한 낚시대회는 한국사회복지사협회 주최로 진행했으며, 인천광역시사회복지사협회가 주관하고 우정사업본부가 지원한 사업이었다.

# 서울국제사회복지영화제

한국사회복지사협회는 2009년 9월 8일부터 15일까지 '사랑, 나눔, 희망. 세상에서 가장 아름다운 영화제'를 주제로 서울국제사회복지영화제(SIHFF, Seoul International Human Film Festival)를 개최했다. 총 12개국 30여편의 영화를 상영한 이 영화제는 사회복지 기본 이념인 '인권 옹호와 사회정의 구현'을 국민과 함께 하고, 사회복지는 '저소득층 위주의 선별적 서비스'가 아닌, '전 국민을 대상으로 보편적 서비스'라는 것을 국민에게 알리는 것을 목적으로 했다.

서울광장 및 피카디리 극장에서 영화를 상영하고 총 6천700여명의 일반 시민 및 사회복지학과 학생들이 참여해 그 어떤 행사보다 뜨거운 반응을 얻었던 사업이었다. 영화제 기간 중 장진 감독과의 만남을 통해 영화에 대한 감독의 설명도 들을 수 있었고, 사회복지사 출신 김장미 감독과의 만남도 진행했다. 또 서울시 내 5개 사회복지관에서 '사랑의 밥차'를 운영해 지역 내 저소득 노인 1천여명에게 점심식사를 제공하고 영화제 개최기간 중 영화 상영 입장료는 자율기부형태로 모금활동을 전개해 서울시 꿈나래 통장에 후원도 했다.

영화제 기간 중 서울시내 5개 사회복지관에서 '사랑의 밥차'를 운영해 지역 내 저소득 노인 1천여명에게 점심식사를 제공하고 영화제 개최기간 중 영화 상영 입장료는 자율기부형태로 모금활동을 전개해 서울시 꿈나래 통장에 후원도 했다.

사회복지사에게 레드 카펫은 어떤 의미일까. 영화인과 함께 레드 카펫을 걸으며 사회복지사 기본 이념인 '인권 옹호와 사회정의 구현'을 국민과 함께 하고, 사회복지가 '저소득층 위주의 선별적 서비스'가 아닌, '전 국민을 대상으로 하는 보편적 서비스'임을 국민에 알렸다.

서울국제사회복지영화제 메인상영관은 서울 종로 소재 피카디리 극장이었다. 영화제 사무국도 같은 장소에 마련해 운영 효율을 높여 총6천700여명이 참여해 그 어떤 행사보다 뜨거운 반응을 얻었다. 영화감독 장진은 물론, 사회복지사 출신 임장미 감독과의 대화 자리도 마련했다. 최고의 홍보효과를 올린 실험적 사업이라는 평이다.

한국사회복지사협회는 2009년 9월 8일부터 15일까지 '사랑, 나눔, 희망. 세상에서 가장 아름다운 영화제'를 주제로 서울국제사회복지영화제(SIHFF, Seoul International Human Film Festival)를 개최했다. 총 12개국이 참여했으며 30여편의 영화를 상영했다. 사진은 서울광장에서의 개막식 뒤 시민과 함께한 야외 상영 모습.

**최고의 홍보 효과 올린 실험적 사업** 서울국제사회복지영화제 개최 사업은 굉장히 실험적 사업이었다는 게 한국사회복지사협회 회원지원국 홍재식 국장의 말이다. 영화를 소재로 전 국민 대상 사업을 펼쳤기 때문에 한국사회복지사협회를 남녀노소 누구에게나 널리 알릴 수 있는 기회였고, 사회복지가 남의 이야기가 아닌 우리의 이야기임을 알리는 데에도 큰 역할을 해냈다. 그간 포털 사이트 인물란에 오르지 못 했던 한국사회복지사협회 회장 직함이 활성화되기 시작한 것도 영화제가 계기였다. 즉, 홍보 효과가 극대화된 사업이었다.

영화제는 사회복지에 관한 대중 이해 증진은 물론 관심을 한 몸에 받을 수 있는 기회였고, 영화와 문화를 활용해 사회복지에 대한 이미지도 제고할 수 있었다. 자율기부방식으로 나눔문화 확산과 실천의 복지문화를 구체적으로 실현하는 계기이기도 했다.

# 협회 발간도서번호 색인 마련

한국사회복지사협회는 반백년 역사에도 불구하고 행정시스템이 완비돼 있지 않았다. 여러 가지 이유가 있지만, 최근 10년 내에 조직이 급성장하다보니 꼭 필요한 시스템부터 갖출 수밖에 없었고, 크고 작은 행사들도 내부공문 이외에는 명확히 정리된 결과가 남지 않았다. 불과 두세 명 조직이 매 3~4년마다 10여명으로, 20여명으로, 40여명으로 양적성장을 거듭한 데 비해 질적 성장은 개개인에게 맡겨져 있었고, 맨파워를 조직적으로 발휘할 힘과 지혜는 큰 행사 때나 어렵게 모을 수 있을 뿐, 상시적으로 하나가 되기엔 역부족인 상태였다. 부서 간 칸막이가 아니라 직원 개개인 간의 칸막이가 눈에 띄게 존재하는 관계로, 협력 관계로의 개선이 절실했다.

급성장세 속에 새로 수혈되는 인력도 다종다양하고 많았다. 하지만 개별사업들의 처지와 실정은 해당 업무 담당자만 알고 가다 보니 사업을 견실히 꾸리려면 에너지 소모량이 컸다. 막상 직원이 퇴사라도 하면 유사 사업은 전부 처음부터 다시 시작해야 하는 상황이었다. 매뉴얼을 만들어도 한 해가 지나고 나면 사라지는 현실을 타개하기 위해 한국사회복지사협회 조성철 회장이 마련한 것은 많았다. 그 중에서 설명할만한 사항은 '발간도서번호 색인표'였다.

| 한사협-2012-10-050 | 사회복지사 해외연수사업 수행 매뉴얼 | 국제교류 |
|---|---|---|
| 한사협-2012-10-051 | 사회복지관련 현안 설명 및 정책건의(4월분) | 대외협력 |
| 한사협-2012-10-052 | 제6회사회복지사의 날 기념식 | 회원지원 |
| 한사협-2012-10-053 | 제5회한맥사회복지사 대상 | 회원지원 |
| 한사협-2012-10-054 | 사회복지관련 현안 설명 및 정책건의(4.18) | 대외협력 |
| 한사협-2012-10-055 | 사회복지관련 현안 설명 및 정책건의(5월분) | 대외협력 |
| 한사협-2012-10-056 | 사회복지관련현안 설명 및 정책건의(6월분) | 대외협력 |
| 한사협-2012-10-057 | 2012 사회복지사 보수교육 - 사회복지정책의 동향과 과제 및 윤리경영 | 교육훈련과 |
| 한사협-2012-10-058 | 2012 사회복지사 보수교육 - 사회복지 현장의 현안과 과제 행복e음의 이해 | 교육훈련과 |
| 한사협-2012-10-059 | 소규모 복지시설 역량강화를 위한 원로 컨설팅 자료집 | 회원지원 |
| 한사협-2012-10-060 | 사회복지관련 현안 설명 및 정책건의(7월분) | 대외협력 |
| 한사협-2012-10-061 | 사회복지관련 현안 설명 및 정책건의(8월분) | 대외협력 |
| 한사협-2012-10-062 | 사회복지사 해외연수 발대식 자료 | 국제교류 |
| 한사협-2012-10-063 | 사회복지사 해외연수 매뉴얼 | 국제교류 |
| 한사협-2012-10-064 | 사회복지 현장실습 지도자 교육 - 기초과정 | 교육훈련과 |
| 한사협-2012-10-065 | 사회복지관련 현안 설명 및 정책건의(9월분) | 대외협력 |
| 한사협-2012-10-066 | 사회복지 핵심인재 양성교육 | 교육훈련과 |
| 한사협-2012-10-067 | 소규시설 사회복지사 역량강화를 위한 1차 슈퍼비전 세미나 | 회원지원 |
| 한사협-2012-10-068 | 소규시설 사회복지사 역량강화를 위한 2차 슈퍼비전 세미나 | 회원지원 |
| 한사협-2012-10-069 | 현안자료(10월) | 대외협력 |
| 한사협-2012-10-070 | 2012년 녹색자금 지원사업, 사회복지시설 녹색공간 조성사업 화보집 | 기획정책과 |
| 한사협-2012-10-071 | 사회복지사제도 제도 개선 방안 마련을 위한 토론회 | 연구소 |
| 한사협-2012-10-072 | 현안자료(11월) | 대외협력 |
| 한사협-2012-10-073 | 사회복지관련 현안설명 및 정책건의 | 대외협력 |
| 한사협-2012-10-074 | 사회복지 핵심인재 양성교육 | 교육훈련과 |
| 한사협-2012-10-075 | 2012 한일국제세미나 자료집 | 국제교류과 |
| 한사협-2012-10-076 | 2012 국제개발협력포럼 자료집 | 국제교류과 |
| 한사협-2012-10-077 | 홈커밍축제 자료집 | 국제교류과 |
| 한사협-2012-10-078 | 사례로 풀어보는 사회복지 시설의 법률 문제 | 교육훈련과 |
| 한사협-2012-10-079 | 사회복지정책의 동향과 과제 및 행복 e음의 이해 | 교육훈련과 |
| 한사협-2012-10-080 | 사회복지정책의 동향과 과제 및 윤리경영 | 교육훈련과 |
| 한사협-2012-10-081 | 사회복지정책의 동향과 과제 및 인권과 사회복지실천 | 교육훈련과 |
| 한사협-2012-10-082 | 사회복지정책의 동향과 과제 및 윤리경영 | 교육훈련과 |
| 한사협-2012-10-083 | 녹색공간 조성사업 성과의 지속화를 위한 자원네트워킹 프로그램 연구 | 기획정책과 |
| 한사협-2012-10-084 | 2012년 사회복지사 보수교육 강사양성 워크숍 | 교육훈련과 |
| 한사협-2012-10-085 | 사회복지시설 녹색복지자원 네트워킹 결과보고회 | 기획정책과 |
| 한사협-2012-10-086 | 사회복지관련현안 설명 및 정책건의(12월분) | 대외협력 |
| 한사협-2012-10-087 | 녹색 중간보고서 | 기획정책과 |
| 한사협-2012-10-088 | 사회복지시설 녹색복지자원 네트워킹 결과보고회 | 기획정책과 |
| 한사협-2012-10-089 | 소규모복지시설 역량강화를 위한 원로컨설팅 자료집 | 회원SNS과 |
| 한사협-2012-10-090 | 소규모복지시설 역량강화를 위한 원로컨설팅 사례집 | 회원SNS과 |
| 한사협-2012-10-091 | 사회복지사 보수교육 우수교재 자료집 | 교육훈련과 |

매뉴얼을 만들어도 한 해가 지나고 나면 사라지는 현실을 타개하기 위해 한국사회복지사협회 조성철 회장이 마련한 것은 많았다. 그 중에서 설명할만한 사항은 '발간도서번호 색인표'였다. 이는 평범한 조직체로서는 꽤 간단한 사항이었지만, 갑작스레 비대해진 한국사회복지사협회 사무국 조직에는 긍정적 효과가 컸다.

이는 평범한 조직체로서는 꽤 간단한 사항이었지만, 갑작스레 비대해진 한국사회복지사협회 사무국 조직에는 긍정적 효과가 컸다. 자기 업무에만 바쁘던 이들을 하나로 모으는 데에도 일조했고, 강위력한 행동의 미래전망을 세우기에도 편리해졌다. 빅데이터를 마련할 기회들이 생기고 이를 통한 신규 아이디어도 창출되기 시작했다.

한국사회복지사협회 회장 선거가 치열해진 건 불과 서너 기수 전부터다. 모든 이들의 공약을 살펴봐도 결국 '사회복지사의 전문성 향상, 권익 실현, 일자리 창출' 등으로 귀결되는데, 갈수록 갈등과 대립 구조가 커지고 있다. 회장을 서로 미루며 추대하여 결정하던 시기도 있었다. 그때만 해도 있었던 이해와 배려, 양보와 협력은 이제 불가능한 것일까. 적어도, 회장이 바뀌면 행정시스템도 다소 엉성해지는 조직적 특성을 당연한 것으로 받아들이지 않고, 팀워크를 중시하며 계속 달려온 한국사회복지사협회. 우리의 지난 6년은 그래서 더욱 특별했다.

물리적 조직이 커진데 비해 개별적으로 발휘되는 화학적 에너지는 언제고 다시 문제될 수 있다. 이를 하나로 모으려는 움직임은 앞으로도 계속될 것이다. 회원 단체인 만큼, 사무국 직원의 경험 누적과 그로 인한 힘이 사회복지사의 사회적 영향력으로 나타날 것이기 때문이다.

# 사회복지사 전문영역 확대

한국사회복지사협회는 사회복지사 관련 정책입안과 회원서비스를 확대하며 위상확립과 권익실현을 위해 달려왔다. 수많은 숙원을 해결해 가면서 외곽조직을 강화한 것 역시 큰 행동을 위한 작은 발걸음들이었다. 사회복지사 전문 분야별로 조직화를 진행한 것이 그것이다.

의료와 정신보건 분야는 자리를 잡은 상태였고, 학교 분야는 법 · 제도적 한계를 극복하기 위해 달려온 6년이었다. 이외에도 군, 교정 등 새로운 분야를 개척하며 관련 협회를 조직하기 위해 분투했다. 무엇보다 당사자조직이 나설 때 영향력은 강력해지기 때문이다.

특히 군사회복지사협회는 '군'이라는 폐쇄체계 특성상 장성이나 영관급 인사 등 군복무자 중에서도 뜻이 있는 사회복지사들을 찾는 게 급선무였다. 그 중에서도 군의무관이 입대해 의술을 펼치듯, 사회복지병과로 입대해 전문적으로 일했던 이들을 찾았는데, 그 중 한 명이 현재 한국군사회복지사협회 회장으로 있는 이흥윤 전 중령이다. 사회복지병과는 70년대 이후 맥이 끊겨 난관이 있지만, 대학 커리큘럼과 교재를 편찬하고 군사회복지전공을 만드는 등 실력은 계속 성장세다. 군사회복지 현장실습 등 새로운 피를 수혈하는 사례가 늘어가고 있어 군사회복지사 역시 의료, 정신보건 영역처럼 자리매김할 날이 멀지 않다.

교정사회복지사협회도 한국사회복지사협회가 관심을 쏟았던 신생 조직이다. 현역 공무원이 많은데다, 어디까지를 교정사회복지 분야로 할지에 대한 의견이 저마다 분분해, 모이는 것 자체가 큰 일일 정도로 조직력은 약한 상태다. 어느 분야별 협회나 마찬가지였듯, 현재 관련 학회 회원들이 그 중심이다. 신생 조직의 한계를 벗고 발돋움하기 위해 말 그대로 모이는 것 자체가 필요한 상태다.

현재 한국사회복지사협회는 산하단체로 대한의료사회복지사협회, 한국정신보건사회복지사협회, 한국학교사회복지사협회를 두고 관리하고 있으며, 한국군사회복지사협회와 한국교정사회복지사협회는 산하단체는 아니지만 지난 6년사 중 개입해 탄생시킨 신생 조직이다. 산하단체 등록은 자체 회원은 물론 활동성과도 필요하며 한국사회복지사협회 대의원총회 결의사항이다.

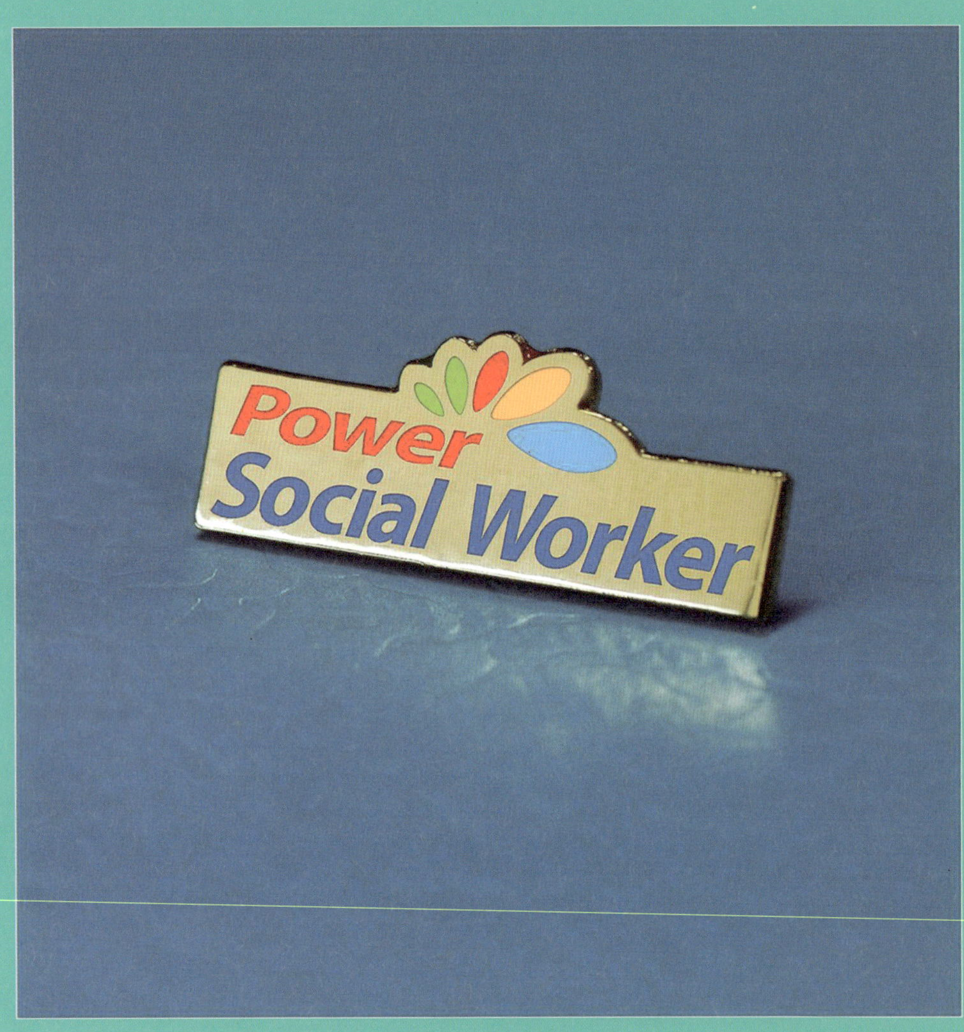


사회복지사 배지 'Power Social Worker'

# 4 주요인사 인터뷰

# 한국사회복지사협회 이영분 수석부회장

**질문 '서울국제사회복지대회' 한국 개최 의미와 준비과정**

**답변** '서울국제사회복지대회'는 2009년에 열린 국제학술대회입니다. 한국사회복지사협회가 아시아태평양사회복지교육협회, 한국사회복지교육협의회와 함께 교과과정 개편과 개발을 모색하기 위해 개최했습니다. 그간의 사회복지는 서구에서 발전한 모형 중심이었지만 이제는 지역중심으로 변화하고 있습니다. 즉 아시아태평양지역은 이 지역중심의 사회복지에 대한 개념을 재정의해야한다고 봅니다. 사회적 욕구도 빈곤과 폭력 문제뿐만 아니라 인권과 복지권으로 관심이 변화하고 있습니다. 결과적으로 세계 각 지역은 새로운 사회적 안전망을 만들기 위해 애쓰고 있습니다. 이런 흐름 속에 기존 사회복지 교과과정과 교육방법을 재검토하고 시대적 변화에 맞추고자 대회를 기획했습니다. '아시아태평양지역 사회복지 교육과 실천의 발전과제'를 주제로 개최한 '서울국제사회복지대회'를 통해 아태지역 사회복지교육자들과 임상영역 사회복지사들이 서로의 비전과 지식을 넓히는 기회였습니다.

**질문 해외 선진복지 연수, 특히 지도자연수의 영향력과 의의**

**답변** 한국사회복지사협회는 2001년부터 삼성과 사회복지공동모금회 지원으로 '사회복지사 해외연수사업'을 지속해왔습니다. 더불어 2003년부터는 사회복지지도자해외연수를 진행하고 있습니다. 2001년부터 2013년까지 13년간 132개 팀 1,021명의 사회복지사와 사회복지지도자가 연수에 참여해 전문성을 강화했습니다. 해외연수에 참여했던 연수단원들은 한국 사회복지 실천현장 곳곳에서 핵심인재로 자리매김하며 사회복지 발전을 견인하고 있습니다.

특히, 지도자연수를 통해서는 2003년부터 2013년까지 10개 팀 180명의 사회복지 지도자들이 사회복지 정책, 행정, 보수교육, 리더십 및 역량강화, 사회서비스 등 다양한 분야에 걸쳐 유럽, 미국, 오세아니아, 일본 등 사회복지 선진국 연수에 참여했습니다. 학계 · 임상계는 물론, 국회와 언론 등 다양한 유관단체들이 참여하여 각 영역에 제작 · 배포한 연수보고서는 사회복지영역에 영향력을 발휘하고 있습니다. 연수 종료 뒤에도 지속적인 네트워크 구축을 통해 긴밀한 협력관계를 유지하며 사회복지 질적 수준 제고에 기여하고 있습니다.

**질문 앞으로의 계획**

**답변** 사회복지사협회에 적극적 관심을 갖게 된 과거를 회상해 보건데, 이화여대 문인숙 교수님이 떠오릅니다. 1996년경, 당시 협회는 너무 열악한 상황이었습니다. 협회의 발전을 위해 협회의 활성화 운동을 벌여야한다는 문 교수님의 말씀을 받들어 모금운동에 동참했었습니다. 이를 계기로 협회는 서울 여의도 소재 월드비전에 독립 공간을 마련할 수 있었지만, 운영상 문제는 계속됐습니다. 그때마다 협회 발전에 공감하여 실질적 업무공간을 마련했던 우리들은 끝까지 힘을 모아왔습니다. 이런 과정이 지금의 거대한 발전을 이룩하는 밑거름이었다고 감히 생각합니다.

앞으로도 사회복지 전문성 향상을 위해 봉사하면서 사회복지사와 사회복지 발전을 위해 작은 힘이나마 보탤 것입니다. 사례관리사는 물론, 사회복지사들의 정서와 상담접근에 대한 전문 교육 및 훈련, 그에 대한 슈퍼비전을 지속하겠습니다. 또한 사회복지사협회가 공동주최하는 2016년 세계사회복지대회 서울 개최를 차질 없이 진행하도록 노력할 것입니다.

**질문** **협회에 바라는 점**

**답변** 국제적으로는 전미사회복지사협회(NASW)를 비롯해 유라시아 여러 나라들과 협정을 맺고, 사회적으로「사회복지사 등의 처우 및 지위 향상을 위한 법률」을 제정하는 등 지난 6년은 대외 이미지를 크게 강화한 시기였습니다. 안으로도 여러 제도를 정비했는데, 대표자를 선출할 때의 대의원 선거 제도를 회원 선거 제도로 변경한 것 등이 그렇습니다. 앞으로도 협회가 여러 이해관계들을 슬기롭게 모아 힘을 하나로 모아야 할 것입니다. 많은 제도가 그렇듯 이해관계로 인해 진실과 거짓이 거꾸로 알려질 때가 있기 때문입니다. 사회복지사협회는 회원 조직입니다. 개개인이 아닌 전체적 의미의 정치사회적 권익을 제도화 한 게 지난 6년이라면, 앞으로는 부족한 내부 체계들을 더욱 굳게 해 나아가는 노력이 특히 절실한 때입니다. 회비 납부율을 높이고 모두 함께 누릴 수 있는 기본적인 회원 서비스를 공동으로 제공하는 일이라든지, 현재 지역마다 천차만별인 재정상황을 개선하는 일 등 극복할 과제가 산적해있습니다. 지역이 저마다 개성 있는 목소리를 내는 것은 중요하지만, '중앙으로의 회비납부 일원화' 등을 통해 사회복지사 전체가 자기 권익을 위해 한 목소리를 낼 수 있는 환경을 조성하는 것은 앞으로 가장 중요한 과제입니다. 서로 다른 이해관계가 있더라도 변호사협회, 의사협회, 간호사협회처럼 사회복지사 권익을 위해서는 하나로 힘을 모을 때입니다.

## 한국사회복지사협회 선수경 부회장

**질문 '사회복지사 자살방지 및 인권보장을 위한 비상대책위원회' 활동 성과**

**답변** 연 초 돌아올 수 없는 길을 택한 후배들의 연이은 자살을 안타깝게 생각합니다. 지금도 생각하면 눈물이 납니다. 유서로 업무과중과 근무환경 개선을 남긴 또 다른 우리들을 위해 사회복지계가 한 목소리로 사회복지사 자살방지 및 인권보장을 위한 비상대책위원회를 구성했습니다. 23개 단체, 즉 범사회복지계가 관심을 갖고 3월 30일 사회복지사의 날은 물론, 다음날 광화문 추모집회까지 함께 했습니다. 공무원으로서 잠시 타성에 젖어있는 이들도 있었을 텐데, 사회복지사라는 공통분모 속에 사회복지사로서의 사명감으로 하나 되는 계기였음을 감사히 생각합니다. 사기진작 방안 등 보이는 성과도 나왔습니다. 하지만 그보다는 우리가 하나 되고, 또 무엇이든 할 수 있다는 자신감을 얻은 게 가장 큰 성과라고 생각합니다.

**질문** **비상대책위원회 활동을 하면서 가장 기억에 남는 일**

**답변** 옛말에 "개천에서 용 난다"라는 말이 있다. 백과사전을 찾아보니 다음과 같은 말이다. '미천한 신분의 사람, 또는 주어진 환경이나 조건이 매우 열악한 사람이 보통 사람들이 생각하기에 불가능한 업적을 이루거나 매우 높은 지위에 올라 성공하는 경우를 이르는 한국 속담이다'. 조성철회장님을 지근거리에서 보았던 한사람으로서 그 어렵고 힘든 성장과정을 극복하고 사회복지사협회장으로서의 사회복지사에 대한 한없는 애정과 사랑을 몸소 실천하여 수많은 성과와 업적을 거두게 된 것이 진정 오늘날의 개천에서 용 나지 않았나 생각이 든다.

**질문** **앞으로의 계획**

**답변** 사회복지직 공무원들이 이 땅의 공공복지를 책임진다는 자긍심으로 신명나게 일하는 근무환경이 하루빨리 도래했으면 합니다. 한국사회복지사협회 제18대 부회장이자 1만4천 사회복지직 공무원을 대표하는 한국사회복지행정연구회 회장으로서의 임기는 2013년 말까지인데, 그런 목적의식으로 살아갈 것입니다. 제가 속한 기관 팀장으로서 또 지역사회 선배로서, 팀장답고 선배다움으로 민 · 관 사회복지 기관을 아우르는 실천가로 거듭날 생각입니다. 때론 미더운 선배로 때론 자랑스러운 선배로 모두에게 인정받는 실천가로 기억되도록 노력하겠습니다.

**질문** **협회에 바라는 점**

**답변** 사회복지사 한 사람 한 사람에게도 "내가 존중되고 있고 내가 기댈 곳은 협회 밖에 없구나" 할 정도로 큰 울타리와 방패막이가 절실합니다. 그들과 소통할 수 있는 채널이 무엇인지 고민하고 또 한 발 더 다가가 배려하고 보듬을 수 있는 역할을 감당해야 합니다. 그래서 사회복지사가 행복하고 대한민국이 국민 모두에게 행복을 전하는 그런 사회복지사를 대변하는 단체로 자리매김하길 바랍니다.

## 한국사회복지사협회 유명재 부회장

**질문** **수도권이 아닌 지방 출신 사회복지사가 처음으로 중앙 협회장이 되고 연임까지 한 의의**

**답변** 한국사회복지사협회 회장은 그간 수도권 중심 협회장의 한계를 벗어나지 못했습니다. 지역주의를 떠나 서울을 중심으로 수도권이 모든 기능을 독점하는 상황이 당연시되기도 했습니다. 2008년 처음으로 지방 출신인 조성철 회장께서 당선된 것은 이런 생각과 틀을 깨고 새롭게 변화할 수 있는 소중한 기회였습니다. 그런 주체로서 6년 간 「사회복지사 등의 처우 및 지위 향상을 위한 법률」을 제정하는 등 사회복지계에 혁신적 기틀을 만들고 전국에 녹색복지를 실현하기 위해 수백억원을 펀딩해 냈다는 건 변화의 증거다. 앞으로도 자신감의 발로가 될 것입니다.

**질문 '전쟁피해자' 조성철의 개인적 성장과정과 사회복지사 대표로서의 의미**

**답변** 조성철 회장님을 지근거리에서 보았던 한사람으로서 그 어렵고 힘든 성장과정을 극복했다는 것만으로도 아낌없는 박수를 보내고 싶습니다. 전쟁고아는 누구도 원하는 삶이 아닐 것입니다. 갓 났을 때부터 보육원 생활을 하며 사회구조적 피해자였던 이가 사회복지서비스 대상자에서 전달자의 대표인 사회복지사협회장이 된 것은 기적과도 같은 일이라 할 수 있습니다. 사회복지사의 역사를 경험으로 체득한 이가 보여준 사회복지사에 대한 한없는 애정이 6년 간 성과와 업적으로 드러납니다. 사회복지사 중 한 명으로서 자랑스럽습니다.

**질문 앞으로의 계획**

**답변** 조성철 회장님과 인연을 맺은 지난 6년은 개인적으로도 크게 성장한 귀한 시간이었습니다. 학문적 체계를 더욱 구체화 하고 싶어 사회복지학 박사 학위를 취득했고, 이를 계기로 학생들과 더 자유롭고 즐거운 마음으로 소통할 수 있게 됐습니다. 저는 사회복지현장을 좋아합니다. 지금까지도 그래왔고 앞으로도 이런 제 생각에는 변함이 없을 것입니다. 대학 강의는 외도가 아닌 현장을 더욱 풍부하게 만들기 위한 과정으로서 즐겁게 생각하고 있습니다.

**질문 협회에 바라는 점**

**답변** 최근 들어 '사회복지란 무엇인가' 하는 깊은 고민에 빠집니다. 이념, 분야,

지역, 직급 등 단순하지만 단순하지 않은, 다양하고 복잡한 고민들이 얽힌 채 결론은 나지 않아 제 자신에게 화가 나기도 합니다. 사회복지는 기본적으로 나누는 것이 아니라 합치고, 함께하고, 더하는 것이지 빼는 것은 아니라고 생각합니다. 지금의 사회복지사협회는 더하기가 아니라 빼기를 하는 느낌이 듭니다. 부족하면 채우고, 미흡하면 보완하고, 단점보다는 장점을 보고, 내 주장보다는 남을 배려하고, 조화롭고 더불어 함께한다는 공동체적 동지의식을 갖는 사회복지사로서의 가치가 협회의 지배적 가치였으면 합니다. 사회복지사협회 가치는 일반적인 사회복지의 가치와는 구별된다고 봅니다. 사회복지사들에게 무엇을 줄 것인가를 끊임없이 고민할 필요가 있으며, 처우 개선은 물론, 전문성에 대한 사회적 인정, 다양한 분야로의 영역 확대 등 산적한 과제를 해결해야 합니다. 모든 사회복지사들이 뺄셈이 아닌 덧셈의 가치로 한마음 한뜻이 될 때 권익 수호는 가능할 것입니다.

## 한국사회복지사협회 장창수 부회장

**질문** **「사회복지사 등의 처우 및 지위 향상을 위한 법률」 제정 의의**

**답변** 민간 사회복지시설은 국가의 복지 책무를 위임받은 기관이며, 사회복지종사자는 지역주민에게 사회복지서비스를 전달할 책임이 있습니다. 공무원처럼 한순간이라도 중단되면 사회기반이 붕괴될 수 있는 중요한 공익성을 지녔음에도 처우와 근로환경은 열악한 상태였습니다. 사회적 인식도 낮아 생계의 어려움은 물론 신변 위협으로부터도 보호받지 못해 왔습니다. 2011년 3월 30일 제정한 법률의 기초는 신상진 전 국회의원을 비롯한 다섯 의원의 발의 법안을 병합 심의해 탄생했습니다. 한국사회복지사협회는 법안 통과를 위해 전국 유관 단체에 협조공문을 발송해 3만3천여명의 지지서명을 얻었으며, 조성철 회장님의 적극적인 노력으로 법률이 제정되기도 전에 한국사회복지공제회 설립 예산을 국회 예산결산특별위원회로부터 배정받는 등 놀라운 성과들을 이뤘습니다. 2010년 11월 29일 사회복지공제회 설립내용을 포함한 법안이 국회 보건복지위원회 법안심사를 통과할 당시 저는 조성철 회장님, 대전사회복지협의회 박상도 회장님과 함께 대전에 지역구를 두고 있던 이재선 상임위원장을 찾아갔었습니다. 장시간 설득하며 협조를 요청한 끝에 법안 통과라는 기적적 업적에 결정적 기여를 한 영광은 오랫동안 기억에 남을 것입니다. 사회복지사에 대한 국가의 법률적 책임을 최초로 규정한 법률이야말로 한국사회복지사협회의 전무후무한 성과이자 60만 사회복지사의 승리입니다.

**질문** **사회복지공제회가 사회복지사에게 주는 의미**

**답변** ‘사회복지공제회 설립’은 「사회복지사 등의 처우 및 지위 향상을 위한 법률」 골자 중 하나입니다. 적은 비용을 투입해 사회복지사 등의 처우를 개선함으로써, 궁극적으로 국민에게 희망을 주는 것입니다. 법률 제정 6주 뒤인 2011년 5월 12일(목) 보건복지부장관은 한국사회복지공제회 설립위원 9명을 위촉했고, 6월 2일(목) 보건복지부와 한국사회복지사협회가 ‘한국사회복지공제회 설립지원 업무 위탁 계약’을 체결함으로써 사회복지공제회 설립과 운영을 위한 기반 마련 및 공제사업 등의 세부사업을 준비할 수 있었습니다. 또한, 6월 15일(수) 한국사회복지사협회가 정부로부터 한국사회복지공제회 설립 예산(10억원)을 지원받아 업무에 박차를 가할 수 있었습니다. 2012년 3월 20일 출범한 한국사회복지공제회는 사회복지종사자들을 위한 금융상품 및 서비스 제공을 통해 생활안정 및 복지증진을 실현하기 위해 노력하고 있습니다. 사회복지사는 물론, 보육교직원, 요양보호사 등 현직 사회복지종사자라면 누구나 가입이 가능합니다. 회원우대 연복리 장기저축급여 상품과 정부지원 상해공제, 주택 및 전세자금 대출, 다양한 복리서비스를 이미 제공하고 있습니다. 회원 참여는 공제회 성공의 관건입니다. 점차 가입이 늘어 공제회 규모가 확대되고 있고, 이를 통해 나눌 수 있는 혜택이 더욱 많아져 기대도 커지고 있습니다.

**질문** **앞으로의 계획과 협회에 바라는 점은**

**답변** 저는 제5~6대 대전사회복지사협회장을 연임하며 한국사회복지사협회 부회장도 연임하고 있습니다. 공교롭게도 조성철 한국사회복지사협회 회장님과 연임한 것까지 임기가 동일합니다. 2회 연임, 6년 회장 임기를 마치며 더 훌륭한 사회복지사가 새로운 회장으로 선출되기를 기대하고 있습니다. 2014년 2월 28일이면 무거운 짐을 내려놓으며 회장에서 평회원으로 돌아가지만, 사회복지사 처우개선과 권익증진을 위한 노력은 새로운 회장과 함께 지속적으로 전개할 것입니다. 우리는 영원한 사회복지사이고, 한국사회복지사협회는 사회복지사 회원이 주인이기 때문입니다. 앞으로도 한국사회복지사협회가 회원들의 다양한 욕구를 만족시킬 수 있도록 수요자 중심 단체로 거듭 발전하길 기원합니다.

# 한국사회복지사협회 조남범 부회장

**질문** **젊은 시절 조성철 회장님과 가까워지고 각별한 사이가 된 계기**

**답변** 1991년 서른 즈음, 저는 한국사회복지관협회 과장으로 재직하고 있었습니다. 이사회 사회를 보던 중 어떤 문제 때문에 자존심에 금이 갔고, 도저히 참을 수 없어서 회의 도중 퇴사를 선언한 뒤 불쑥 나가버렸습니다. 그러나 회의장을 나서자마자 머릿속에는 '내가 화를 냄으로써 이 일의 본질이 왜곡되면 어쩌나, 천직으로 알던 사회복지계에서 다시는 일하지 못하면 어쩌나' 하는 복잡한 감정이 교차했습니다. 그 때 누군가 뒤에서 내 어깨를 덥석 잡았습니다. 그 분이 당시 한국사회복지관협회 감사였던 조성철 회장님입니다. 조 회장님은 먼저 제가 화를 내는 이유에 대해 공감하며 이해해주었습니다. 그러나 어른들 앞에서 화를 내고 나가버린 것은 잘못이라 지적하며 회의장으로 돌아가자고 설득했습니다. 회의장에 다시 들어선 저는 당시 이사님들 앞에서 반성하며 머리 숙여 사과드렸습니다. 그리고 아무 일도 없었다는 듯 다시 회의를 진행해 무사히 마칠 수 있었습니다. 젊은 날의 패기와 욱하는 성격을 그때 조성철 회장님이 잡아주고 설득해주지 않았더라면 지금의 저는 없었을지도 모릅니다. 그 일을 계기로 조성철 회장님은 제가 염려스러웠던지 계속 살피며 챙겨주셨습니다. 그렇게 아랫사람이 열심히 일한 것에 정당한 대우를 하고, 원로님들의 사회 공로는 인정해야 한다는 조 회장님의 사람에 대한 철학을 배우며 닮아온 세월이 길어져 지금까지 왔습니다.

**질문** **협회 선거제도 변경에 대해**

**답변** 조성철 회장님이 2008년 제17대 회장 선거에 나오면서 내세운 공약 중 하나가 선거제도 변화였습니다. 기존 선거방식은 대의원 5~600명이 회장을 뽑는 관례였는데, 이 같은 선거방식을 뒤집자는 것이었습니다.

협회 발전을 위해서는 회비를 내는 회원들이 직접 선거에 참여할 수 있게끔 선거권을 주자는 것이었습니다. 조 회장님이 제17대 회장으로 당선된 뒤 이 일을 논의하고 공론화하기 위해 들인 노력은 꽤 큽니다.

대의원선거제도를 회원직접선거제도로 바꾸려는 것을 두고 일부 회원들은 '조 회장이 장기적으로 회장을 하기 위해 제도를 유리하게 바꾸려는 꼼수 아니냐'며 왜곡된 시선으로 바라보기도 했습니다. 선거제도 변경을 위한 과정 속에서 이 일이 과연 대의를 위한 제도개선이 맞는지 고민도 있었고 제도를 바꾸려는 과정 속에서 수많은 오해를 사기도 하며 힘든 순간도 보냈습니다. 하지만 대의원들과 회원들의 동의를 얻어 결국 제18대 임기 중에 선거제도를 변경시키는 성과를 이뤘습니다.

더불어 제19대 선거 불출마 선언을 하며 이전에 있었던 오해도 벗을 수 있었습니다. 2014년 2월 제19대 선거부터는 3년 이상 회비를 낸 1만2천여 회원이 선거에 참여할 수 있는 선거권을 갖게 되었습니다.

이제 한국사회복지사협회장 선거는 모든 회원들이 참여하는 축제의 장이어야 합니다. 그런 시작으로서 변화의 바람이 불고 있다는 점은 분명 새로운 의미입니다.

**질문 예산결산특별위원회 활동 의의**

**답변** 실무자들이 짠 예산안을 좀 더 객관적인 시선으로 사전에 검토해 합리적으로 편성하겠다는 취지로 예산결산특별위원회를 만들었습니다. 한국사회복지사협회는 전국 16개 지회를 두고 있는데, 회원이 많은 곳은 재정이 풍부하고 회원이 적은 곳은 재정이 열악한 실정입니다. 조성철 회장님은 이런 점을 보완하기 위해 중앙에서 지회에 지원금을 주는 제도를 만들었습니다. 그리고 예산결산특별위원회는 지회 간의 균형적인 발전을 위한다는 원칙 아래 그 방향을 잡아주는 역할을 맡았습니다. 지회의 주먹구구식 결산도 검토해야 했습니다. 이전에는 중앙협회가 지회 감사를 진행하지 않았고, 보건복지부 감사와 자체 감사만 받으며 비효율적으로 운영하는 지회도 일부 있었습니다. 그런 비효율성을 바로잡고자 만든 예산결산특별위원회에 위원장으로 배속돼 활동하며 중앙과 지회 간의 회계업무 표준화를 이뤘습니다. 그로인해 협회 운영은 투명성과 효율성을 확보할 수 있었습니다. 한국사회복지사협회 중앙과 지회가 예산 결산의 모든 구조를 하나로 살필 수 있는 기본 틀을 잡았다는 것이 예결특위 활동의 의의입니다.

**질문 앞으로의 계획**

**답변** 예전의 행정경험과 노하우를 토대로 경기도사회복지공제회를 활성화시키는 것이 단기계획입니다. 초기의 척박한 공제회 현실을 극복하고 실질적인 사회복지시설 종사자들이 믿고 의지할 수 있는 공제회가 되도록 자리매김 하는데 최선을 다하겠습니다. 장기 계획은 한국사회복지공제회와 경기도사회복지공제회, 양 공제회가 한국사회복지분야에서 판을 키울 수 있는 힘이 되도록 힘쓰는 것입니다.

**질문** **협회에 바라는 점**

**답변** 첫째는 전문가단체로서 사회복지전문성을 재고하고 확산시키는데 장기적 노력을 해야 합니다. 둘째는 「사회복지사 등의 처우 및 지위 향상을 위한 법률」 개정 활동과 이를 근거로 한 지방조례 제 · 개정 활동 등 사회복지사 신분보장을 위한 법제 개선 노력을 끊임없이 진행해야 합니다. 셋째는 사회복지공제회 활성화를 위한 활동에 한국사회복지사협회가 함께 해야 합니다. 마지막으로 권익단체로서의 정치력을 향상시켜야 한다. 다만 한국사회복지사협회가 정치적이어서는 안 됩니다. 즉, 한국사회복지사협회의 권익을 위한 정치력을 키워야 하는 것이지, 특정 정치인을 지지하거나 돕기 위한 세력으로 전락해선 안 됩니다. 사회복지사들의 권익을 위한 정치력이 확대돼, 사회복지사들이 행복할 때 클라이언트에게 긍정적인 영향을 끼칠 수 있는 사회가 오길 기대합니다.

## 한국사회복지사협회 한형범 부회장

**질문** **유라아시아포럼 성과**

**답변** 김성이 전 보건복지가족부장관과 조성철 한국사회복지사협회 회장이 러시아국립사회대학과 미팅을 하면서 처음 유라시아포럼 계획을 세웠습니다. 교류 노력 끝에 2008년 제주도에서 유라시아 포럼을 성황리에 실시하는 결실을 맺었습니다. 제주특별자치도사회복지사협회는 16개 시 · 도지회 중 가장 재정이 열악한 곳이었기에 국제 행사 개최는 의미가 큽니다. 처음에는 유라시아포럼 준비과정에서 러시아 석학들이 만족하지 못할까봐 걱정스러운 점도 있었습니다. 하지만 제주도 행정당국과 중앙협회가 필요할 때마다 적절히 도운 덕분에 무사히 유라시아포럼을 진행 할 수 있었습니다. 또한 제주도의 사회복지학자들이 일심동체로 개최준비를 도와 난관을 극복할 수 있었습니다. 이로써, 2009년 러시아에서 개최한 것을 빼고는 2008년에 이어 2010, 2011년 3회에 걸쳐 제주도에서 유라시아 포럼을 개최하는 성과를 이뤘습니다. 제주도의 아름다운 장관을 소개하는 것이 참 뿌듯하고 여러 석학들과 어울려 국제대회에 참가하는 보람이 있었습니다. 또한 제주도에 있는 사회복지학자들이 유라시아포럼을 계기로 견문을 넓히고 러시아 석학들과 토론을 하며 학문적으로도 소통한 것이 유라시아 포럼이 남긴 소중한 자산이라고 생각합니다.

**질문** **앞으로의 계획**

**답변** 사회복지직 공무원으로 13년, 국민연금관리 공단인으로 21년, 정년퇴직 뒤 제주특별자치도사회복지사협회 회장으로서 6년, 총 40년 간 사회복지계를 위해 앞만 보고 걸어왔지만 아직 쉴 생각은 없습니다. 오히려 앞으로 제가 할 수 있는 일에 대한 희망으로 가슴이 설렙니다. 후배 사회복지사들을 위해 도울 수 있는 일이 있다면 그동안 쌓은 경험과 노하우를 살려 사회복지계를 위해 기여하고 싶습니다.

**질문** **협회에 바라는 점**

**답변** 해가 갈수록 사회복지사들의 수는 증가하고 있습니다. 그러나 회원들의 취업문은 갈수록 좁아지고 있는 실정입니다. 예비 사회복지사들의 희망과 비전을 살릴 수 있도록 일할 수 있는 환경을 만드는 제도적 장치들이 필요한 시점입니다. 또한 사회복지사들이 힘든 일을 하고 있음에도 불구하고 다른 직종에 비해 보수가 낮은 것 또한 심각한 문제입니다. 하루빨리 사회복지사들의 보수문제가 개선되길 바랍니다. 여기에 한국사회복지사협회의 존립 이유가 있습니다.

# 부록

# 사회복지사 자격증 및 회원증 발급 현황

기준일 2013. 12. 31

# 1 자격증 발급 현황 [ ~ 2013. 12. 31]

### ▶ 지역별 자격증 발급 현황

(단위: 건/%)

| 지역 | 급수 | 1급 | | 2급 | | 3급 | | 소계 | |
|---|---|---|---|---|---|---|---|---|---|
| | 단위 | 건 | % | 건 | % | 건 | % | 건 | % |
| 서울 | | 41,410 | 6.49 | 95,159 | 14.92 | 11,184 | 1.75 | 147,753 | 23.17 |
| 부산 | | 7,251 | 1.14 | 33,719 | 5.29 | 391 | 0.06 | 41,361 | 6.49 |
| 대구 | | 5,461 | 0.86 | 30,298 | 4.75 | 204 | 0.03 | 35,963 | 5.64 |
| 인천 | | 3,364 | 0.53 | 15,450 | 2.42 | 38 | 0.01 | 18,852 | 2.96 |
| 광주 | | 4,671 | 0.73 | 35,518 | 5.57 | 139 | 0.02 | 40,328 | 6.32 |
| 대전 | | 4,596 | 0.72 | 22,521 | 3.53 | 97 | 0.02 | 27,214 | 4.27 |
| 울산 | | 941 | 0.15 | 7,383 | 1.16 | 18 | 0.00 | 8,342 | 1.31 |
| 경기 | | 11,902 | 1.87 | 70,027 | 10.98 | 142 | 0.02 | 82,071 | 12.87 |
| 강원 | | 2,548 | 0.40 | 16,492 | 2.59 | 43 | 0.01 | 19,083 | 2.99 |
| 충북 | | 3,692 | 0.58 | 21,790 | 3.42 | 97 | 0.02 | 25,579 | 4.01 |
| 충남 | | 3,890 | 0.61 | 18,435 | 2.89 | 104 | 0.02 | 22,429 | 3.52 |
| 전북 | | 5,648 | 0.89 | 29,121 | 4.57 | 125 | 0.02 | 34,894 | 5.47 |
| 전남 | | 3,858 | 0.61 | 38,528 | 6.04 | 33 | 0.01 | 42,419 | 6.65 |
| 경북 | | 6,018 | 0.94 | 41,805 | 6.56 | 65 | 0.01 | 47,888 | 7.51 |
| 경남 | | 4,300 | 0.67 | 29,233 | 4.58 | 63 | 0.01 | 33,596 | 5.27 |
| 제주 | | 967 | 0.15 | 8,866 | 1.39 | 12 | 0.00 | 9,845 | 1.54 |
| 소계 | | 110,517 | 17.33 | 514,345 | 80.67 | 12,755 | 2.00 | 637,617 | 100.00 |

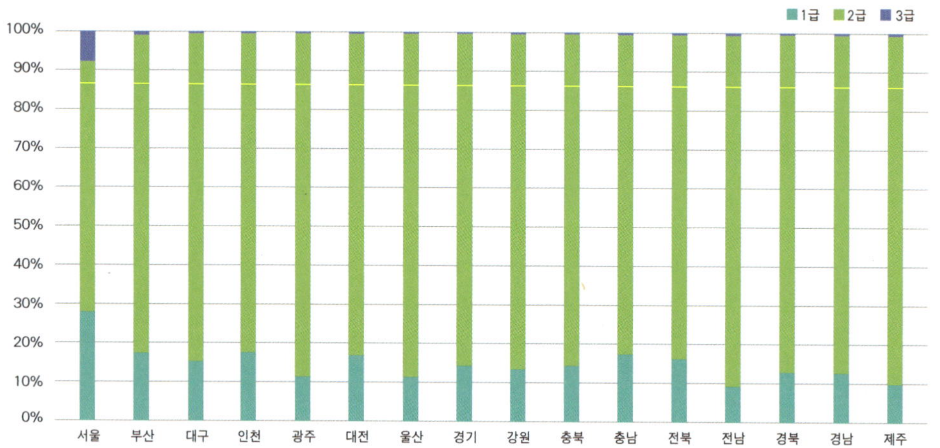

## ▶ 성별 자격증 발급 현황

(단위: 건/%)

| 성별 \ 급수 | 1급 | | 2급 | | 3급 | | 소계 | |
|---|---|---|---|---|---|---|---|---|
| 단위 | 건 | % | 건 | % | 건 | % | 건 | % |
| 남성 | 27,392 | 4.30 | 136,669 | 21.43 | 3,488 | 0.55 | 167,549 | 26.28 |
| 여성 | 83,125 | 13.04 | 377,676 | 59.23 | 9,267 | 1.45 | 470,068 | 73.72 |
| 소계 | 110,517 | 17.33 | 514,345 | 80.67 | 12,755 | 2.00 | 637,617 | 100.00 |

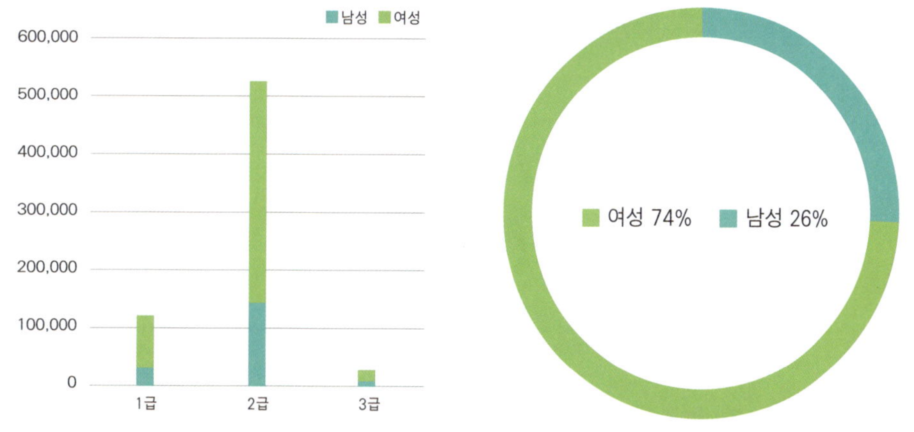


## ▶ 학력별 자격증 발급 현황

(단위: 건/%)

| 학력 | 급수 | 1급 | | 2급 | | 3급 | | 소계 | |
|---|---|---|---|---|---|---|---|---|---|
| | 단위 | 건 | % | 건 | % | 건 | % | 건 | % |
| 정규교육과정 | 전문대 | 4,341 | 0.68 | 185,475 | 29.09 | 290 | 0.05 | 190,106 | 29.82 |
| | 대학교 | 46,024 | 7.22 | 107,420 | 16.85 | 188 | 0.03 | 153,632 | 24.09 |
| | 대학원 | 3,937 | 0.62 | 15,308 | 2.40 | 29 | 0.00 | 19,274 | 3.02 |
| | 외국대 | 71 | 0.01 | 195 | 0.03 | 2 | 0.00 | 268 | 0.04 |
| 학점은행 | 전문대 | 5,645 | 0.89 | 118,903 | 18.65 | 145 | 0.02 | 124,693 | 19.56 |
| | 대학교 | 1,443 | 0.23 | 13,698 | 2.15 | 1 | 0.00 | 15,142 | 2.37 |
| | 시간제 | 339 | 0.05 | 26,975 | 4.23 | 1 | 0.00 | 27,315 | 4.28 |
| 양성교육 * | | 141 | 0.02 | 1,697 | 0.27 | 1,655 | 0.26 | 3,493 | 0.55 |
| 기타 ** | | 48,576 | 7.62 | 44,674 | 7.01 | 10,444 | 1.64 | 103,694 | 16.26 |
| 소계 | | 110,517 | 17.33 | 514,345 | 80.67 | 12,755 | 2.00 | 637,617 | 100.00 |

* 양성교육기관 : 전문대학, 대학교 학력의 양성교육과정 수료자는 사회복지사 자격증 신청 시 전문대학, 대학교 졸업증명서를 제출함에 따라 전문대학, 대학교 건수에 포함될 수 있음

** 기타 : 고등학교 졸업이하 학력과 학력 미기재 포함

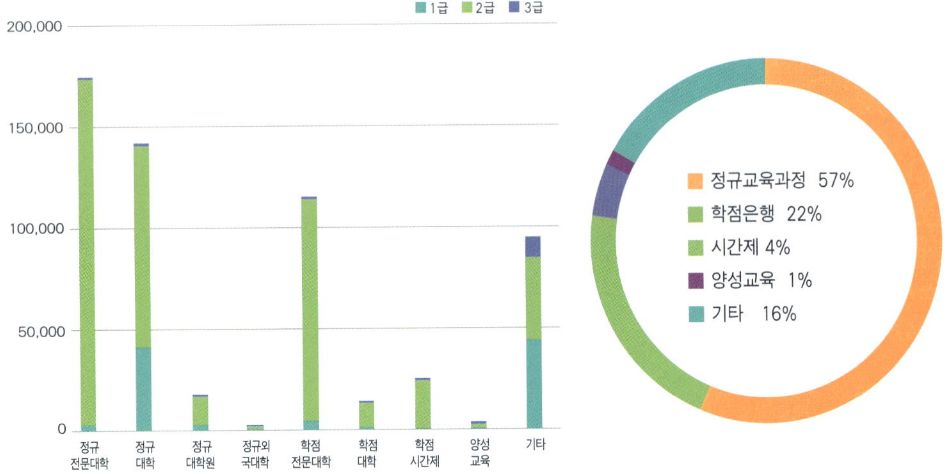


## ▶ 연령별 자격증 발급 현황

(단위: 명/%)

| 연령 (급수/단위) | 1급 | | 2급 | | 3급 | | 소계 | |
|---|---|---|---|---|---|---|---|---|
| | 건 | % | 건 | % | 건 | % | 건 | % |
| 20대 | 23,605 | 4.03 | 92,409 | 15.79 | 24 | 0.00 | 116,038 | 30.31 |
| 30대 | 42,663 | 7.29 | 134,044 | 22.91 | 662 | 0.11 | 177,369 | 30.31 |
| 40대 | 21,895 | 3.74 | 149,915 | 25.62 | 748 | 0.13 | 172,558 | 29.49 |
| 50대 | 10,863 | 1.86 | 85,592 | 14.63 | 886 | 0.15 | 97,341 | 16.64 |
| 60대 | 2,424 | 0.41 | 16,795 | 2.87 | 541 | 0.09 | 19,760 | 3.38 |
| 70대 | 518 | 0.09 | 1,458 | 0.25 | 78 | 0.01 | 2,054 | 0.35 |
| 소계 | 101,968 | 17.43 | 480,213 | 82.07 | 2,939 | 0.50 | 585,120 | 100.00 |

※ 발급 [건수]와 발급 [명수]는 차이날 수 있으며, 연령 특성 상 매년 조회 시 연령별 명수가 변경됨

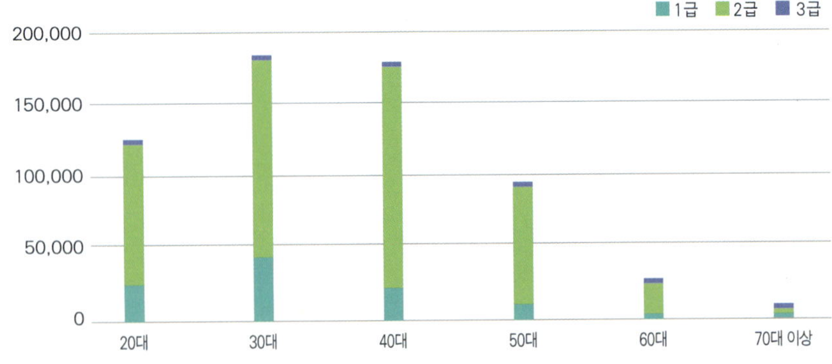

## ▶ 연도별 자격증 발급 현황

(단위: 건)

| 학력 \ 급수 | | 1급 | 2급 | 3급 | 소계 |
|---|---|---|---|---|---|
| 2008 | 당해년도 | 9,170 | 50,693 | 344 | 60,207 |
| | 누계 | 73,969 | 183,314 | 11,790 | 269,073 |
| 2009 | 당해년도 | 7,286 | 61,069 | 223 | 68,578 |
| | 누계 | 81,255 | 244,383 | 12,013 | 337,651 |
| 2010 | 당해년도 | 9,733 | 65,229 | 202 | 75,164 |
| | 누계 | 90,988 | 309,612 | 12,215 | 412,815 |
| 2011 | 당해년도 | 3,635 | 66,164 | 193 | 69,992 |
| | 누계 | 94,623 | 375,776 | 12,408 | 482,807 |
| 2012 | 당해년도 | 9,834 | 67,722 | 167 | 77,723 |
| | 누계 | 104,457 | 443,498 | 12,575 | 560,530 |
| 2013 | 당해년도 | 6,060 | 70,847 | 180 | 77,087 |
| | 누계 | 110,517 | 514,345 | 12,755 | 637,617 |

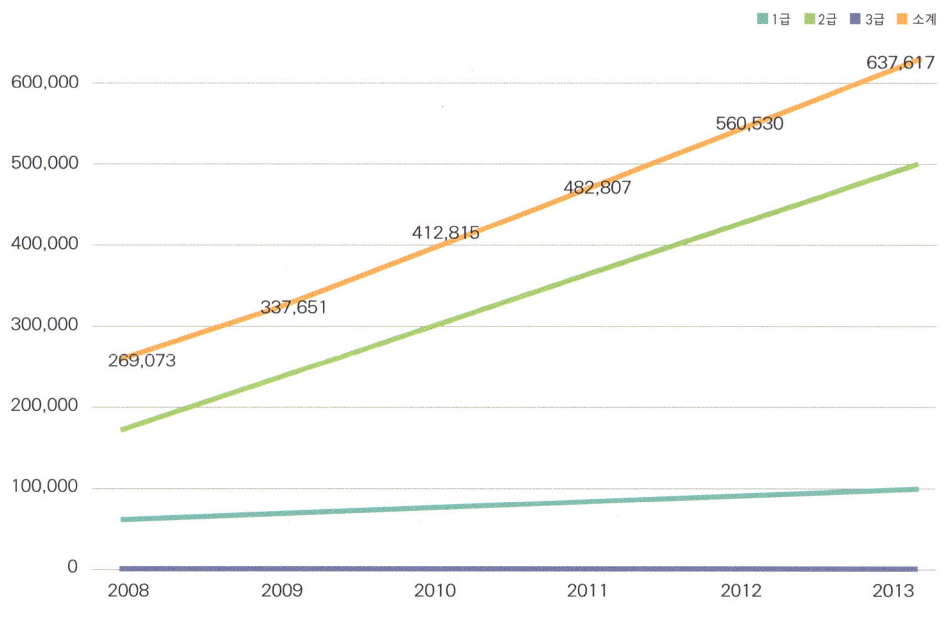

# 2 최근 6년간 지역별 자격증 발급 현황

[2008. 1. ~ 2013. 12.]

(단위: 건)

| 구분 | 합계 | | | 1급 | | | 2급 | | | 3급 | | |
|---|---|---|---|---|---|---|---|---|---|---|---|---|
| | 소계 | 남 | 여 | 소계 | 남 | 여 | 소계 | 남 | 여 | 소계 | 남 | 여 |
| 서울 | 82,204 | 22,964 | 59,240 | 12,345 | 2,822 | 9,523 | 68,784 | 19,641 | 49,143 | 1,075 | 501 | 574 |
| 부산 | 27,616 | 6,276 | 21,340 | 3,653 | 743 | 2,910 | 23,782 | 5,426 | 18,356 | 181 | 107 | 74 |
| 대구 | 24,401 | 6,194 | 18,207 | 2,664 | 673 | 1,991 | 21,733 | 5,521 | 16,212 | 4 | 0 | 4 |
| 인천 | 15,483 | 3,961 | 11,522 | 2,099 | 468 | 1,631 | 13,381 | 3,491 | 9,890 | 3 | 2 | 1 |
| 광주 | 28,966 | 7,349 | 21,617 | 2,029 | 425 | 1,604 | 26,932 | 6,924 | 20,008 | 5 | 0 | 5 |
| 대전 | 17,971 | 5,290 | 12,681 | 1,921 | 470 | 1,451 | 16,046 | 4,818 | 11,228 | 4 | 2 | 2 |
| 울산 | 5,853 | 1,179 | 4,674 | 595 | 108 | 487 | 5,255 | 1,071 | 4,184 | 3 | 0 | 3 |
| 경기 | 64,130 | 15,896 | 48,234 | 6,591 | 1,467 | 5,124 | 57,527 | 14,427 | 43,100 | 12 | 2 | 2 |
| 강원 | 14,906 | 4,596 | 10,310 | 1,467 | 379 | 1,088 | 13,437 | 4,217 | 9,220 | 2 | 0 | 2 |
| 충북 | 20,141 | 4,873 | 15,268 | 1,960 | 454 | 1,506 | 18,181 | 4,419 | 13,762 | 0 | 0 | 0 |
| 충남 | 15,440 | 3,957 | 11,483 | 1,438 | 320 | 1,118 | 13,997 | 3,635 | 10,362 | 5 | 2 | 3 |
| 전북 | 24,093 | 6,808 | 17,285 | 2,281 | 567 | 1,714 | 21,805 | 6,239 | 15,566 | 7 | 2 | 5 |
| 전남 | 25,228 | 6,710 | 18,518 | 1,160 | 214 | 946 | 24,067 | 6,496 | 17,571 | 1 | 0 | 1 |
| 경북 | 32,654 | 9,077 | 23,577 | 2,605 | 758 | 1,847 | 30,048 | 8,319 | 21,729 | 1 | 0 | 1 |
| 경남 | 23,596 | 5,864 | 17,732 | 2,426 | 448 | 1,978 | 21,166 | 5,416 | 15,750 | 4 | 0 | 4 |
| 제주 | 6,069 | 1,848 | 4,221 | 532 | 131 | 401 | 5,536 | 1,717 | 3,819 | 1 | 0 | 1 |
| 합계 | 428,751 | 112,842 | 315,909 | 45,766 | 10,447 | 35,319 | 381,677 | 101,777 | 279,900 | 1,308 | 618 | 690 |

# 최근 6년간 지역별 회원 가입 현황 3

[2008. 1. ~ 2013. 12.]

(단위 : 건)

| 구분 | 2008년 | 2009년 | 2010년 | 2011년 | 2012년 | 2013년 | 08년~13년 누계 |
|---|---|---|---|---|---|---|---|
| 서울 | 9,630 | 11,512 | 12,531 | 13,222 | 14,121 | 13,428 | 74,444 |
| 부산 | 4,261 | 4,422 | 4,604 | 4,133 | 4,521 | 4,562 | 26,503 |
| 대구 | 2,951 | 3,458 | 3,952 | 3,941 | 4,118 | 4,289 | 22,709 |
| 인천 | 1,367 | 2,002 | 2,642 | 2,579 | 2,863 | 3,287 | 14,740 |
| 광주 | 4,012 | 4,650 | 5,273 | 4,724 | 4,265 | 4,343 | 27,267 |
| 대전 | 2,528 | 2,885 | 2,694 | 2,874 | 2,964 | 2,741 | 16,686 |
| 울산 | 974 | 1,038 | 938 | 857 | 872 | 798 | 5,477 |
| 경기 | 6,431 | 8,374 | 10,502 | 10,391 | 11,167 | 11,769 | 58,634 |
| 강원 | 1,922 | 2,175 | 2,467 | 2,283 | 2,500 | 2,472 | 13,819 |
| 충북 | 2,108 | 3,108 | 3,781 | 3,484 | 3,276 | 3,066 | 18,823 |
| 충남 | 1,948 | 2,262 | 2,524 | 2,387 | 2,566 | 2,801 | 14,488 |
| 전북 | 3,351 | 4,194 | 4,362 | 3,864 | 3,545 | 3,666 | 22,982 |
| 전남 | 4,717 | 5,015 | 3,582 | 3,469 | 3,614 | 3,416 | 23,813 |
| 경북 | 4,969 | 5,223 | 5,193 | 4,939 | 5,364 | 5,416 | 31,104 |
| 경남 | 3,419 | 3,892 | 3,861 | 3,468 | 3,543 | 3,595 | 21,778 |
| 제주 | 929 | 1,072 | 1,034 | 1,009 | 938 | 845 | 5,827 |
| 합계 | 55,517 | 69,940 | 69,940 | 67,624 | 70,237 | 70,494 | 399,094 |

# 사회복지사 보수교육 실적 현황

기준일 2013. 12. 31

# 2009 보수교육 실적 총괄 1

## ▶ 2009년 사회복지사 보수교육 운영실적

- 교육운영현황 : 집합교육 783개, 사이버교육 63개 과정
- 보수교육 대상자 조사 현황 : 49,101명
- 보수교육 이수자 현황

(단위: 명/%)

| 구분 | 총계 | | 의무대상자 | | 희망대상자 | |
|---|---|---|---|---|---|---|
| | 인원 | 비율 | 인원 | 비율 | 인원 | 비율 |
| 대상자 | 49,101 | 100.0 | 38,884 | 79 | 10,217 | 21 |
| 이수자 | 42,415 | 86.4 | 38,682 | 99.5 | 3,733 | 36.5 |

# 2010 보수교육 실적 총괄 2

## ▶ 보수교육 대상자 및 이수자 현황

- 보수교육 대상자 현황

(단위: 명)

| 보수교육 대상자 (의무, 희망 포함) | 면제자 | 실 교육대상 (의무, 희망포함) |
|---|---|---|
| 53,243 | 589 | 52,654 |

- 보수교육 이수자 현황

(단위: 명/%)

| 구분 | 총계 | | 의무대상자 | | 희망대상자 | |
|---|---|---|---|---|---|---|
| | 인원 | 비율 | 인원 | 비율 | 인원 | 비율 |
| 대상자 | 52,654 | 100 [52,654명대비] | 33,601 | 63.8 [52,654명대비] | 19,053 | 36.2 [52,654명대비] |
| 이수자 | 36,235 | 68.8 [52,654명대비] | 32,696 | 97.3 [33,601명대비] | 3,539 | 18.6 [19,053명대비] |

## ▶ 교육 유형별 및 수료 현황

※ 교육 수료인원으로 실제 교육 이수인원과 차이가 있음 (중복인원 포함)

• 집합교육 수료 현황

(단위: 명/%)

| 총 수료자 | 비율 | 2분기 | | 3분기 | | 4분기 | | 연장교육 | |
|---|---|---|---|---|---|---|---|---|---|
| | | 수료자 | 비율 | 수료자 | 비율 | 수료자 | 비율 | 수료자 | 비율 |
| 37,827 | 100 | 11,245 | 29.7 | 9,175 | 24.3 | 17,190 | 45.4 | 217 | 0.6 |

• 사이버교육 수료 현황

(단위: 명/%)

| 총 수료자 | 비율 | 2분기 | | 3분기 | | 4분기 | | 연장교육 | |
|---|---|---|---|---|---|---|---|---|---|
| | | 수료자 | 비율 | 수료자 | 비율 | 수료자 | 비율 | 수료자 | 비율 |
| 2,028 | 100 | 999 | 49.3 | 152 | 7.5 | 802 | 39.5 | 75 | 3.7 |

## ▶ 보수교육 운영 현황

• 2010년 보수교육 실시 승인기관 : 총 42곳

• 2010년 보수교육 운영 현황 : 844개 과정

1) 집합교육 654개 과정 / 사이버교육 190개 과정 운영

• 집합교육 운영 현황

(단위: 개/%)

| 총 교육수 | 비율 | 2분기 | | 3분기 | | 4분기 | | 연장교육 | |
|---|---|---|---|---|---|---|---|---|---|
| | | 교육수 | 비율 | 교육수 | 비율 | 교육수 | 비율 | 교육수 | 비율 |
| 654 | 100 | 223 | 34 | 162 | 24.7 | 263 | 40.1 | 6 | 1.2 |

• 사이버교육 운영 현황

(단위: 개/%)

| 총 교육수 | 비율 | 2분기 | | 3분기 | | 4분기 | | 연장교육 | |
|---|---|---|---|---|---|---|---|---|---|
| | | 교육수 | 비율 | 교육수 | 비율 | 교육수 | 비율 | 교육수 | 비율 |
| 190 | 100 | 63 | 33.2 | 63 | 33.2 | 48 | 25.3 | 16 | 8.3 |

# 2010 보수교육 운영 현황

## ▶ 일반사항별 이수 현황

■ 남성 31.9% ■ 여성 68.1%

30,000
25,000
20,000
15,000
10,000
5,000
0

24,671
11,564

남성
여성

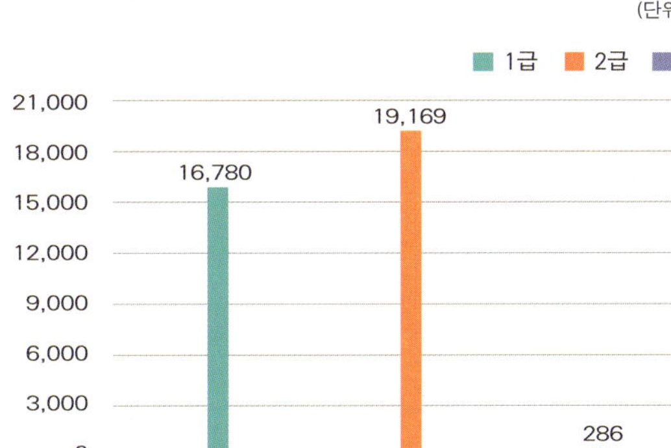


• 연령별 이수 현황

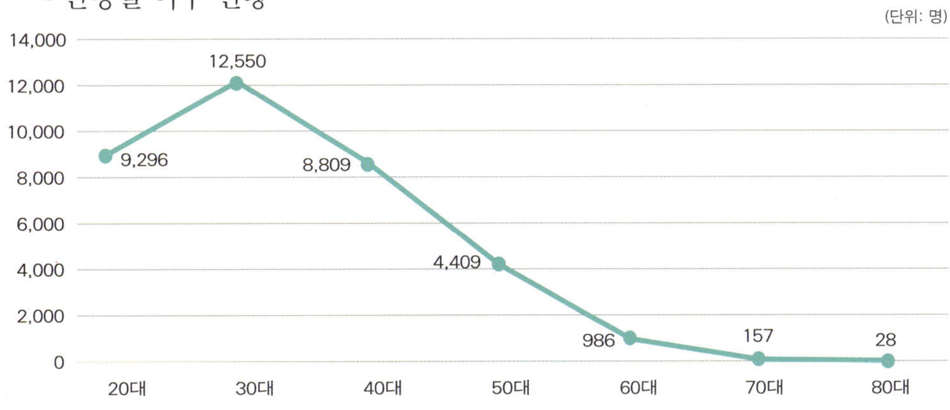


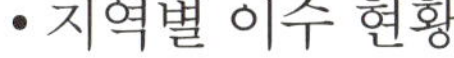


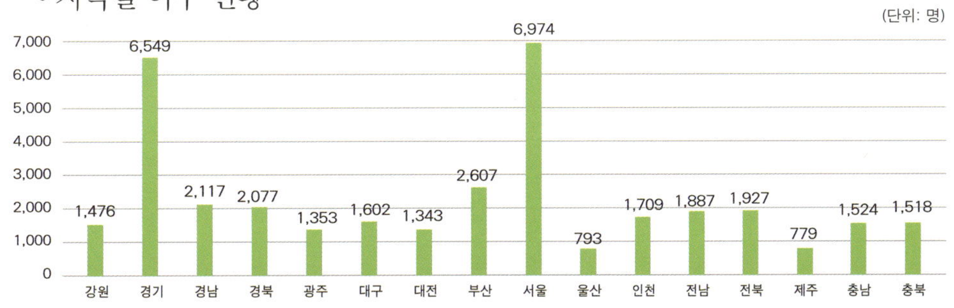

## ▶ 보수교육 면제자

### • 보수교육 면제신청 현황

(단위: 명/%)

| 면제신청자 | | 승인 | | 불가 | |
|---|---|---|---|---|---|
| 건수 | 비율 | 건수 | 비율 | 건수 | 비율 |
| 870 | 100 | 589 | 67.7 | 281 | 32.3 |

### • 보수교육 면제승인 현황

(단위: 명)

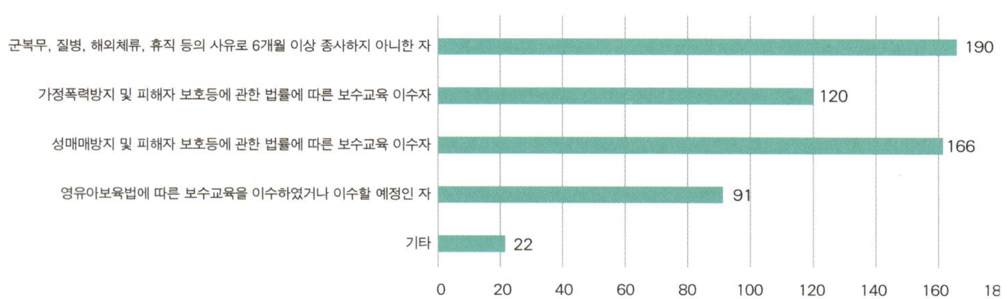


# 3 2011 보수교육 실적 총괄

## ▶ 보수교육 대상자 및 이수자 현황 [2012.2.28 기준]

### • 보수교육 대상자 현황

(단위: 명)

| 보수교육 대상자 (의무,희망 포함) | 면제자 | 실 교육대상 (의무, 희망포함) |
|---|---|---|
| 62,216 | 876 | 61,340 |

### • 보수교육 이수자 현황

(단위: 명/%)

| 구분 | 총계 | | 의무대상자 | | 희망대상자 | |
|---|---|---|---|---|---|---|
| | 인원 | 비율 | 인원 | 비율 | 인원 | 비율 |
| 대상자 | 61,340 | 100 [61,340명대비] | 37,721 | 61.5 [61,340명대비] | 23,619 | 38.5 [61,340명대비] |
| 이수자 | 42,951 | 70.0 [61,340명대비] | 36,655 | 97.2 [37,721명대비] | 6,296 | 26.7 [23,619명대비] |

# 2011 보수교육 운영 현황

## ▶ 보수교육 수료 현황

※ 교육 수료인원으로 실제 교육 이수인원과 차이가 있음 (중복인원 포함)

• 집합교육 수료 현황

(단위: 명/%)

| 총 수료자 | 비율 | 1분기 | | 2분기 | | 3분기 | | 4분기 | |
|---|---|---|---|---|---|---|---|---|---|
| | | 수료자 | 비율 | 수료자 | 비율 | 수료자 | 비율 | 수료자 | 비율 |
| 45,147 | 100 | 183 | 0.4 | 11,167 | 24.7 | 12,360 | 27.4 | 21,437 | 47.5 |

• 사이버교육 수료 현황

(단위: 명/%)

| 총 수료자 | 비율 | 2분기 | | 3분기 | | 4분기 | |
|---|---|---|---|---|---|---|---|
| | | 수료자 | 비율 | 수료자 | 비율 | 수료자 | 비율 |
| 2,227 | 100 | 317 | 14.2 | 366 | 16.5 | 1,544 | 69.3 |

## ▶ 보수교육 운영 현황

• 2011년 보수교육 실시 승인기관 : 총 41곳

• 2011년 보수교육 운영 현황 : 908개 과정

1) 집합교육 764개 과정 / 사이버교육 144개 과정 운영

• 집합교육 운영 현황 [보수교육 실시기관 41곳]

(단위: 개/%)

| 총 교육수 | 비율 | 1분기 | | 2분기 | | 3분기 | | 4분기 | |
|---|---|---|---|---|---|---|---|---|---|
| | | 교육수 | 비율 | 교육수 | 비율 | 교육수 | 비율 | 교육수 | 비율 |
| 764 | 100 | 4 | 0.5 | 213 | 27.9 | 204 | 26.7 | 343 | 44.9 |

• 사이버교육 운영 현황 [보수교육 실시기관 1곳(한국사회복지사협회)]

(단위: 개/%)

| 총 교육수 | 비율 | 1분기 | | 2분기 | | 3분기 | | 4분기 | |
|---|---|---|---|---|---|---|---|---|---|
| | | 교육수 | 비율 | 교육수 | 비율 | 교육수 | 비율 | 교육수 | 비율 |
| 144 | 100 | 0 | 0.0 | 48 | 33.3 | 48 | 33.3 | 48 | 33.3 |

## ▶ 일반사항별 이수 현황

• 성별 이수 현황

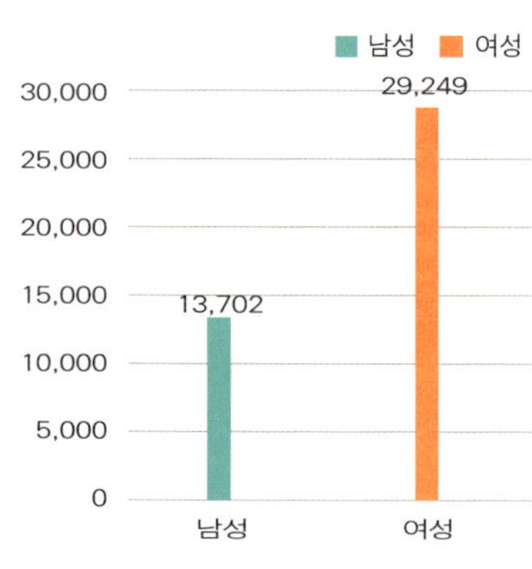


• 연령별 이수 현황

(단위: 명)

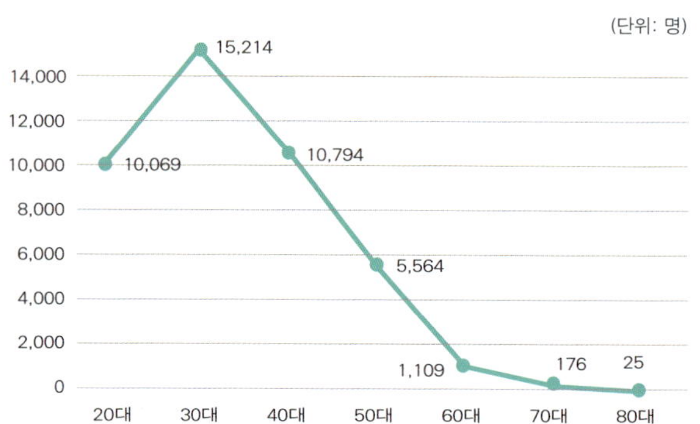


• 지역별 이수 현황

(단위: 명)

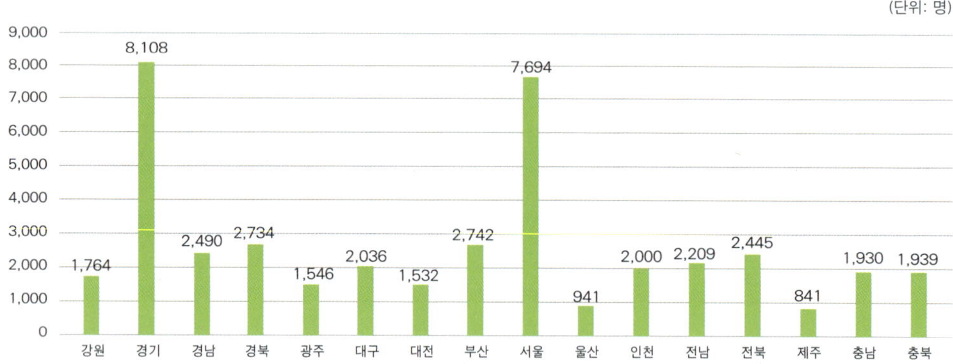

## ▶ 보수교육 면제자

### • 보수교육 면제신청 현황

(단위: 명/%)

| 면제신청자 | | 승인 | | 불가 | |
|---|---|---|---|---|---|
| 건수 | 비율 | 건수 | 비율 | 건수 | 비율 |
| 1,018 | 100 | 876 | 86.1 | 142 | 13.9 |

### • 보수교육 면제승인 현황

(단위: 명)

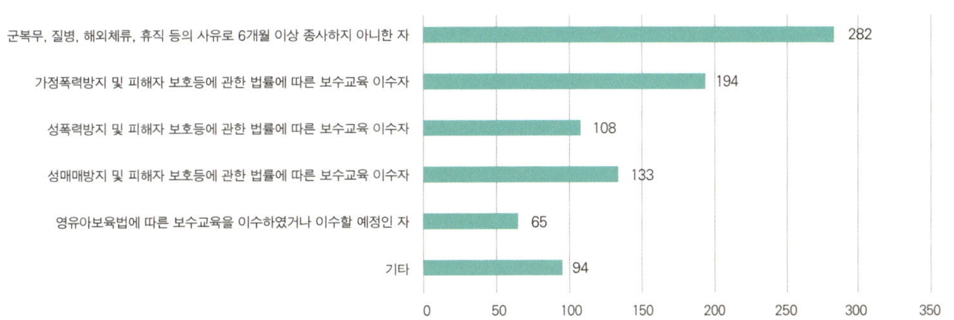


# 2012 보수교육 실적 총괄 4

## ▶ 보수교육 대상자 및 이수자 현황

### • 보수교육 대상자 현황

(단위: 명)

| 보수교육 대상자 (의무,희망 포함) | 면제자 | 실 교육대상 (의무, 희망포함) |
|---|---|---|
| 68,089 | 772 | 67,317 |

• 보수교육 이수자 현황

(단위: 명/%)

| 구분 | 총계 | | 의무대상자 | | 희망대상자 | |
|---|---|---|---|---|---|---|
| | 인원 | 비율 | 인원 | 비율 | 인원 | 비율 |
| 대상자 | 67,317 | 100 [67,317명대비] | 41,206 | 61.2 [67,317명대비] | 26,111 | 38.8 [67,317명대비] |
| 이수자 | 45,752 | 68.0 [67,317명대비] | 39,177 | 95.1 [41,206명대비] | 6,575 | 25.2 [26,111명대비] |

# 2012 보수교육 운영 현황

## ▶ 보수교육 운영 현황

• 2012년 보수교육 실시 승인기관 : 총 43곳

• 2012년 보수교육 운영 현황 : 978개 과정

1) 집합교육 850개 과정 / 사이버교육 128개 과정 운영

• 집합교육 운영 현황 [보수교육 실시기관 43곳]

(단위: 개/%)

| 구분 | 합계 | 1분기 | 2분기 | | | 3분기 | | | 4분기 | | | |
|---|---|---|---|---|---|---|---|---|---|---|---|---|
| | | 3월 | 4월 | 5월 | 6월 | 7월 | 8월 | 9월 | 10월 | 11월 | 12월 | '13.2월 |
| 교육수 | 850 | 10 | 75 | 76 | 89 | 81 | 38 | 112 | 128 | 153 | 81 | 7 |
| 비율 | 100 | 1.2 | 8.8 | 8.9 | 10.5 | 9.5 | 4.5 | 13.2 | 15.1 | 18.0 | 9.5 | 0.8 |

• 사이버교육 운영 현황 [보수교육 실시기관 1곳(한국사회복지사협회)]

(단위: 개/%)

| 구분 | 합계 | 2분기 | | | 3분기 | | | 4분기 | | | |
|---|---|---|---|---|---|---|---|---|---|---|---|
| | | 4월 | 5월 | 6월 | 7월 | 8월 | 9월 | 10월 | 11월 | 12월 | '13.2월 |
| 교육수 | 128 | - | - | 16 | 16 | 16 | 16 | 16 | 16 | 16 | 16 |
| 비율 | 100 | - | - | 12.5 | 12.5 | 12.5 | 12.5 | 12.5 | 12.5 | 12.5 | 12.5 |

## ▶ 일반사항별 이수 현황

• 성별 이수 현황

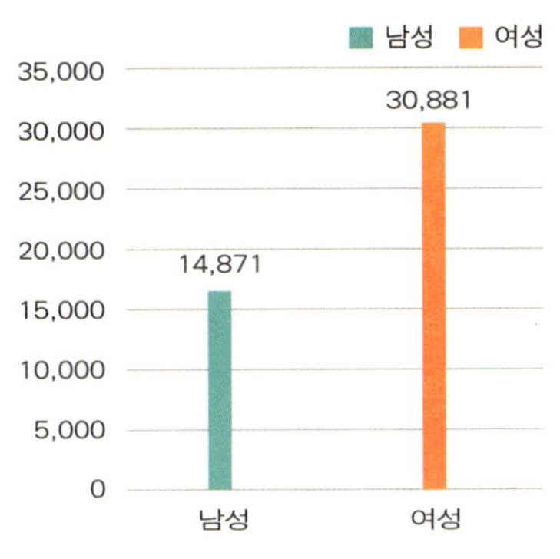


• 자격급수별 이수 현황

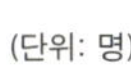


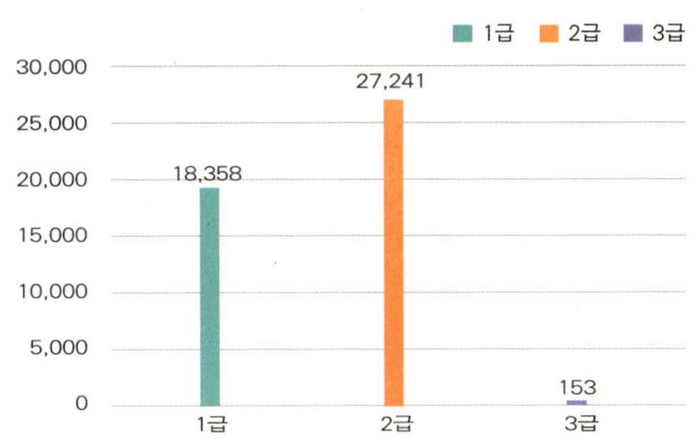


• 연령별 이수 현황

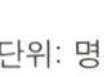


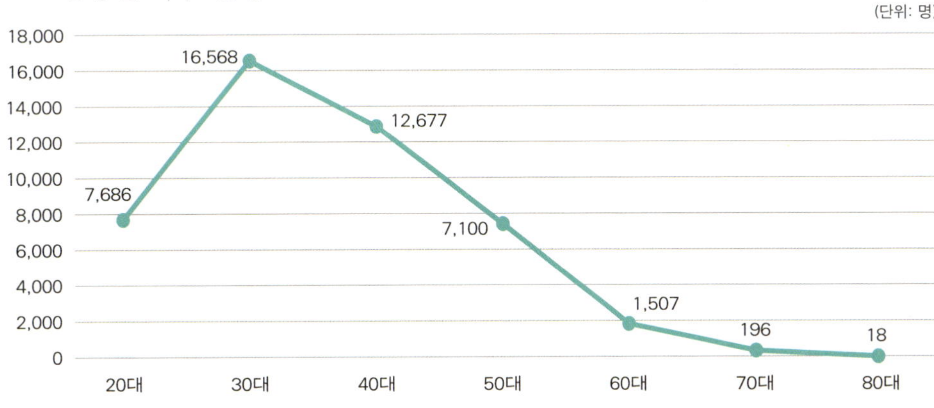


• 지역별 이수 현황

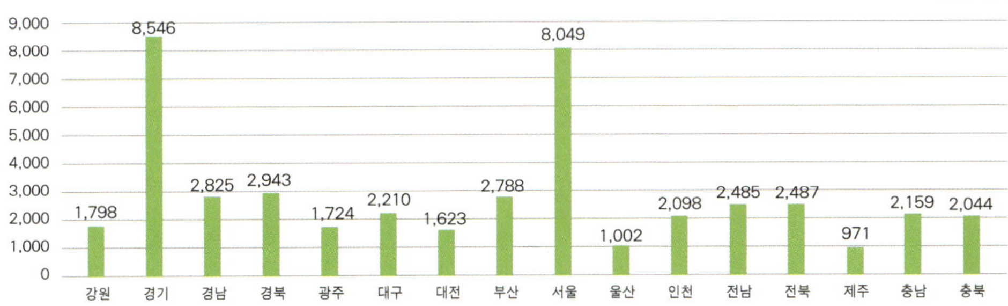

### ▶ 보수교육 면제자

• 보수교육 면제신청 현황

(단위: 명/%)

| 면제신청자 | | 승인 | | 불가 | |
|---|---|---|---|---|---|
| 건수 | 비율 | 건수 | 비율 | 건수 | 비율 |
| 860 | 100 | 772 | 89.7 | 88 | 10.3 |

• 보수교육 면제승인 현황

(단위: 명)

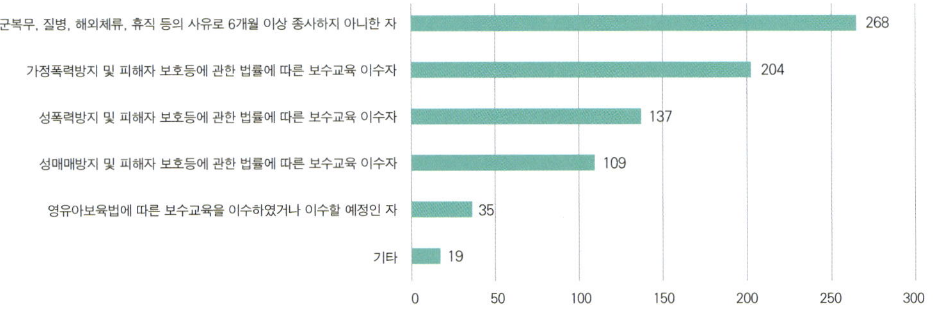


## 5 2013 보수교육 실적 총괄(집계중)

※ 2013년 보수교육 최종 실적은 추가보수교육이 종료되는 2014년 2월 중 확정 예정

### ▶ 보수교육 대상자 및 이수자 현황 [2013.12.31 기준]

• 보수교육 대상자 현황 [2013.12.31 기준]

(단위: 명)

| 보수교육 대상자 (의무,희망 포함) | 면제자 (퇴사자 제외) | 실 교육대상 (의무, 희망포함) |
|---|---|---|
| 63,593 | 713 | 62,880 |

• 보수교육 이수자 현황 [계속 집계 중]

(단위: 명/%)

| 구분 | 총계 | | 의무대상자 | | 희망대상자 | |
|---|---|---|---|---|---|---|
| | 인원 | 비율 | 인원 | 비율 | 인원 | 비율 |
| 대상자 | 62,880 | 100 [62,880명대비] | 38,536 | 61.3 [62,880명대비] | 24,344 | 38.7 [62,880명대비] |
| 이수자 | 39,958 | 63.5 [62,880명대비] | 35,096 | 91.1 [38,536명대비] | 4,862 | 20.0 [24,344명대비] |

## ▶ 보수교육 운영 현황

• 2013년 보수교육 실시 승인기관 : 총 44곳

• 2013년 보수교육 운영 현황 : 1,050개 과정

1) 집합교육 890개 과정 / 사이버교육 160개 과정 운영

• 집합교육 운영 현황 [보수교육 실시기관 44곳]

(단위: 개/%)

| 구분 | 합계 | 1분기 | 2분기 | | | 3분기 | | | 4분기 | | |
|---|---|---|---|---|---|---|---|---|---|---|---|
| | | 3월 | 4월 | 5월 | 6월 | 7월 | 8월 | 9월 | 10월 | 11월 | 12월 |
| 교육수 | 890 | 23 | 82 | 73 | 74 | 105 | 55 | 95 | 134 | 157 | 92 |
| 비율 | 100 | 2.6 | 9.2 | 8.2 | 8.3 | 11.8 | 6.2 | 10.7 | 15.1 | 17.6 | 10.3 |

• 사이버교육 운영 현황 [보수교육 실시기관 1곳(한국사회복지사협회)]

(단위: 개/%)

| 구분 | 합계 | 2분기 | | | 3분기 | | | 4분기 | | | |
|---|---|---|---|---|---|---|---|---|---|---|---|
| | | 4월 | 5월 | 6월 | 7월 | 8월 | 9월 | 10월 | 11월 | 12월 | '13.2월 |
| 교육수 | 160 | 16 | 16 | 16 | 16 | 16 | 16 | 16 | 16 | 16 | 16 |
| 비율 | 100 | 10 | 10 | 10 | 10 | 10 | 10 | 10 | 10 | 10 | 10 |

## ▶ 일반사항별 이수 현황

• 성별 이수 현황

(단위: 명)

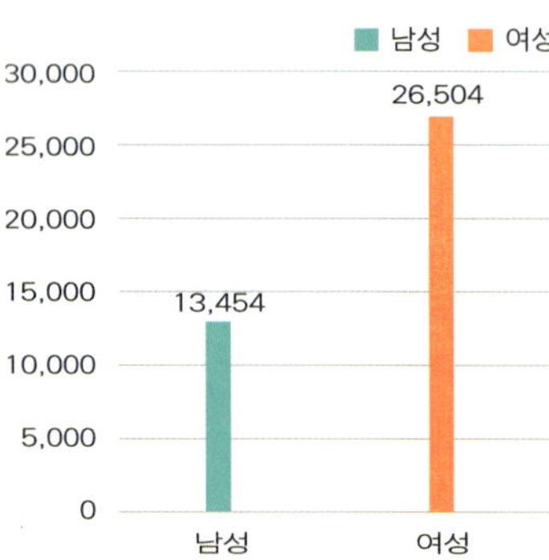


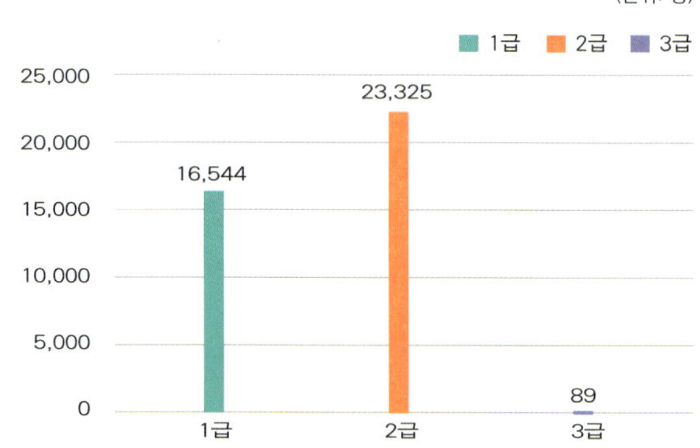


• 연령별 이수 현황

(단위: 명)

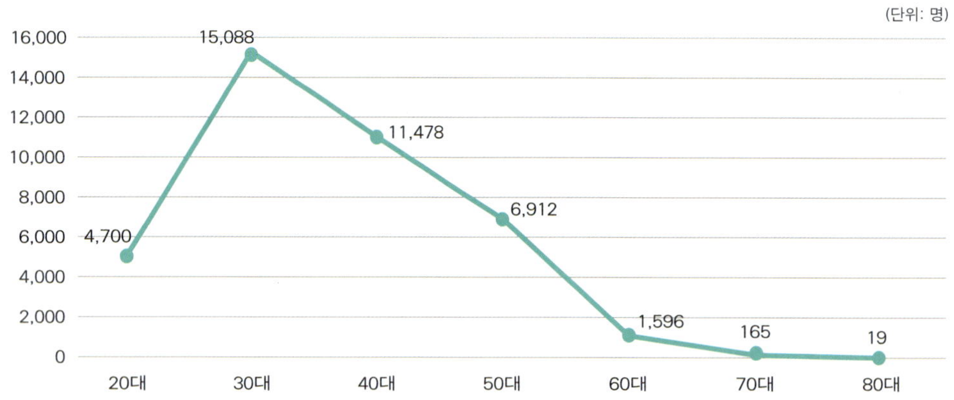


• 지역별 이수 현황

(단위: 명)

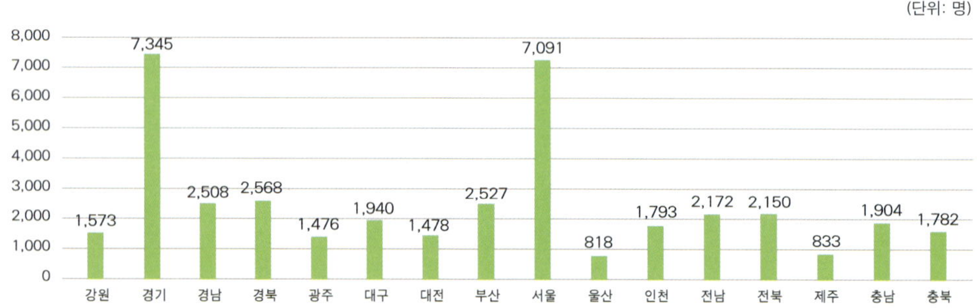

## ▶ 보수교육 면제자

### • 보수교육 면제신청 현황

(단위: 명/%)

| 면제신청자 | | 승인 | | 불가 | |
|---|---|---|---|---|---|
| 건수 | 비율 | 건수 | 비율 | 건수 | 비율 |
| 893 | 100 | 713 | 79.8 | 180 | 20.2 |

### • 보수교육 면제승인 현황

(단위: 명)

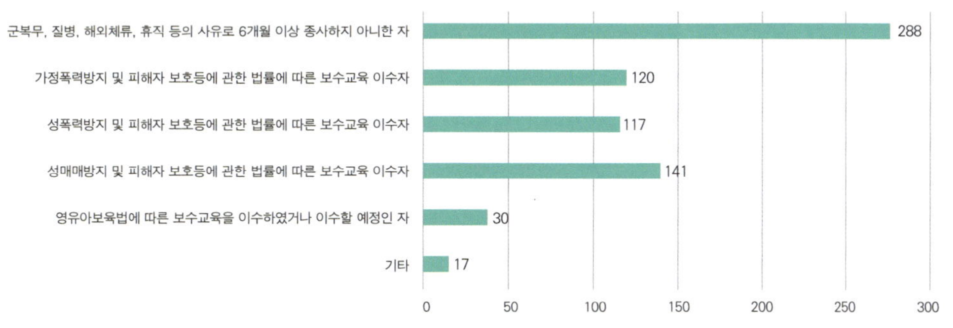

# 제17~18대 임원 및 외곽 조직

# 한국사회복지사협회 제17대 임원 명단 1

| 구분 | 성명 | 소속 | 직위 |
|---|---|---|---|
| 회장 | 조성철 | 경남종합사회복지관 | 관장 |
| 수석 부회장 | 이영분 | 건국대학교사회복지학과 | 교수 |
| 부회장 | 이성록 | 한국재활복지대학 | 교수 |
| 부회장 | 김정길 | 전국사회복지행정연구회 | 회장 |
| 부회장 | 정종우 | 서울특별시사회복지사협회 | 회장 |
| 부회장 | 오흥숙 | 부산광역시사회복지사협회 | 회장 |
| 부회장 | 최원규 | 전라북도사회복지사협회 | 회장 |
| 이사 | 김영석 | 충청북도사회복지사협회 | 회장 |
| 이사 | 김궁자 | 경기도사회복지사협회 | 회장 |
| 이사 | 이영철 | 광주광역시사회복지사협회 | 회장 |
| 이사 | 조대흥 | 인천광역시사회복지사협회 | 회장 |
| 이사 | 김상업 | 경상남도사회복지사협회 | 회장 |
| 이사 | 윤동성 | 전라남도사회복지사협회 | 회장 |
| 이사 | 최 균 | 강원도사회복지사협회 | 회장 |
| 이사 | 조성희 | 충청남도사회복지사협회 | 회장 |
| 이사 | 전형미 | 울산광역시사회복지사협회 | 회장 |
| 이사 | 김태진 | 경상북도사회복지사협회 | 회장 |
| 이사 | 신상윤 | 대구광역시사회복지사협회 | 회장 |
| 이사 | 장창수 | 대전광역시사회복지사협회 | 회장 |
| 이사 | 한형범 | 제주특별자치도사회복지사협회 | 회장 |
| 이사 | 조남범 | 한국노인인력개발원 | 원장 |
| 이사 | 정성배 | 장흥노인전문요양원 | 원장 |
| 이사 | 김옥규 | 청솔종합사회복지관 | 관장 |
| 이사 | 박중빈 | 성가정노인종합복지관 | 관장 |
| 감사 | 박창석 | 전 영락애니아의집 원장 | 원장 |
| 감사 | 주경중 | 부산광역시사회복지사협회 | 수석부회장 |

# 2 한국사회복지사협회 제18대 임원 명단

| 구분 | 성명 | 소속 | 직위 |
|---|---|---|---|
| 회장 | 조성철 | 경남종합사회복지관 | 관장 |
| 수석 부회장 | 이영분 | 건국대학교사회복지학과 | 교수 |
| 부회장 | 선수경 | 한국사회복지행정연구회 | 회장 |
| 부회장 | 장창수 | 대전광역시사회복지사협회 | 회장 |
| 부회장 | 정병주 | 대구자유재활원 | 원장 |
| 부회장 | 조남범 | 경기도사회복지공제회 | 대표이사 |
| 부회장 | 한형범 | 제주특별자치도사회복지사협회 | 회장 |
| 부회장 | 유명재 | 전남사회복지협의회 | 사무처장 |
| 이사 | 구혜영 | 한양사이버대학교 | 교수 |
| 이사 | 권경동 | 부산광역시사회복지사협회 | 회장 |
| 이사 | 김궁자 | 수원가족지원센터 | 센터장 |
| 이사 | 김상근 | 대구광역시사회복지사협회 | 회장 |
| 이사 | 김정길 | 소사구청 주민생활지원과 | 팀장 |
| 이사 | 박성욱 | 경상남도사회복지사협회 | 회장 |
| 이사 | 배기효 | 대구보건대학 | 교수 |
| 이사 | 오세걸 | 울산광역시사회복지사협회 | 회장 |
| 이사 | 오형만 | 충청남도사회복지사협회 | 회장 |
| 이사 | 유춘원 | 충청북도사회복지사협회 | 회장 |
| 이사 | 유명화 | 한국장애인재활협회 | 사무총장 |
| 이사 | 이용교 | 광주광역시사회복지사협회 | 회장 |
| 이사 | 이용권 | 조계종 승려복지회 | 사무총장 |
| 이사 | 이주재 | 전라남도사회복지사협회 | 회장 |
| 이사 | 이준상 | 경상북도사회복지사협회 | 회장 |
| 이사 | 이춘섭 | 전라북도사회복지사협회 | 회장 |
| 이사 | 장재구 | 서울특별시사회복지사협회 | 회장 |
| 이사 | 조승철 | 경기도사회복지사협회 | 회장 |
| 이사 | 최소연 | 남서울대학교 사회복지학과 | 교수 |
| 이사 | 홍기종 | 강원도사회복지사협회 | 회장 |
| 이사 | 홍인식 | 인천광역시사회복지사협회 | 회장 |
| 이사 | 황종성 | 사당종합사회복지관 | 관장 |
| 감사 | 이현선 | 음봉산동종합사회복지관 | 관장 |
| 감사 | 유경호 | 김포수산나의집 | 원장 |

# 한국사회복지사협회 제17대 위원회 명단 3

## ▶ 상임위원회

### • 기획관리위원회

| 연번 | 성명 | 소속 | 직위 |
|---|---|---|---|
| 위원장 | 조현순 | 부평구 건강가정지원센터 | 센터장 |
| 위원 | 정무성 | 숭실대학교 | 교수 |
| | 김승연 | 전혜숙 의원실 | 비서관 |
| | 김용환 | 진성호 의원실 | 비서관 |
| | 하미영 | 원희목 의원실 | 비서관 |
| | 차용호 | 서울시장애인재활협회 | 상임부회장 |
| | 손인암 | 광명시의회 | 의원 |
| | 류응모 | 대우꿈동산 | 대표 |
| | 장원종 | 사랑의복지재단 | 과장 |

### • 윤리법제위원회

| 연번 | 성명 | 소속 | 직위 |
|---|---|---|---|
| 위원장 | 김영숙 | 삼육대학교 | 교수 |
| 위원 | 김경희 | 서울여자대학교 | 교수 |
| | 김헌진 | 청주대학교 | 교수 |
| | 최소연 | 남서울대학교 | 교수 |
| | 허준수 | 숭실대학교 | 교수 |
| | 전선영 | 용인대학교 | 교수 |
| | 나상희 | 신목종합사회복지관 | 관장 |
| | 윤귀선 | 강서노인주간보호센터 | 시설장 |
| | 우국희 | 서울기독대학교 | 교수 |
| | 이수애 | 목포대학교 | 교수 |
| | 김찬우 | 가톨릭대학교 | 교수 |
| | 최영민 | 백석대학교 | 교수 |
| | 김기덕 | 순천향대학교 | 교수 |

• 조사홍보위원회

| 연번 | 성명 | 소속 | 직위 |
|---|---|---|---|
| 위원장 | 정택진 | 전국상인연합회 | 상근부회장 |
| 부위원장 | 강성복 | 프리랜서 (전 인터넷기업협회 기획팀장) | 저술가(번역가) |
| 위원 | 강미경 | 우리아이희망네트워크사업지원단 | 단장 |
| | 권혁철 | 춘의종합사회복지관 | 과장 |
| | 김선미 | 성균관대 사회복지연구소 | 연구원 |
| | 김용현 | 사회동향연구소 | 연구원 |
| | 김준모 | 정다운노인요양센터 | 대표 |
| | 민선기 | 전국상인연합회 | 총괄팀장 |
| | 박옥순 | 장애와인권발바닥행동 | 대표 |
| | 신영철 | S-oil 총무팀 | 사회공헌담당 사회복지사 |
| | 우수명 | 한신대학교 | 초빙교수 |
| | 이희주 | 인사이트코리아 | 과장 |
| | 전미자 | 복지환경디자인연구소 | 소장 |
| | 정웅재 | 월간 말 | 편집부장 |

• 교육훈련위원회

| 연번 | 성명 | 소속 | 직위 |
|---|---|---|---|
| 위원장 | 조흥식 | 서울대학교 | 교수 |
| 위원 | 윤현숙 | 한림대학교 | 교수 |
| | 양옥경 | 이화여자대학교 | 교수 |
| | 조현순 | 경인여자대학교 | 교수 |
| | 송효석 | 삼성병원 사회사업실 | 실장 |
| | 유영덕 | 태화복지재단 | 사무총장 |
| | 노충래 | 이화여자대학교 | 교수 |
| | 윤철수 | 나사렛대학교 | 교수 |
| | 이호경 | 한국노인복지관협회 | 회장 |
| | 유명화 | 한국장애인재활협회 | 사무총장 |
| | 이은희 | 수원여자대학교 | 교수 |
| | 이영실 | 성결대학교 | 교수 |

• 국제교류위원회

| 연번 | 성명 | 소속 | 직위 |
|---|---|---|---|
| 위원장 | 홍선미 | 한신대학교 | 교수 |
| 위원 | 강상경 | 서울대학교 | 교수 |
| | 맹상명 | 한주재단 | 이사장 |
| | 문진영 | 서강대학교 | 교수 |
| | 박능후 | 경기대학교 | 교수 |
| | 박지영 | 동의대학교 | 교수 |
| | 엄기욱 | 군산대학교 | 교수 |
| | 이홍직 | 강남대학교 | 교수 |
| | 정재훈 | 서울여자대학교 | 교수 |
| | 최태자 | 대구사이버대학교 | 겸임교수 |
| | 조추용 | 꽃동네현도사회복지대학교 | 교수 |
| | 강선경 | 서강대학교 | 교수 |
| | 유서구 | 숭실대학교 | 교수 |
| | 심우찬 | 대전대학교 | 교수 |
| | 전종설 | 이화여자대학교 | 교수 |
| | 김유심 | 가양4종합사회복지관 | 관장 |
| | 이명신 | 월드비전 해외사업본부 | 본부장 |
| | 강미경 | 우리아이 희망네트워크 | 단장 |
| | 송인석 | 등촌4종합사회복지관 | 관장 |
| | 윤 록 | 숭실공생복지재단 | 이사 |

• 자격제도위원회

| 연번 | 성명 | 소속 | 직위 |
|---|---|---|---|
| 위원장 | 이봉주 | 서울대학교 | 교수 |
| 위원 | 정순둘 | 이화여자대학교 | 교수 |
| | 이상록 | 전북대학교 | 교수 |
| | 김광빈 | 동명아동복지센터 | 원장 |
| | 최혜지 | 서울여자대학교 | 교수 |
| | 한동우 | 강남대학교 | 교수 |
| | 윤철수 | 나사렛대학교 | 교수 |
| | 최재성 | 연세대학교 | 교수 |
| | 민소영 | 경기대학교 | 교수 |
| | 정규석 | 경성대학교 | 교수 |
| | 김용득 | 성공회대학교 | 교수 |

## ▶ 특별위원회

• 사회복지사훈포상추진위원회

| 연번 | 성명 | 소속 | 직위 |
|---|---|---|---|
| 위원장 | 최성균 | 한국사회복지미래경영협회 | 회장 |
| 사회복지사 훈포상 추진분과 | 이성록 | 국립재활대학 | 교수 |
| | 권오용 | 변호사 | 변호사 |
| | 전석균 | 그리스도신학대학교 | 교수 |
| | 오충순 | 대방종합사회복지관 | 관장 |
| | 임무영 | 강서노인종합사회복지관 | 관장 |
| | 유명화 | 장애인재활협회 | 사무총장 |
| | 박경현 | 한국학교사회복지사협회 | 회장 |
| | 김정진 | 나사렛대학교 | 교수 |
| | 석춘지 | 여성인력센터 | 관장 |
| | 조용석 | 원유철 국회의원 | 비서관 |
| 국가시험 이관 추진분과 | 박현경 | 여성가족재단 | 대표 |
| | 강명순 | 국회의원(보건복지가족위원회) | 국회의원 |
| | 엄기욱 | 군산대학교 사회복지학과 | 교수 |
| | 차용호 | 서울시장애인재활협회 | 상임부회장 |
| | 황종성 | 사당종합사회복지관 | 관장 |
| | 김상곤 | 안산1대학 | 교수 |
| | 정웅섭 | | 변호사 |
| | 김옥규 | 청솔종합사회복지관 | 관장 |
| | 성수열 | 코피온 | 본부장 |
| | 이경림 | 부스러기 사랑나눔회 | 대표 |

• APASWE국제회의 추진위원회

| 연번 | 성명 | 소속 | 직위 |
|---|---|---|---|
| 위원장 | 이영철 | 광주광역시사회복지사협회 | 회장 |

• 서울국제사회복지대회 조직위원회

| 연번 | 성명 | 소속 | 직위 |
|---|---|---|---|
| 위원장 | 김성이 | 아시아태평양사회복지교육협회 | 회장 |
| 공동조직위원장 | 조성철 | 한국사회복지사협회 | 회장 |
| | 표갑수 | 한국사회복지교육협의회 | 회장 |
| 대회운영위원장 | 최성재 | 서울대학교 | 교수 |
| 고문단 | 이윤구 | 세계결핵제로운동본부 | 총재 |
| | 한혜빈 | 한국사회복지교육협의회 | 이사장 |
| | 김정자 | 녹색사회연구소 | 대표이사 |
| | 조규환 | 은평천사원 | 대표이사 |
| | 신섭중 | 부산대학교 | 명예교수 |
| | 김득린 | 한국사회복지협의회 | 회장 |
| | 차흥봉 | 한림대학교 | 교수 |
| | 전재일 | 대구대학교 | 교수 |
| | 강영신 | 아시아복지재단 | 이사장 |
| | 부청하 | 상록보육원 | 원장 |
| | 최성균 | 한국사회복지미래경영협회 | 회장 |
| | 윤 기 | 공생복지재단 | 이사장 |
| | 이혜경 | 연세대학교 | 교수 |
| | 김기태 | 부산대학교 | 명예교수 |
| | 조휘일 | 전 서울여자대학교 | 교수 |
| | 최일섭 | 전 성신여자대학교 | 교수 |
| | 김영모 | 한국복지정책연구소 | 이사장 |
| 자문위원단 | 문선화 | 부산대학교 | 교수 |
| | 박창석 | 한국사회복지사협회 | 감사 |
| | 박현경 | 서울시여성가족재단 | 대표이사 |
| | 송정부 | 상지대학교 | 교수 |
| | 성민선 | 가톨릭대학교 | 교수 |
| | 임성만 | 한국장애인복지시설협회 | 회장 |
| | 한인영 | 한국사회복지학회 | 회장 |
| | 김동배 | 연세대학교 | 교수 |
| | 이익섭 | 연세대학교 | 교수 |
| | 이성규 | 서울복지재단 | 대표이사 |
| | 최 균 | 강원도사회복지사협회 | 회장 |
| | 황명준 | 경기도사회복지사협회 | 회장 |
| | 김상업 | 경상남도사회복지사협회 | 회장 |
| | 김태진 | 경상북도사회복지사협회 | 회장 |
| | 신상윤 | 대구광역시사회복지사협회 | 회장 |
| | 장창수 | 대전광역시사회복지사협회 | 회장 |
| | 전형미 | 울산광역시사회복지사협회 | 회장 |

| 연번 | 성명 | 소속 | 직위 |
|---|---|---|---|
| | 윤동성 | 전라남도사회복지사협회 | 회장 |
| | 조대흥 | 인천광역시사회복지사협회 | 회장 |
| | 조성희 | 충청남도사회복지사협회 | 회장 |
| | 최원규 | 전라북도사회복지사협회 | 회장 |
| | 김해성 | 지구촌사랑나눔 | 대표이사 |
| | 한형범 | 제주특별자치도사회복지사협회 | 회장 |
| | 김영석 | 충청북도사회복지사협회 | 회장 |
| | 성규탁 | 효문화연구소 | 소장 |
| 행사진행위원회 | 이영철(위원장) | 광주광역시사회복지사협회 | 회장 |
| | 박태영 | 숭실대학교 | 교수 |
| | 전광현 | 서울신학대학교 | 교수 |
| | 송인석 | 한국사회복지사협회 | 국장 |
| | 이화정 | 한국사회복지사협회 | 국장 |
| | 홍재식 | 한국사회복지사협회 | 국장 |
| | 윤일현 | 광주광역시사회복지사협회 | 사무국장 |
| | 전상원 | 경기도사회복지사협회 | 사무국장 |
| | 김병수 | 울산광역시사회복지사협회 | 사무국장 |
| | 이용준 | 전라북도사회복지사협회 | 사무국장 |
| | 안형건 | 제주특별자치도사회복지사협회 | 사무국장 |
| | 김학규 | 충청북도사회복지사협회 | 사무국장 |
| | 황 철 | 강원도의회 | 의원 |
| | 이죽련 | 울산광역시의회 | 의원 |
| | 박승용 | 양구군사회복지협의회 | 회장 |
| | 박희수 | 제주특별자치도의회 | 의원 |
| | 고점유 | 제주특별자치도의회 | 의원 |
| | 권영만 | 경상북도의회 | 의원 |
| | 윤창욱 | 경상북도의회 | 의원 |
| | 신주범 | 거창군의회 | 의원 |
| | 이순덕 | 마산시의회 | 의원 |
| | 양해영 | 진주시의회 | 의원 |
| | 최임식 | 진주시의회 | 의원 |
| | 신용옥 | 경상남도의회 | 의원 |
| | 박서춘 | 부산광역자활센터 | 센터장 |
| | 송숙희 | 부산광역시의회 | 의원 |
| | 송희준 | 부산광역시 연제구청 | 실장 |
| | 배종선 | 남원시의회 | 의원 |
| | 최영일 | 순창군의회 | 의원 |
| | 송경태 | 전주시의회 | 의원 |

| 연번 | 성명 | 소속 | 직위 |
|---|---|---|---|
| 행사진행위원회 | 박혜숙 | 전주시의회 | 의원 |
| | 배형원 | 군산시의회 | 의원 |
| | 정종복 | 부산시사회복지사협회 기장군지회 | |
| | 조흥래 | 부산시 사상구의회 | 의원 |
| | 오경은 | 부산시 부산진구의회 | 의원 |
| | 이복휘 | 부산시 해운대구의회 | 의원 |
| | 이상주 | 경상남도사회복지사협회 | 대의원 |
| | 박석원 | 광주광역시 광산구의회 | 의원 |
| | 주유선 | 익산시의회 | 의원 |
| 기획위원회 | 이영분(위원장) | 건국대학교 | 교수 |
| | 박용오(부위원장) | 한국사회복지협의회 | 실장 |
| | 최재성(부위원장) | 연세대학교 | 교수 |
| | 김명훈 | 대한의료사회복지사협회 | 회장 |
| | 김성천 | 중앙대학교 | 교수 |
| | 서경석 | 한국노인종합복지관협회 | 회장 |
| | 유명화 | 한국장애인재활협회 | 사무총장 |
| | 정무성 | 숭실대학교 | 교수 |
| | 조남범 | 한국노인인력개발원 | 원장 |
| | 조현순 | 부평구건강가정지원센터 | 센터장 |
| | 최소연 | 남서울대학교 | 교수 |
| | 최혜지 | 서울여자대학교 | 교수 |
| 학술위원회 | 홍선미(위원장) | 한신대학교 | 교수 |
| | 윤현숙(부위원장) | 한림대학교 | 교수 |
| | 강상경 | 서울대학교 | 교수 |
| | 박영희 | 그리스도대학교 | 교수 |
| | 정익중 | 이화여자대학교 | 교수 |
| 홍보출판위원회 | 이봉주(위원장) | 서울대학교 | 교수 |
| | 맹상명(부위원장) | 한주재단 | 이사장 |
| | 김범수 | 평택대학교 | 교수 |
| | 고윤순 | 한림대학교 | 교수 |
| | 권희경 | 창원대학교 | 교수 |
| | 김은경 | 창원대학교 | 교수 |
| | 오정옥 | 창원전문대학 | 교수 |
| | 김경호 | 진주산업대학교 | 교수 |
| | 김선아 | 한국사이버대학교 | 교수 |
| | 김정길 | 전국사회복지행정연구회 | 회장 |
| | 신용규 | 한국사회복지관협회 | 사무총장 |
| | 유명재 | 전라남도사회복지협의회 | 사무처장 |

| 연번 | 성명 | 소속 | 직위 |
|---|---|---|---|
| 홍보출판위원회 | 황명진 | 고려대학교 | 교수 |
| | 허준수 | 숭실대학교 | 교수 |
| 자원봉사위원회 | 정재훈(위원장) | 서울여자대학교 | 교수 |
| | 구혜영(부위원장) | 한양사이버대학교 | 교수 |
| | 김영미(부위원장) | 강남구자원봉사센터 | 소장 |
| | 정혜숙 | 서울시립대학교 | 교수 |
| 실행위원회 | 강선경(위원장) | 서강대학교 | 교수 |
| | 김헌진(부위원장) | 청주대학교 | 교수 |
| | 임은경(부위원장) | 한국부랑인복지시설연합회 | 사무국장 |
| | 김학주 | 동국대학교 | 교수 |
| | 김형용 | 동국대학교 | 교수 |
| | 민소영 | 경기대학교 | 교수 |
| | 신효진 | 백석대학교 | 교수 |
| | 심우찬 | 대전대학교 | 교수 |
| | 이리나 | 한국장애인재활협회 | 팀장 |
| | 이영경 | 이대종합사회복지관 | 관장 |
| | 이홍직 | 강남대학교 | 교수 |
| | 전종설 | 이화여자대학교 | 교수 |
| | 조추용 | 꽃동네현도사회복지대학교 | 교수 |
| | 최태자 | 대구사이버대학교 | 교수 |
| 교육위원회 | 구인회 | 서울대학교 | 교수 |
| | 김미옥 | 전북대학교 | 교수 |
| | 김양이 | 한일장신대학교 | 교수 |
| | 김통원 | 성균관대학교 | 교수 |
| | 김영미 | 동의대학교 | 교수 |
| | 박용순 | 성결대학교 | 교수 |
| | 유수현 | 숭실대학교 | 교수 |
| | 양혜원 | 총신대학교 | 교수 |
| | 이원숙 | 강남대학교 | 교수 |
| | 이태수 | 꽃동네현도사회복지대학교 | 교수 |
| | 정연택 | 충남대학교 | 교수 |
| | 정종화 | 삼육대학교 | 교수 |
| | 최말옥 | 경성대학교 | 교수 |
| | 조한진 | 대구대학교 | 교수 |
| | 최윤정 | 목원대학교 | 교수 |

• 정관개정위원회

| 연번 | 성명 | 소속 | 직위 |
|---|---|---|---|
| 위원장 | 김진학(위원장) | 가양3주민생활지원팀 | 팀장 |
| 위원 | 이용교 | 광주대학교 사회복지학과 | 교수 |
| | 박성주 | 부산시사회복지의회 | 사무처장 |
| | 이진희 | 대전사회복지사협회 | 사무국장 |
| | 이석우 | HH법률사무소 | 변호사 |

• 사회복지사법제정추진위원회

| 연번 | 성명 | 소속 | 직위 |
|---|---|---|---|
| 위원장 | 윤찬영 | 전주대학교 | 교수 |
| 위원 | 김성천 | 한국가족사회복지학회 | 회장 |
| | 엄기욱 | 군산대학교 | 교수 |
| | 김승연 | 전혜숙 의원실 | 비서관 |
| | 김용환 | 진성호 의원실 | 비서관 |
| | 이기민 | 한국노인종합복지관협회 | 사무국장 |
| | 강대봉 | 한국노인복지시설협회 | 사무총장 |
| | 임은경 | 한국부랑인복지시설연합회 | 사무국장 |
| | 신용규 | 한국사회복지관협회 | 사무총장 |
| | 성준경 | 한국아동복지협회 | 소장 |
| | 김은령 | 한국여성복지연합회 | 과장 |
| | 최영광 | 한국장애인복지관협회 | 사무처장 |
| | 남미영 | 한국재가노인복지협회 | 부장 |
| | 최정숙 | 한국정신요양협회 | 사무총장 |
| | 이승우 | 한국지역자활센터협회 | 사무처장 |

• 사회복지사처우개선추진위원회

| 연번 | 성명 | 소속 | 직위 |
|---|---|---|---|
| 위원장 | 임성만 | 한국장애인복지시설협회 | 회장 |
| 위원 | 이기민 | 한국노인종합복지관협회 | 사무국장 |
| | 강대봉 | 한국노인복지시설협회 | 사무총장 |
| | 임은경 | 한국부랑인복지시설연합회 | 사무국장 |
| | 신용규 | 한국사회복지관협회 | 사무총장 |
| | 성준경 | 한국아동복지협회 | 소장 |
| | 김은령 | 한국여성복지연합회 | 과장 |
| | 최영광 | 한국장애인복지관협회 | 사무처장 |
| | 남미영 | 한국재가노인복지협회 | 부장 |
| | 최정숙 | 한국정신요양협회 | 사무총장 |
| | 이승우 | 한국지역자활센터협회 | 사무처장 |

# 4 한국사회복지사협회 제18대 위원회 명단

## ▶ 상임위원회

• 기획정책위원회

| 연번 | 성명 | 소속 | 직위 |
|---|---|---|---|
| 위원장 | 양옥경 | 이화여자대학교 사회복지전문대학원 | 교수 |
| 위원 | 강상경 | 서울대학교 사회복지학과 | 교수 |
| | 구재관 | 안양과학대학 사회복지과 | 교수 |
| | 김정한 | 前)한국장애인 자립생활연대 | 사무국장 |
| | 김한욱 | 반포종합사회복지관 | 관장 |
| | 김형기 | 구립중화경로복지관 | 관장 |
| | 김형용 | 동국대학교 사회학과 | 교수 |
| | 어호선 | 월드비전 | 기획실장 |
| | 오정옥 | 창원문성대학 장례복지과 | 교수 |
| | 윤귀선 | 서대문종합사회복지관 | 관장 |
| | 윤동인 | 한남직업전문학교 | 교장 |
| | 이재선 | 계양구노인복지관 | 관장 |
| | 정익중 | 이화여자대학교 사회복지전문대학원 | 교수 |

• 교육훈련위원회

| 연번 | 성명 | 소속 | 직위 |
|---|---|---|---|
| 위원장 | 유수현 | 숭실대학교 사회복지대학원 | 대학원장 |
| 위원 | 김은경 | 창원대학교 사회복지학과 | 교수 |
| | 김형모 | 경기대학교 사회복지학과 | 교수 |
| | 손광훈 | 경성대학교 사회복지학과 | 교수 |
| | 윤철수 | 나사렛대학교 사회복지학과 | 교수 |
| | 윤해복 | 부산광역시사회복지사협회 | 사무국장 |
| | 이영경 | 이대종합사회복지관 | 관장 |
| | 임무영 | 강서노인종합복지관 | 관장 |
| | 조석영 | 강북장애인종합복지관 | 사무국장 |

• 윤리위원회

| 연번 | 성명 | 소속 | 직위 |
| --- | --- | --- | --- |
| 위원장 | 한혜빈 | 서울신학대학교 | 교수 |
| 부위원장 | 김정진 | 나사렛대학교 | 교수 |
| | 문순희 | 상도종합사회복지관 | 관장 |
| 위원 | 감정기 | 경남대학교 | 교수 |
| | 권희경 | 창원대학교 | 교수 |
| | 김기덕 | 순천향대학교 | 교수 |
| | 김 욱 | 경기대학교 | 교수 |
| | 원명순 | 서정대학교 | 교수 |
| | 유재상 | 경기도사회복지사협회 | 사무국장 |
| | 최명민 | 백석대학교 | 교수 |
| | 최인자 | 샤인힐 | 원장 |

• 법제위원회

| 연번 | 성명 | 소속 | 직위 |
| --- | --- | --- | --- |
| 위원장 | 윤찬영 | 전주대학교 사회복지학과 | 교수 |
| 위원 | 서정희 | 군산대학교 사회복지학과 | 교수 |
| | 류만희 | 상지대학교 사회복지학과 | 교수 |
| | 김종식 | 서울특별시의회 | 수석전문위원 |
| | 정성배 | 장흥노인전문요양원 | 원장 |
| | 손정갑 | 류성걸 의원실 | 보좌관 |
| | 박준태 | 대통령 비서실 정무수석실 | 국장 |
| | 박상현 | 최동익 의원실 | 비서관 |
| | 남완우 | 황주홍 의원실 | 비서관 |
| | 이혜숙 | 송파구의회 | 구의원 |
| | 최세익 | 충남사회복지사협회 | 사무국장 |
| | 이미재 | 용산구의회 | 구의원 |
| | 최병홍 | 서초구의회 | 부의장 |
| | 김익흥 | 고희선 의원실 | 보좌관 |

• 조사위원회

| 연번 | 성명 | 소속 | 직위 |
|---|---|---|---|
| 위원장 | 강철희 | 연세대학교 | 교수 |
| 위원 | 류명석 | 서울복지재단 정책개발실 | 실장 |
| | 임정기 | 용인대학교 노인복지학과 | 교수 |
| | 김영종 | 경성대학교 사회복지학과 | 교수 |
| | 심정식 | 태화기독교사회복지관 | |
| | 석재은 | 한림대학교 사회복지학부 | 교수 |
| | 김미옥 | 전북대학교 사회복지학과 | 교수 |

• 홍보위원회

| 연번 | 성명 | 소속 | 직위 |
|---|---|---|---|
| 위원장 | 김지영 | 한국재가노인복지협회 | 회장 |
| 위원 | 김주현 | 와이드프로 | 대표 |
| | 김현옥 | 한국자원봉사관리협회 | 회장 |
| | 서경애 | (주)신시아 | 대표이사 |
| | 손인수 | 벼리 커뮤니케이션 | 대표 |
| | 신혜원 | 이화여대 | 특임교수 |
| | 이상경 | 현대리서치 | 대표 |
| | 인보길 | 인터넷신문 뉴데일리 | 대표 |
| | 함승경 | 기획사 피렌체 | PD |

• 국제교류위원회

| 연번 | 성명 | 소속 | 직위 |
|---|---|---|---|
| 위원장 | 강선경 | 서강대학교 | 교수 |
| 위원 | 김 욱 | 경기대학교 | 교수 |
| | 김헌진 | 청주대학교 | 교수 |
| | 김현훈 | 행복창조 | 이사장 |
| | 심우찬 | 대전대학교 | 교수 |
| | 윤현준 | 경기도마약퇴치운동본부 | 전문위원 |
| | 이명신 | 월드비전 해외사업본부 | 본부장 |
| | 이홍직 | 강남대학교 | 교수 |
| | 정슬기 | 중앙대학교 | 교수 |
| | 정혜숙 | 서울시립대학교 | 교수 |
| | 조상미 | 이화여자대학교 | 교수 |
| | 최석진 | 삼성사회봉사단 | 부장 |
| | 최태자 | 코리아토탈케어서비스 | 대표 |
| | 박상무 | (전) 서산시사회복지사협회 | 회장 |
| | 이종현 | 유엔과국제활동정보센터 | 대표 |
| | 이정숙 | 선진복지사회연구회 | 회장 |

• 자격제도위원회

| 연번 | 성명 | 소속 | 직위 |
|---|---|---|---|
| 위원장 | 김명훈 | 강남세브란스병원 사회사업팀 | 팀장 |
| 부위원장 | 한동우 | 강남대학교 사회복지전문대학원 | 교수 |
| 위원 | 이기연 | 서강대학교 공공정책대학원 | 교수 |
| | 강흥구 | 전주대학교 사회복지학전공 | 교수 |
| | 이기영 | 부산대학교 사회복지학과 | 교수 |
| | 백은령 | 총신대학교 사회복지학과 | 부교수 |
| | 조현순 | 경인여자대학교 사회복지과 | 교수 |
| | 서동명 | 동덕여자대학교 사회복지학과 | 교수 |
| | 이현선 | 음봉산동종합사회복지관 | 관장 |
| | 박귀서 | 한국정신보건사회복지사협회 | 회장 |
| | 송효석 | 대한의료사회복지사협회 | 회장 |
| | 전구훈 | 한국학교사회복지사협회 | 회장 |
| | 채준안 | 한국치료레크리에이션사회복지사회 | 회장 |

## ▶ 특별위원회

• 사회복지사정우회위원회

| 연번 | 성명 | 소속 | 직위 |
|---|---|---|---|
| 위원장 | 이근홍 | 협성대학교 사회복지학과 | 교수 |
| 위원 | 강성길 | 서울 서초구의회 | 구의원 |
| | 구혜영 | 한양사이버대학교 사회복지학과 | 교수 |
| | 김광훈 | 한국소아당뇨인협회 | 회장 |
| | 김한욱 | 반포종합사회복지관 | 관장 |
| | 김현기 | 서울특별시의회 | 시의원 |
| | 김형기 | 구립중화경로복지관 | 관장 |
| | 나상희 | 양천구의회 | 구의원 |
| | 문종철 | 서울특별시의회 | 시의원 |
| | 신계용 | 전 경기도의회 | 도의원 |
| | 유재상 | 경기사회복지사협회 | 사무국장 |
| | 윤귀선 | 서대문종합사회복지관 | 관장 |
| | 이준영 | 서울시립대학교 사회복지학과 | 교수 |
| | 장창수 | 대전광역시사회복지사협회 | 회장 |
| | 전구훈 | 한국학교사회복지사협회 | 회장 |
| | 정민화 | 경남종합사회복지관 | 부관장 |
| | 조규영 | 서울특별시의회 | 시의원 |
| | 최종환 | 조계종사회복지재단 | 사무국장 |
| | 황보익 | 한국장애인올림픽위원회 | 위원장 |

• 훈포상추진위원회

| 연번 | 성명 | 소속 | 직위 |
|---|---|---|---|
| 위원장 | 박현경 | 전 여성가족재단 | 대표 |
| 부위원장 | 김성태 | 글로벌디아코니아센터 | 사무총장 |
| | 서세레나 | 써니힐 | 부원장 |
| 위원 | 권오용 | 법률사무소 예인 | 대표변호사 |
| | 김명성 | 현양원 | 원장 |
| | 김종범 | 양재종합사회복지관 | 관장 |
| | 김진숙 | 방이복지관 | 관장 |
| | 석춘지 | (사)대한노인회 노인자원봉사지원센터 | 본부장 |
| | 이미성 | 서울시의회 | 의원 |
| | 임창덕 | 파주시노인복지관 | 관장 |
| | 전원일 | 국민대 행정대학원 사회복지학과 | 교수 |
| | 정길홍 | 전 을지대학교 | 교수 |
| | 정정옥 | 새날아동상담소 | 상임이사 |
| | 조영순 | 도산봉사단 | 상임대표 |
| | 조준호 | 사회복지법인 엔젤스헤이븐 | 사무총장 |
| | 황종성 | 사당종합사회복지관 | 관장 |

• 회원관리위원회

| 연번 | 성명 | 소속 | 직위 |
|---|---|---|---|
| 위원장 | 이철수 | 한국백혈병소아암협회(경인지부) | 사무국장 |
| 부위원장 | 조성상 | 안양과학대학 | 교수 |
| 위원 | 권 찬 | 서울대학교 산학협력단 | 책임연구원 |
| | 김광용 | 부산광역시 노인건강센터 | 원장 |
| | 류승남 | 강남시니어플라자 업무관리팀 | 팀장 |
| | 박성욱 | 창원시사회복지사협회 | 회장 |
| | 신순철 | 과천시사회복지사협회 | 회장 |
| | 신영철 | 에스오일 사회공헌팀 | 담당 |
| | 이경화 | 강원도사회복지사협회 | 사무국장 |
| | 전상원 | 수원시재가지원센터 | 팀장 |
| | 정용충 | 인천광역시중구장애인종합복지관 | 관장 |
| | 최미영 | 중부대학교 평생교육원 | 전임교수 |

• 녹색복지특별위원회

| 연번 | 성명 | 소속 | 직위 |
|---|---|---|---|
| 위원장 | 구혜영 | 한양사이버대학교 | 교수 |
| 위원 | 권지성 | 침례신학대학교 | 교수 |
| | 김제완 | 연광시니에케어센터 | 원장 |
| | 김진숙 | 한양사이버대학교 | 교수 |
| | 민동세 | 광진주민연대 | 대표 |
| | 배병호 | 생물다양성연합 | 사무총장 |
| | 박성희 | 수원여성회 | 정책위원 |
| | 윤덕찬 | 교남어유지동산 | 원장 |
| | 이경림 | 부스러기사랑나눔회 | 회장 |
| | 이동훈 | 태화 해뜨는샘 | 관장 |
| | 이상진 | 장봉혜림원 | 원장 |
| | 이용우 | 건국대학교 | 교수 |
| | 이은영 | 계명복지재단 | 이사 |
| | 이은화 | 사회복지협의회 | 연구원 |
| | 전미자 | 복지환경디자인연구소 | 소장 |

• 선거관리위원회

| 연번 | 성명 | 소속 | 직위 |
|---|---|---|---|
| 위원장 | 문형구 | 고려대학교 경영학과 | 교수 |
| 위원 | 박창석 | 전 한국사회복지사협회 | 감사 |
| | 김공자 | 대전사회복지사협회 | 수석부회장 |
| | 김진학 | 강서구청 주민지원생활과 | 팀장 |
| | 정택진 | 전국상인연합회 | 상근부회장 |
| | 김한주 | 법무법인 동서파트너스 | 변호사 |

• 정관개정특별위원회

| 연번 | 성명 | 소속 | 직위 |
|---|---|---|---|
| 위원장 | 유명재 | 전라남도사회복지협의회 | 사무처장 |
| 위원 | 김진학 | 강서구청  주민생활지원과 | 팀장 |
| | 이준상 | 경북사회복지사협회 | 회장 |
| | 홍인식 | 인천사회복지사협회 | 회장 |
| | 이춘섭 | 전북사회복지사협회 | 회장 |
| | 나지원 | 서울대학교  법무지원팀 | 팀장 |
| | 박용오 | 한국사회복지사협회 | 사무총장 |

• 사회복지사 1급 국가시험 제도개선 위원회

| 연번 | 성명 | 소속 | 직위 |
|---|---|---|---|
| 위원장 | 김성천 | 중앙대학교 사회복지학부 | 교수 |
| 위원 | 조추용 | 꽃동네현도사회복지대학교 | 교수 |
| | 이태승 | 제9회 사회복지사 1급 국가시험 | 수험생 |
| | 이용교 | 광주대학교 사회복지학부 | 교수 |
| | 이근홍 | 협성대학교 사회복지학과 | 교수 |
| | 유명화 | 한국장애인재활협회 | 사무총장 |
| | 이호종 | 법무법인 해승 | 대표 변호사 |
| | 박용오 | 한국사회복지사협회 | 사무총장 |

• 원로위원회

| 연번 | 성명 | 소속 | 직위 |
|---|---|---|---|
| 위원장 | 조기동 | 한국노인복지회 | 명예회장 |
| | 성규탁 | 자광효문화연구소 | 소장 |
| 위원 | 이배근 | 중앙입양정보원 | 원장 |
| | 김명우 | 前 대한사회복지회 | 회장 |
| | 조휘일 | 서울여자대학교 사회복지학과 | 명예교수 |
| | 송성자 | 경기대학교 사회복지학과 | 교수 |
| | 노상학 | 前 강남대학교 사회복지학과 | 교수 |

• 예산결산특별위원회

| 연번 | 성명 | 소속 | 직위 |
|---|---|---|---|
| 위원장 | 조남범 | 한국사회복지사협회<br>경기도사회복지공제회 | 부회장<br>대표이사 |
| 위원 | 김상근 | 대구사회복지사협회 | 회장 |
| | 홍인식 | 인천사회복지사협회 | 회장 |
| | 김영석 | 충북사회복지사협회 | 회장 |
| | 박용오 | 한국사회복지사협회 | 사무총장 |

• 사회복지인권위원회

| 연번 | 성명 | 소속 | 직위 |
|---|---|---|---|
| 위원장 | 허준수 | 숭실대학교 | 교수 |
| 위원 | 민경원 | 동대문노인종합복지관 | 관장 |
| | 박용오 | 한국사회복지사협회 | 사무총장 |
| | 권오용 | 권오용법률사무소 | 소장/변호사 |
| | 안효철 | 국가인권위원회 | 주무관 |
| | 손경미 | 한맥공인노무사사무소 | 노무사 |
| | 강종수 | 강원대학교 | 교수/노무사 |
| | 남진열 | 제주대학교 | 교수 |
| | 이상엽 | 강동구립해공노인복지관 | 관장 |